El
poder de la
autosanación

Títulos de temas relacionados de Hay House

El asombroso poder de las emociones, Esther y Jerry Hicks
La edad de los milagros, Marianne Williamson
Gratitud, Louise L. Hay
Inspiración, Dr. Wayne W. Dyer
La Ley de Atracción, Esther y Jerry Hicks
Meditaciones para sanar tu vida, Louise L. Hay
¡El mundo te está esperando!, Louise L. Hay
Pedid que ya se os ha dado, Esther y Jerry Hicks
Pensamientos del corazón, Louise L. Hay
Los placeres secretos de la menopausia, Christiane Northrup, M.D.
El poder está dentro de ti, Louise L. Hay
El poder de la intención, Dr. Wayne W. Dyer
Respuestas, Louise L. Hay
Sana tu cuerpo, Louise L. Hay
Sana tu cuerpo A–Z, Louise L. Hay
10 Secretos para conseguir el éxito y la paz interior, Dr. Wayne W. Dyer
Usted puede sanar su vida, Louise L. Hay
La vida es corta: Póngase sus pantalones de fiesta, Loretta LaRoche
Vivir en equilibrio, Dr. Wayne W. Dyer
¡Vivir! Reflexiones sobre nuestro viaje por la vida, Louise L. Hay
Cuánto vales como mujer, Cheryl Saban
El poder contra la fuerza, David R. Hawkins
La dieta del equilibrio esencial, Marcelle Pick, MSN, OB-GYN, NP
La matriz divina, Gregg Braden
El fascinante poder de la intención deliberada, Esther y Jerry Hicks
El gran cambio, Dr. Wayne W. Dyer

(760) 431-7695 o (800) 654-5126 • (760) 431-6948 (fax) o (800) 650-5115 (fax)
Hay House USA: **www.hayhouse.com**®

El poder de la autosanación

¡Libera tu potencial natural de sanación en 21 días!

DOCTOR FABRIZIO MANCINI

HAY HOUSE, INC.
Carlsbad, California • New York City
London • Sydney • Johannesburg
Vancouver • Hong Kong • New Delhi

Derechos reservados © 2012 por Fabrizio Mancini

Publicado y distribuido en los Estados Unidos por: Hay House, Inc., P.O. Box 5100, Carlsbad, CA 92018-5100 USA • (760) 431-7695 o (800) 654-5126 • (760) 431-6948 (fax) o (800) 650-5115 (fax) • www.hayhouse.com®

Diseño de la cubierta: Tricia Breidenthal • *Diseño del interior:* Pamela Homan
Traducción al español: Adriana Miniño (**adriana@mincor.net**)

Título del original en inglés: THE POWER OF SELF-HEALING: UNLOCK YOUR NATURAL HEALING POTENTIAL IN 21 DAYS!

ISBN: 978-1-4019-3945-8
Digital ISBN: 978-1-4019-3946-5

Impreso #1: marzo 2012

Impreso en los Estados Unidos de América

Dedicado a la memoria de mi amado padre,
Giovanni Mancini

CONTENIDO

PRÓLOGO

Te recomiendo que leas este libro con la debida consideración. Expresa una verdad fundamental que se ha perdido —o por lo menos, que se ha oscurecido— en los tiempos modernos. Parece que hubiéramos olvidado que cada uno de nosotros lleva integrado en su propia existencia el poder de vivir nuestras vidas a un nivel de salud óptima. En vez de buscar en nuestro interior, nos hemos convertido en seres que, neciamente, buscamos en todas partes las respuestas para llevar una vida sana..., en todas partes, excepto donde residen, en verdad, las respuestas.

Estamos siendo bombardeados continuamente con mensajes que nos dicen que la sanación llegará de una fuente externa: toma una píldora —o más bien, un montón de píldoras— y te sentirás mejor. El consumo de alimentos modificados genéticamente, contaminados con aditivos, carbohidratos refinados y productos demasiado procesados nos ha llevado hasta el punto de engañar al cuerpo en su capacidad interna de regular y detectar cuando no está dispuesto a aguantar más. Esto ha dado como resultado tasas excesivamente elevadas de obesidad, enfermedades del corazón y una gran variedad de padecimientos, todos prevenibles.

El doctor Fabrizio, más bien conocido como "Fab", te brinda una guía para conectarte con tu propio potencial innato de sanación. Te recuerda que tú eres el héroe, tu cuerpo es el héroe y tu mente es el héroe. De forma más enfática, te asegura que tu espíritu está siempre ahí para ti: un superhéroe que puede y te recordará que cuando llegues finalmente a confiar por completo en ti mismo —sí, en ti mismo— llegarás a confiar en la misma sabiduría que te creó, y que esa sabiduría es infinita y omnipresente, y que puedes tener acceso a ella cuando lo desees.

Después de leer y procesar este "fab"uloso libro, habrás abierto tus ojos a la capacidad sanadora que llevas en tu interior cada momento de tu vida. Observarás con una nueva visión el hacedor fascinante de milagros que eres y te maravillarás ante lo sencillo que es retomar el control de todos los aspectos de tu vida. Leí este libro con mucha atención, tomando notas en el proceso, en gran parte porque siento mucho respeto por el hombre que lo escribió. Y puedo decir con certeza que el contenido de este poderoso compendio me llevó a un nuevo nivel de conciencia sobre lo que puedo hacer para esquivar los esfuerzos de tantos factores externos que parecen conspirar para impedir que yo viva mi vida a un nivel de salud óptima.

Todos hemos sido creados para vivir a este nivel de excelente salud. Es nuestra naturaleza original; es la intención de la fuerza divina creadora. Todos somos farmacias ambulantes capaces de producir todos los químicos que necesitamos para tener una perfecta salud física, emocional y espiritual. No obstante, vivimos en una época en que los niños que nacen hoy tienen una expectativa de vida más corta que sus padres. Y es la primera vez que esto ocurre en toda la historia de nuestra especie.

Hemos llegado a un lugar donde estamos siempre buscando soluciones fuera de nuestros seres perfectos, ignorando nuestros propios dones divinos autosanadores. Hemos llegado a buscar en todas partes, excepto donde las respuestas en verdad radican. *El portal que lleva a la salud perfecta se abre hacia adentro.*

El doctor Fabrizio Mancini, amigo y colega, nos brinda a todos la guía máxima para invertir esta tendencia y colocarnos de nuevo en el sendero de la autosanación. Al leer y estudiar el contenido de este extraordinario libro, ten en cuenta que cuando llegas a confiar en ti mismo, en verdad confías en la misma sabiduría responsable de tu creación. No hay un poder más grande en ninguna parte, y tú eres ese poder. Te recomiendo que aceptes el reto sanador y natural de los veintiún días que Fab te ofrece y observes la transformación que experimentarás. Yo lo hice y nunca me he sentido mejor en mi vida.

Me encanta este libro, y amo al hombre que lo escribió. Gracias Fabrizio: *El poder de la autosanación* está destinado a convertirse en un clásico, y me siento honrado de que me hayas pedido escribir este breve prólogo para tu libro. Celebro cada día el esfuerzo que pusiste en esta obra monumental, y sé que millones de personas también lo harán.

Doctor Wayne W. Dyer
Maui, Hawaii

INTRODUCCIÓN

Para la mayoría de nosotros, no es extraño tener problemas de salud, enfermedades o dolor, pero la mayoría desearíamos que no fuera así. También nos encantaría un nuevo periodo en la vida donde tuviéramos la habilidad de vivir libres de enfermedades, tener más energía y disfrutar de un bienestar más pleno.

¿Será eso posible? ¿Es demasiado tarde para siquiera intentarlo?

Sí, sí *es* posible... y no es demasiado tarde.

Pero no te molestes buscando respuestas en el entorno rápidamente cambiante, y poco amistoso, del "cuidado de las enfermedades". Ahí no las encontrarás.

Las respuestas están en el interior de tu propio cuerpo. Así es. Tu cuerpo tiene integrada la habilidad de sanarse a sí mismo: un sistema excepcional de autoreparación que funciona en todo momento, y está bajo tu control mejorar esa habilidad.

La mayoría de las personas, no obstante, no comprende plenamente que el cuerpo posee esta habilidad increíble de sanarse a sí mismo, en gran parte debido a que la medicina tradicional ha hecho muy poco para maximizar este potencial, enfatizando más bien que la salud proviene de *afuera* y no de *adentro*. Por ejemplo, ¿sabías que aproximadamente el 50% de todas las enfermedades se sanarán eventualmente por sí mismas? ¡Es cierto!

Ahora debo hacer una pausa y presentarme. Soy médico quiropráctico y presidente de la Universidad Parker en Dallas, Texas. Conocida anteriormente como Parker College of Chiropractic (del cual también me gradué), la institución fue fundada por el doctor James W. Parker (ya fallecido), un hombre que muchos llamaban cariñosamente "doctor Jim". Parker College abrió sus puertas en septiembre de 1982 con 27 alumnos. Hoy en día, la universidad es la escuela quiropráctica más importante del mundo. Más de seis mil graduados de la Universidad Parker están practicando su profesión en los cincuenta estados de los Estados Unidos y viviendo en 31 países del mundo.

Recuerdo con claridad el día en que recibí una llamada telefónica del presidente de la junta directiva de Parker College. Me dijo que dado que el doctor Jim había fallecido, la junta había decidido que yo era la persona indicada para asumir esa posición de liderazgo. Mi corazón dio un salto. Yo solo tenía 33 años. Pensé: *¿Qué sé yo de estar al mando de una institución tan enorme?*

En esa época, ejercía con éxito mi profesión en el centro Chiropractic Wellness en Texas. Mi esposa, Alicia, estaba embarazada de nuestro segundo hijo, y yo me sentía feliz de pasar solo 27 horas a la semana en mi oficina, y el resto de mi tiempo con mi familia. Pero mientras Alicia y yo conversábamos sobre esta oportunidad, me di cuenta que yo sabía mucho más de lo que pensaba, pues el doctor Jim había sido mi mentor durante diez años y uno de mis amigos más cercanos. También estaba consciente de los retos que la universidad tendría que enfrentar sin un liderazgo sólido y una visión clara. Como producto de ese sistema educativo, sabía lo que era necesario hacer para mejorarlo. Acepté a regañadientes la oferta, y les dije a los miembros de la junta que si las cosas no funcionaban, deberían buscar un reemplazo de inmediato. Una vez que mi nombramiento fue oficial, vino a verme un periodista para hacerme un reportaje porque, según me dijo, yo me había convertido en uno los presidentes más jóvenes de un instituto superior o universidad en los Estados Unidos.

Doce años después, descubrí que adoraba cada uno de mis días como presidente de Parker. Comprendí que cuanto más podía contribuir a que los demás avanzaran, más valía la pena vivir *mi* vida.

Leyendo mis palabras en estas páginas, ustedes no pueden percatarse (*Nota de la traductora: El autor se refiere a la versión en inglés de este libro*), pero nací en Colombia y tengo acento. Mi familia se mudó de Colombia a Miami a mediados de 1978, justo después de cumplir mis trece años. Cuando mis padres anunciaron nuestra mudanza inminente a los Estados Unidos, fueron noticias traumáticas para mis cuatro hermanos y para mí. La vida en Colombia era todo nuestro mundo: teníamos muchos amigos y también jugábamos muchos deportes. Nos producía mucho temor dejar todo eso atrás. Pero mis padres, muy sabios, nos lo plantearon así: "¿No es fascinante ir a un país completamente nuevo, aprender un idioma completamente diferente y obtener una comprensión totalmente diferente de otra cultura? ¿No es fascinante que ustedes puedan explorar *todas* las posibilidades que hay en el mundo?". Tenían toda la razón. Pues aunque en Colombia habíamos tenido una infancia feliz, los Estados Unidos nos ofrecía la oportunidad de crecer y salir de nuestra zona de confort. A raíz de esto, mis hermanos y yo nos sentimos mucho mejor ante la idea de mudarnos de país.

Todavía recuerdo mi primer día de escuela en Miami como si hubiera sido ayer. Fue aterrorizante y desconocido. En esa época no existía el "español como segundo idioma" y muy pocos estudiantes hablaban español en esa escuela. Aunque se suponía que yo asistiera a séptimo, me atrasaron a quinto por no hablar una palabra de inglés.

Entré al salón de clases y mi maestra, la señorita Hill, dijo: "Bueno, niños. Démosle la bienvenida a nuestro nuevo alumno. Su nombre es Fabrizio". Toda la clase respondió: "Hola, Fabrizio". La señorita Hill me tomó de la mano y me sentó al lado de una niña bilingüe llamada María, de padres cubanos. Me sentaba a su lado todos los días, mientras ella me traducía lo que la maestra decía. Tenía que pasar dos horas y media todos los días tomando clases después de la escuela para poder entender las lecciones. Así fue mi comienzo. Cuando terminamos la escuela ese año, mis padres nos enviaron a mis hermanos y a mí a un campamento de verano en Boston, Massachusetts, donde nadie hablaba español..., fue ahí donde realmente comencé a aprender mucho mejor la lengua inglesa.

Menciono estos retos que tuve que enfrentar cuando era un jovencito porque hubo una gran lección de vida en todo esto para mí: a veces nos vamos a encontrar frente a frente con circunstancias que no esperamos —cambios de vida monumentales como una enfermedad, un nuevo empleo, la pérdida del empleo, una muerte o un divorcio, por ejemplo— y debemos responder con optimismo. Debemos ser flexibles. Yo no esperaba mudarme de mi país; no esperaba aprender un nuevo idioma. Pero lo que sí sabía, incluso en ese entonces, era que podía convertir esa situación en algo positivo. Mis padres siempre nos apoyaron a mis hermanos y a mí, y nos dijeron que podíamos hacer, o llegar a ser cualquier cosa que deseáramos. Por ejemplo, mientras aprendíamos a hablar inglés, nos recordaban todas las oportunidades que estábamos creando para nosotros en nuestras vidas y en nuestras carreras por el hecho de ser bilingües. Esas experiencias tempranas marcaron profundamente quién soy hoy en día y mi forma de pensar.

Creo que algunas veces nos estancamos y nos limitamos severamente. Me refiero a que nos paralizamos ante las circunstancias a las que nos enfrentamos en vez de observar la situación como una oportunidad para crecer y convertirnos en mejores personas; en seres humanos más poderosos.

Responder a los eventos de la vida de forma positiva ha sido el fundamento más importante en la vida que he creado para mí mismo. No cabe duda de que también he soportado mi cuota de dolor y he pasado por experiencias negativas, incluyendo la terrible pérdida de dos miembros de mi familia. De hecho, un amigo me preguntó una vez: "Con todo eso que te ha ocurrido, ¿cómo puedes estar tan feliz y saludable?".

Le respondí a mi amigo que a pesar de todas mis penas y sufrimientos, aún así me sentía inmensamente afortunado de tener una vida tan increíblemente plena, en paz y alegre. A diario me pregunto por qué los demás no se sienten también así. La respuesta que me viene a la mente constantemente es que la mayoría de la gente no piensa que eso sea posible: no creen que pueden hacerlo o tenerlo. Permiten que sus percepciones negativas y sus opiniones sobre los demás interfieran con sus vidas y dictaminen el ser en quien se han convertido y su forma de pensar o sus sentimientos, en vez de buscar primero dentro de ellos mismos para descubrir que todo eso se encuentra en su interior. En breve, no saben cómo mantener un enfoque positivo y sano y observar la jornada de la vida con esperanza.

Ciertamente, tu forma de pensar afecta tu bienestar. Mi propósito al escribir este libro es compartir lo que he aprendido después de más de veinte años de estudiar y descubrir exactamente cómo lograr el máximo potencial en el área más importante de tu vida: *tu salud*.

La salud no había sido una prioridad en mi vida hasta que conocí la quiropráctica. La quiropráctica es una forma de cuidar la salud que se enfatiza en la autosanación. Se enfoca en los desórdenes del sistema músculoesquelético y del sistema nervioso, y en los efectos de estos desórdenes en nuestra salud.

Hasta ese momento, mi trayectoria había sido la medicina convencional; estaba cursando los primeros años de medicina con la intención de convertirme en neurocirujano. Pero quedé fascinado con la quiropráctica, la cual me enseñó que el cuerpo está diseñado para sanarse a sí mismo, y que sin el cuidado apropiado de la salud, estamos limitados en todas las áreas de nuestras vidas. Pero este libro no se trata de la terapia quiropráctica; se trata de la habilidad del cuerpo de sanarse a sí mismo.

Hay un dicho muy trillado que dice: "Si no tienes salud, no tienes nada". Pues bien, eso es cierto para todos. Si no te estás cuidando, esto puede impactar en la forma en que desempeñas tu carrera. Si no te sientes bien, quizá no te sientes con deseos de hacer nada con tu cónyuge o compañero. Si tienes hijos y ellos quieren jugar contigo, pero no te sientes con el ánimo de hacerlo, puedes alejarlos de ti. Poco a poco comenzarán a preguntarse: "¿Por qué mami no desea jugar conmigo?"; o "¿por qué papi no quiere jugar conmigo?". Si no tienes buena salud, ni siquiera todo el dinero del mundo tiene valor. Si no tienes salud, no tienes casi nada.

Ahora bien, no me refiero solamente al bienestar físico. Estoy hablando de la salud física, emocional y espiritual; y cada una de estas áreas está entretejida intrínsecamente y conforman el núcleo de este libro:

Primera parte: autosanación física. Liberar las habilidades de tu cuerpo para la sanación comienza con una buena nutrición y suplementos vitamínicos, actividad física y cambios positivos en tu estilo de vida. En la primera parte, te empodero para que realices los cambios necesarios para apoyar las habilidades inherentes de sanación de tu cuerpo.

Segunda parte: autosanación emocional. Los pensamientos y las emociones negativas pueden producir dolor y enfermedades que se alivian rápidamente cuando cambias esos pensamientos. Los beneficios placenteros de la autosanación emocional pueden incluir: alivio del estrés, relajación profunda, flujo de energía sanadora, incremento en los niveles de energía y energía más enfocada, prevención de heridas, alivio de músculos y articulaciones lastimadas y adoloridas, e incremento en la confianza y en el bienestar.

Tercera parte: autosanación espiritual. La mayoría de la gente tiene la idea preconcebida de que la salud es sobre todo física, y, en cierta medida, emocional, pero la buena salud abarca mucho más que eso. También es intensamente espiritual, y yo creo que todos somos seres espirituales.

Profundizar en tus raíces espirituales por medio de la fe y otras prácticas, o simplemente sentirte más cerca de la naturaleza, tiene efectos profundos sobre la sanación. La espiritualidad brinda significado y confort en momentos de enfermedad para que la experiencia de ésta sea mejor, lo cual puede promover la sanación. Una enfermedad también puede ayudarnos a despertar nuestra espiritualidad y a ayudar en tu crecimiento espiritual. Además, con frecuencia, tu espiritualidad puede apoyar y fortalecer tu capacidad de autosanación en formas que lindan con lo milagroso.

La autosanación ocurre cuando se alinean los aspectos físico, emocional y espiritual. Cuando trabajamos cada día para asegurarnos de sustentar estas tres áreas, podemos verdaderamente comprender y lograr nuestro potencial de autosanación. El cuerpo humano ha evolucionado para vivir bien y combatir las enfermedades, siempre y cuando suplamos sus necesidades.

La palabra *doctor* se deriva del latín *docere* que significa "enseñar". Como médico quiropráctico, una de mis tareas más importantes es la de enseñarle a las personas a mantenerse saludables y empoderarlas para que asuman la responsabilidad de su propio bienestar. Siempre me aseguré de que mis pacientes nunca salieran de mi consultorio sin reconocer que ellos mismos pueden conseguir su máximo potencial en sus relaciones, en su fe, su trabajo, etc...., una vez que tienen acceso y trabajan para lograr su salud más plena.

Usando los lineamientos y las sugerencias que te ofrezco, no solo podrás evitar que las enfermedades aparezcan en primer lugar, sino que también te ayudarán a que tu cuerpo comience a sanarse de enfermedades en progreso sin tener que recurrir a drogas o a cirugías. Todo esto se integra en la parte final del libro:

Cuarta parte: 21 días para la autosanación. En esta parte te ofrezco un programa innovador de tres semanas que se enfoca en mejorar el área física, emocional y espiritual de tu vida, y tener acceso al potencial sanador de tu propio cuerpo por medio de:

- Sencillas sustituciones en tu dieta diaria para estimular la habilidad natural de tu cuerpo de rejuvenecerse y sanarse

- Los últimos hallazgos en suplementos vitamínicos que pueden fortalecer las capacidades de autosanación de tu cuerpo

- Nuevas perspectivas sobre cómo la actividad física inunda tu cuerpo con sustancias naturales sanadoras

- Las últimas tecnologías no invasivas y que no requieren uso de drogas para devolverte tu salud óptima

- El poder de tu mente y de tu espíritu para sanar tu cuerpo

Diseñé este programa para lograr que tu cuerpo se sienta y se vea lo mejor posible, de acuerdo con aquello que es saludable y realista para ti, para que puedas llegar a sentirte lo mejor posible, por dentro y por fuera. ¿Y cuáles son algunas de las mejores sorpresas de una vida producto de la autosanación? Lee a continuación:

- Oleadas de energía como resultado de una vida saludable

- Felicidad y alegría renovadas

- Optimismo recién descubierto

- Una conexión emocional y espiritual con tu propio bienestar

- Una vida más enfocada

Hay muchos pasos positivos que puedes dar hacia tu propia sanación, y voy a enseñarte cuáles son los mejores. Hay que admitir que no todos van a resonar contigo, o no irán de acuerdo con tu estilo de vida, pero te aconsejo que pruebes todos los pasos que puedas y uses aquellos que se ajustan con tu forma de vivir en el mundo. ¡Y no se te ocurra pensar más allá del día de hoy! Toma la decisión de llevar a cabo una o dos acciones positivas para tu salud cada día de mi plan de los 21 días. Hazlas a diario, y acumularás las recompensas de salud que mejorarán tus probabilidades en contra de enfermedades coronarias, obesidad, cáncer, diabetes, artritis, alergias, resfriados, gripe y más.

Mi posición siempre ha sido que todos y cada uno de nosotros fuimos diseñados para estar sanos. Tienes el poder de estar y permanecer sano porque la sanación proviene del interior. *El poder de autosanación* te ayudará a llevar la vida para la que fuiste concebido.

EL CUERPO SE SANA A SÍ MISMO

Me encanta contar la historia del alumno de medicina que estaba tomando un curso sobre enfermedades. Una mañana después de clase, le dijo a su profesor: "Con todas estas enfermedades, no entiendo cómo alguien puede sobrevivir". El maestro respondió: "Cuando aprendas cómo funciona el cuerpo, te sorprenderá que alguien pueda enfermarse".

Nuestros cuerpos fueron diseñados con la habilidad de repararse, e incluso defenderse, contra las enfermedades o heridas. Somos, en verdad, criaturas autosanadoras. Has visto muchas veces prueba de esto por ti mismo. Si te haces un corte al rasurarte o te raspas una rodilla, puedes ver que la sanación comienza casi de inmediato. En el interior de tu cuerpo, glóbulos especializados llamados plaquetas, sellan la herida con un coágulo para detener el flujo de sangre. Los leucocitos son enviados al área para combatir las bacterias que pueden entrar en el cuerpo a través de la herida en la piel. Los glóbulos rojos llegan a la escena para alimentar con oxígeno el tejido en proceso de sanación. En el curso de los días siguientes, la minúscula herida cicatriza y finalmente desaparece gracias al propio equipo natural del cuerpo de los "paramédicos celulares".

Si alguna vez te has fracturado un hueso, también has experimentado la autosanación en acción. Después de pasar unas semanas con un yeso, ¿qué le ocurre a ese hueso? Se sana a sí mismo con tejido óseo nuevo y natural en un proceso de reparación absolutamente fascinante. Esta es la razón de que en el momento en que tu médico retira el yeso te dice: "¡Quedaste como nuevo!", y ¡no está bromeando!

De igual manera, una fractura del tobillo, un desgarro muscular o un dolor de espalda, se sanarán usualmente con descanso. Y aunque las medicinas sin receta te ayudarán a aliviar los síntomas de la gripa, es tu propio sistema inmunológico el que te devuelve la salud.

Y continuando con los milagros: tu cuerpo lucha contra el cáncer. Varias veces al día, una célula normal del cuerpo puede mutarse en célula cancerosa, pero tu cuerpo la reconoce y sus mecanismos de defensa naturales en realidad derriban esa célula cancerosa. El proceso de sanación se lleva a cabo en cada momento de nuestras vidas.

Mi creencia en la autosanación

Más que mi profesión, fue una experiencia personal la que me convirtió en defensor de la autosanación. Hace muchos años, mi padre tuvo una cirugía de colon en Colombia debido a una hemorragia rectal. Los cirujanos retiraron parte de su intestino grueso y, según nos enteramos luego, este procedimiento fue innecesario.

Cuando suturaron el intestino delgado con el recto, no lo hicieron de forma apropiada y en poco tiempo la herida se desgarró abriéndose. Mi papá desarrolló una peritonitis, una inflamación de la pared interna del abdomen. En esa época, mi familia tomó la decisión de enviarlo por avión de Colombia a un hospital en Miami, Florida. Debido a la emergencia de la situación, un equipo de médicos en Miami decidió operarlo de inmediato, unas cuantas horas después de su llegada. Esto le salvó su vida.

Mi padre pasó las dos semanas siguientes en la unidad de cuidados intensivos, con un respirador y una máquina de diálisis. Cada día era una victoria en su lucha por sobrevivir. Poco después fue trasladado a una habitación del hospital, y tuvo que soportar una herida abierta en su estómago que no quería sanar, así como una bolsa de ileostomía. Tuvo que aprender a comer de nuevo (comenzando con porciones muy pequeñas de alimentos), y también tuvo que volver a aprender a caminar. Después de seis meses en el hospital, que incluyeron más cirugías, pudo regresar a casa, donde continuó su recuperación con revisiones de rutina en el hospital y otra cirugía en su estómago.

Después de dos años de vivir así, los médicos de mi papá fueron incapaces de cerrar la herida de su estómago, ya que después de cada cirugía volvía a abrirse. Luego le dijeron a mis padres que una radiografía mostraba una mancha negra en su pulmón y lo enviaron a un oncólogo. Después de algunas pruebas, el oncólogo nos informó que había detectado cáncer en los pulmones (cuarta fase) y que ya había comenzado la metástasis en el otro pulmón. Los médicos le dijeron a mi padre que le quedaban tres meses de vida, pero que su deseo de vivir era tan fuerte que había sobrevivido un año y medio más.

A través de ese periodo solamente le permitían tomar analgésicos, y debido a la herida abierta en su estómago, no podía beneficiarse de quimioterapia ni radiación. Mi padre había comenzado a fumar y a tomar alcohol desde jovencito, pero había dejado ambas cosas en los últimos 18 años de su vida. Estoy seguro de que el cigarrillo y el alcohol representaron un papel en el daño de sus pulmones y su hígado. Tampoco hacía ejercicio y su dieta no era la mejor del mundo.

Desafortunadamente para todos nosotros, papá murió a los 64 años. Perdimos a nuestro padre a una edad temprana, y su muerte prematura fue innecesaria. Todavía me entristece, principalmente porque mis hijos y mis sobrinos no pudieron pasar mucho tiempo con su abuelo ni compartir todas las alegrías y experiencias de sus vidas.

Con frecuencia cuento esta historia para ayudar a las personas a reconocer que podemos tomar mejores decisiones en cuanto a los hábitos de nuestras vidas y los tipos de tratamiento que elegimos. Todas estas decisiones tienen consecuencias a largo plazo, buenas o malas. Cuando de cirugías se trata, me gusta saber si los médicos han agotado todas las posibilidades antes de considerar seguir adelante. A menos que sea necesario, debido a una emergencia, siempre le recomiendo a mis pacientes que visiten por lo menos a tres profesionales de la salud antes de tomar una decisión. Debemos averiguar si una cirugía es necesaria, con qué rapidez hay que hacerla y si hay alguna otra opción.

El poder de la autosanación

Cada uno de nosotros es muy diferente de muchas maneras —física, emocional y espiritualmente— y todos tenemos necesidades únicas en cuanto al cuidado de nuestra salud. Sería ideal que fuéramos tratados de acuerdo a nuestra individualidad, no obstante la ciencia médica prefiere tratar las enfermedades con protocolos o tratamientos estándares, en vez de tratar a la persona en toda su integridad.

Por supuesto, estamos condicionados para ir corriendo al doctor cuando aparecen síntomas y conseguir una receta médica para una medicina que puede o no funcionar. Queremos tratar el síntoma, y quizá ignoramos la causa subyacente que debe ser tratada. También creo que le dejamos la mayoría, si no toda, la autoridad de tomar decisiones a nuestros médicos. Esto solo logra promover la dependencia y menoscabar nuestra responsabilidad personal de recuperar y mantener la buena salud.

Depender de terceros no es el mejor camino posible para nuestra salud y nuestra autosanación. Depende de nosotros, como individuos, ser los guardianes y protectores de nuestra propia salud. Las estadísticas lo comprueban: el sistema del cuidado de la salud afecta solo un 10% del resultado de nuestra salud; el 90% restante lo determinan las decisiones que tomamos en cuanto a nuestro estilo de vida, y cómo y dónde vivimos. Los profesionales del cuidado de la salud tienen muy poco control sobre esas cosas, ¡pero ciertamente nosotros sí lo tenemos! Y mi misión es ayudar a las personas de todas partes a comprender que la salud y la sanación están a su propio alcance.

Medicina tradicional versus medicina complementaria

Mi opinión de la medicina tradicional occidental es que es efectiva para tratar condiciones de emergencias severas cuando la habilidad natural del cuerpo para sanarse a sí mismo está deteriorada. Pero se enfoca demasiado en tratar síntomas en vez de la causa del problema. Los síntomas son la forma que tiene el cuerpo de pedirnos ayuda; no deben ser enmascarados ni suprimidos. Deben llevarnos a la causa para que pueda ser aliviada.

La medicina occidental también tiende a centrarse en un objeto distinto de la enfermedad —ya se trate de la vesícula, un germen o incluso un gen— en vez de restaurar la armonía de la persona en su integridad. Los tratamientos médicos, especialmente en el caso de las enfermedades degenerativas de la edad, por lo general ayudan a las personas a sobrellevar sus males arreglando sus corazones, reemplazando las articulaciones o medicándolos con analgésicos, pero no hacen mucho por ayudar a sanar el daño subyacente.

Otros sistemas de sanación, antiguos o modernos, lo hacen de forma diferente. Ellos ven las enfermedades en forma holística, y el cuerpo como una entidad completa —en equilibrio o desequilibrio— sabiendo que cada parte de tu vida afecta el resto. Por ejemplo, si estás deprimido, la depresión va a interferir con tu ser físico; y un problema con tu ser físico, como una nutrición deficiente, puede crear depresión. Incluso un problema en tu medio ambiente, como vivir rodeado de químicos tóxicos, puede perjudicar tu cuerpo y tu mente. Todos estos factores deben tenerse en cuenta para que ocurra la autosanación.

Estoy seguro de que has escuchado otros enfoques de sanación denominados medicina "alternativa" o "complementaria". En la mayor parte del mundo, excepto en los Estados Unidos, la medicina convencional es considerada un enfoque minoritario y se toman en cuenta métodos alternativos o complementarios de orientales, africanos, ayurvedas, indios americanos y otros terapeutas.

Afortunadamente, la medicina occidental está abriendo sus brazos a todas las formas de tratamientos. Más doctores ahora están convenciendo a sus pacientes de seguir dietas y tomar suplementos nutricionales. Hay más interés en ofrecer a los pacientes opciones relacionadas al cuidado de la salud que anteriormente eran descartadas por muchos médicos entrenados en el hemisferio occidental. Cuando algo anda mal en mi propia salud, acudo a múltiples expertos, incluyendo nutricionistas, quiroprácticos, naturópatas y, por supuesto, doctores en medicina. Me encuentro en ese porcentaje de más de una persona de tres estadounidenses que usa alguna forma de medicina no occidental, de acuerdo al Centro Nacional de Medicina Complementaria y Alternativa, y ese número está creciendo cada vez más.

Aplaudo esta tendencia. Los médicos, enfermeras, quiroprácticos, naturópatas y otros terapeutas pueden representar ciertamente un papel primordial en tu salud. Los tratamientos que ellos te recomiendan pueden estimular el potencial sanador que ya está en tu interior. Y si crees fervientemente en tu terapeuta, la ciencia nos dice que los resultados serán mucho mejores. Hay demasiadas personas en el mundo que han sido diagnosticadas con enfermedades mortales y que automáticamente piensan que están condenadas. No puedes pensar así. Con mucha frecuencia, no es el tratamiento ni el profesional de la salud lo que hace que te sanes, sino tu confianza en ellos.

Cuidado personal: la clave de la sanación

Por fortuna, muchas personas se están preguntando: ¿Hay una forma mejor de permanecer sanos? ¿Hay una forma mejor de recuperar la salud? ¿No hay algo mejor en el mundo? Las respuestas son sí, sí y sí. A lo largo de los siguientes capítulos, llegarás a comprender que tu salud proviene de tu interior; no del exterior. Una vez que incorporas este concepto, desearás que la autosanación sea un principio vital en tu vida.

Hay muchas opciones sencillas para tu estilo de vida que ayudarán a tu cuerpo a sanarse. Aquí vemos unos cuantos ejemplos:

— *El ejercicio es autosanador.* Imagínate sentado viendo televisión en un lindo día. Pero también te sientes cansado, quizá incluso deprimido. Entonces te levantas, apagas la televisión y sales a dar un paseo. Al principio puede ser difícil, pero cuanto más caminas, mejor y más energizado comienzas a sentirte. Los químicos que mejoran el ánimo en tu cerebro comienzan a circular. Tu corazón se fortalece. Tu metabolismo se renueva. Y esos efectos continúan por lo menos durante 48 horas más. En realidad, ¡has comenzado a sanarte a ti mismo!

— *El sueño es autosanador.* Una buena noche de sueño ayuda a tu cuerpo a regenerarse. Cuando despiertas en la mañana, te sientes renovado.

— *Un peso corporal saludable es autosanador.* Si tienes sobrepeso, cambiar tus hábitos en la dieta y perder el peso en exceso inmediatamente te ayudará a mejorar tu salud. Puedes reducir (o dejar de necesitar) tu medicina para la presión arterial o la diabetes. Tus articulaciones pueden sanarse, y la función de tu corazón mejora: ¡todo esto simplemente cambiando tu nutrición y tu actividad física!

— *Los abrazos son autosanadores.* Todo aquel que me conoce sabe que creo en los abrazos. ¿Alguna vez te ha dicho alguien?: "Oye, ¿necesitas un abrazo?". Luego te abrazan y te sientes mejor. Hay poder en un abrazo. La ciencia ha comprobado que el simple acto de acercarse y abrazar a otra persona reduce la frecuencia cardiaca, la presión arterial, e incluso acelera la recuperación de una enfermedad. ¡Todo eso por un simple abrazo!

Creo que con estos pocos ejemplos puedes darte cuenta de que todos tenemos el poder de facilitar o dificultar nuestra propia sanación según nuestras acciones. ¿Y qué decir de los milagros? Claro que también pueden ocurrir y ocurren. Pero en general, cuando uno se sana de una enfermedad, el cuerpo es el sanador y ése es el verdadero milagro.

La autosanación conlleva a la salud y a la prosperidad

La mayoría de nosotros hoy en día estamos buscando formas de mejorar nuestra situación financiera, pero la respuesta no necesariamente está en trabajar más duro o más horas. La respuesta está en cuidarnos mejor y a nuestra familia. Algunos de mis colegas han recopilado una cantidad de datos impresionantes respecto a este tema. Han calculado que si cambias lo suficientemente tu estilo de vida como para reducir los riesgos de tu salud en un 50%, puedes ahorrar hasta un millón de dólares en un periodo de 35 años.

Un estudio publicado en el diario *Health Affairs* señala que el costo promedio del cuidado de la salud por persona —cada hombre, mujer y niño en los Estados Unidos— es de $6,280 al año. Esta es una estadística alarmante: más de 25,000 dólares al año para una familia de cuatro personas. Imagínate toda la riqueza que tendrías si pudieras ahorrar esa suma cada año, o incluso la mitad. Echa un vistazo:

- Costo actual del cuidado de la salud para una familia de cuatro personas: $6,280 x 4 = $25,120

- Ahorros como resultado de un estilo de vida autosanador: $25,120 / 2 = $12,560

- Ahorros mensuales para invertir: $12,560 / 12 = $1,047

Una persona de treinta años que permanece en buena salud y adopta hábitos sanos puede ahorrar en teoría (usando promedios) más de un millón de dólares para cuando tenga sesenta y cinco años. Y ese millón de dólares es solamente un incentivo, además del hecho de poder disfrutar de una vida de riqueza emocional, física y social muy por encima de los beneficios financieros.

Adaptado de *Discover Wellness* por los doctores Bob Hoffman y Jason A. Deitch. Usado con permiso.

¿Exactamente qué es la autosanación?

En 2004, mi amiga Becky fue diagnosticada con fibromialgia crónica. Se cree que esta condición se activa por cambios en el sistema nervioso central que incrementan la sensibilidad al tacto y a la temperatura. Becky es una mujer de cincuenta y dos años, fuerte y de constitución pequeña. Mientras ejercía como oficial en el servicio militar, fue diagnosticada con esta condición seis meses antes de ser enviada a Irak. Durante cuatro años, ejerció como comandante en niveles estratégicos del ejército de los Estados Unidos, pero también sufrió de dolor crónico durante todo el tiempo. Dolores intensos y debilitantes impregnaban cada uno de los músculos, tendones y ligamentos de su cuerpo.

Durante los siguientes cuatro años, los doctores le prescribieron más de diecisiete drogas diferentes para ayudarla a controlar sus síntomas. "Todo me dolía, y me sentía profundamente infeliz", me dijo Becky. "No podía desempeñarme al nivel que mis soldados merecían. Fue cuando decidí que no iba a vivir así por el resto de mi vida".

Becky se retiró de su estresante carrera militar, cambió su estilo de vida y se enfocó en recuperar su salud. Al cabo de dieciocho meses, se cambió a una dieta de productos naturales, practicó varios tipos de desintoxicación, recibió masajes de rutina y ajustes quiroprácticos, y se sometió a la acupuntura. El resultado fue no menos que milagroso: Becky dejó de tomar medicamentos con receta. Hoy en día, vive con muchísimo menos dolor y tiene una calidad de vida maravillosa. Ella dice: "¿Autosanación? ¡Soy prueba viviente de que es posible!".

Como lo demuestra de forma maravillosa la historia de Becky, si le brindamos a nuestro cuerpo lo que necesita, funcionará de manera apropiada y con frecuencia se sanará por sí mismo.

10 pasos para lograr la prosperidad a través de la salud

1. Mantén tu buena salud y reserva fondos para una "cuenta de ahorros para la salud" como un vehículo de inversión adicional para tu pensión. Esta es una cuenta exenta de impuestos, complementada con un plan de salud con un deducible muy alto. Se usa para pagar gastos médicos rutinarios, mientras que el plan de salud paga los costos de los eventos médicos más importantes y el cuidado médico crónico.

2. Mantén tu buena salud y ahorra el dinero que pagarías en tu copago a las compañías farmacéuticas. El copago promedio es de $15 a $30 dólares mensuales, y a menudo mucho más. Coloca ese dinero en tu cuenta de ahorros para la salud o en una cuenta de retiro individual (IRA, por sus siglas en inglés), o inviértelo. Con el tiempo, ese dinero aumentará con intereses compuestos.

3. Consigue un empleo de medio tiempo ejercitándote por dinero. Enseña en una clase de gimnasia en tu gimnasio local o en un centro de recreación. De todas maneras debes hacer ejercicio, ¿por qué no ganar dinero haciéndolo?

4. Reencauza el dinero que gastas en cosas que son destructivas para tu salud en cosas que son constructivas para tu salud. En promedio, un paquete de cigarrillos cuesta $3.80, por lo que un hábito de fumar un paquete diario termina en más de $100 dólares al mes. Deja de fumar, invierte el dinero y mantén tu buena salud. ¿Qué tal invertir el dinero que gastas en alcohol? ¿En televisión por cable? ¿En los bares? Puedes encontrar de $25 a $100 dólares al mes que estés usando en perjudicar tu salud y más bien invertirlos en tu futuro: ¡dejando atrás los malos hábitos!

5. Muchas compañías tienen acuerdos con los gimnasios de su localidad. Si tu compañía está dispuesta a subsidiarte,

toma el dinero que gastarías en una membresía e inviértelo manteniendo tu salud.

6. Muchas compañías ofrecen programas de bienestar para dejar de fumar, perder peso y manejar el estrés. Incluso ofrecen incentivos por participar, pues eso beneficia tanto a la compañía como al empleado. Aprovecha cualquier incentivo que tu compañía ofrezca. Toma el dinero que gastarías en ti mismo de otra forma, e inviértelo.

7. Deja de gastar dinero en comida rápida y prepara comidas frescas y nutritivas en casa. También puedes llevar comidas sanas a tu trabajo. Es mucho más sano y con el tiempo ahorrarás miles de dólares.

8. Cuando te sientes mejor, ahorras miles de dólares en medicinas que no requieren de receta que solo están enmascarando tus síntomas. Mantén tu salud sin el uso de medicinas innecesarias e invierte el dinero en tu futuro.

9. Piensa en tu desempeño en el trabajo, si te sintieras mejor e hicieras mejor las cosas, ¿podrías ganar más dinero? ¿Tendrías la energía para conseguir un trabajo de medio tiempo o convertir un hobby en un negocio desde casa?

10. Si tienes una condición previa y tratas de cambiar tu seguro médico, a menos que trabajes con una gran compañía, tu condición puede costarte miles de dólares en el incremento de las cuotas, incluso si se trata solo de una condición leve. Mantener la buena salud evitará que pagues este incremento en las cuotas. Invierte los ahorros en tu futuro financiero.

Adaptado de *Discover Wellness* por los doctores Bob Hoffman y Jason A. Deitch. Usado con permiso.

Cómo se sana el cuerpo a sí mismo

En la profesión quiropráctica, enfatizamos la *inteligencia innata*. Eso significa sencillamente que "el poder que creó el cuerpo, sana el cuerpo". Benjamín Franklin lo dijo así: "Dios sana y el doctor cobra". Otras disciplinas se refieren a la inteligencia innata como una *fuerza vital*. Cualquiera que sea el nombre que le demos, le otorga al cuerpo poder sanador, siempre y cuando nosotros les suministremos prácticas positivas de salud como dieta, ejercicio y remedios naturales.

La inteligencia innata puede ser un concepto difícil de entender para algunas personas. Lo más importante que debes saber es que siempre y cuando creas que estás conectado y fuiste creado por algo más grande que tú, puedes reconocer fácilmente que todo lo que necesitas para estar sano ya está en tu interior. Jamás ha habido un momento en que esta inteligencia o fuerza vital no haya estado actuando al máximo para proveerte de una experiencia de vida más enriquecedora. Pero depende de ti, a través de tus conductas, acciones y decisiones, apoyar esa inteligencia sanadora.

¿Es comprobable el concepto de la inteligencia innata? No hasta hace muy poco. Los últimos hallazgos en las investigaciones respecto a la comunicación entre las células están validando la fuerza que guía nuestra inteligencia innata. Ahora sabemos cómo activa la inteligencia innata algo que llamamos "señales entre las células". Esto se refiere a la forma en que se relacionan las células y "hablan" entre sí usando varias señales bioquímicas.

Por ejemplo, regresemos al ejemplo de la cortada en tu piel. Como describí anteriormente, el cuerpo hace muchas cosas milagrosas trabajando en conjunto para sanarnos. Los glóbulos se dilatan para liberar oxígeno, nutrientes y otras sustancias sanadoras en la herida. Las bacterias y los gérmenes son atacados y la piel se repara y reconstruye. ¿Cómo se orquesta todo esto? Es la inteligencia innata en funcionamiento, controlando todas las señales entre las células para realizar la sanación.

También sabemos que las malas decisiones pueden bloquear este proceso e interrumpir la comunicación celular. Por ejemplo, el caso del cigarrillo. Los estudios demuestran que fumar retrasa el proceso de transferencia de las sustancias sanadoras a las heridas retardando la sanación. Fumar también ocasiona que el cuerpo produzca demasiado tejido cicatrizante.

Las señales erróneas entre células se hallan en la raíz de muchas enfermedades incluyendo el cáncer, diabetes y artritis, por mencionar unos pocos. Los científicos están observando ahora el cuerpo como una red enorme de comunicaciones, y aquellos de nosotros que trabajamos en el campo natural de la sanación creemos que una inteligencia innata está al mando, activando la autosanación.

Una razón por la cual soy tan fiel a mi profesión es debido a que me hizo conocer la inteligencia innata. Y cuando tienes acceso a esa inteligencia, te aseguro que es el apoyo más grande que puedas imaginar.

El cuerpo está diseñado perfectamente para funcionar perfectamente. Contiene infinita sabiduría y una inmensidad de recursos que pueden, dadas las condiciones adecuadas, vencer enfermedades, extender la vida y realizar milagros. Cada vez que un paciente me dice: "Doctor Mancini, usted es lo máximo: me ha sanado", siempre respondo: "No fui yo quien te sanó. Debes agradecerte a ti mismo porque fuiste *tú* quien le ha dado a tu cuerpo lo necesario para sanarse a sí mismo".

El cuerpo humano es el milagro más grandioso sobre la tierra. Es más fuerte y más sabio de lo que probablemente puedas comprender. Y mejorar tu habilidad para sanarte está bajo tu control. Comienza a creer en tu habilidad innata de sanar, proporciónale a tu cuerpo los nutrientes apropiados y las herramientas de auto reparación, retira todos los obstáculos negativos y las interferencias en el proceso... y tu cuerpo se sanará. ¿No crees que es hora de liberar tu poder de autosanación?

SANACIÓN VS. CURACIÓN

Usamos indistintamente las palabras *sanar* y *curar*, pero, ¿significan lo mismo? No exactamente. Hay una diferencia muy sutil en su significado, y explicaré la razón.

Tal como he enfatizado, la sanación proviene del interior. Es el proceso por medio del cual el cuerpo, la mente y el espíritu trabajan en conjunto para recuperar su integridad. La curación es cuando el cuerpo está completamente libre de enfermedades o heridas.

En la curación, dependemos de la experiencia de un profesional de la salud (como un médico) para controlar el curso de la enfermedad; en la sanación, dependemos de nuestros propios recursos internos.

Alguien puede haberse sanado, pero no haberse curado. Otra persona puede haberse curado, pero no haberse sanado. Hay muchas personas que se han "curado", pero no sienten que están llevando una vida llena de propósito. En realidad, no se han sanado. Otros pueden también haberse sanado y curado.

Considera el ejemplo de algunos pacientes de cáncer. Los estudios han demostrado que los pacientes de cáncer viven más tiempo si la calidad de vida es mejor; es decir, si se adhieren a una dieta nutritiva, se ejercitan para aliviar el estrés, se rodean de familiares y amigos que los apoyan, y tienen una base espiritual en la cual también pueden apoyarse. Todo esto es parte de un estilo de vida sanador. Por lo que la sanación, debido a que afecta positivamente la calidad de vida, se asocia con vivir más tiempo. En el caso de los sobrevivientes de cáncer, se sabe que la sanación logra prevenir la reaparición del cáncer: en otras palabras, lo cura.

No se trata de trivialidades en ambos conceptos; solo estoy señalando sus diferencias sutiles. Para ilustrar con mayor detalle estas distinciones, compartiré la historia de Carlos, quien fue tratado por mi querido amigo, el doctor quiropráctico John F. Demartini.

Un caso de sanación

Carlos era un joven aspirante a actor que había sufrido serias heridas en su médula espinal en un accidente automovilístico. Cuando Carlos se presentó en la oficina del doctor Demartini en Houston, Texas, estaba cuidadosamente asegurado a una silla de ruedas para cuadripléjicos. Su cabeza estaba sostenida por un arnés y su cuerpo estaba paralizado del cuello para abajo.

Su mirada estaba desviada hacia abajo y su madre decía que él no tenía esperanzas, estaba deprimido, y —sí, tristemente— tenía tendencias suicidas. El sueño más profundo de Carlos era convertirse en un gran actor, representar papeles en el teatro y el cine. Quería estar en Broadway y bailar en musicales. Pero estaba en una silla de ruedas para cuadripléjicos.

Demartini lo miró y le dijo: "¡Carlos! ¿Qué piensas y qué sientes? ¡Habla conmigo!".

"Solo quiero volver a caminar", respondió. "Quiero volver a bailar y actuar. No quiero vivir si tengo que permanecer así".

"Carlos, si tienes la determinación de vivir, si tienes un fuerte deseo de estar bien, y si crees en la posibilidad de algún tipo de recuperación, entonces, y solo entonces, tendrás los elementos necesarios para lograr el éxito. Y yo te ayudaré a alcanzarlo. Es esencial que tengas algún tipo de visión significativa e inspiradora como meta. Porque si no tienes el deseo de vivir, entonces ya estás derrotado. ¿Verdaderamente sientes el deseo necesario para superar tus retos y obstáculos potenciales? Necesito tu compromiso total. Quiero asegurarme de que hay algo en ti que te inspira a lograr el éxito más allá de lo ordinario".

Carlos tomó su decisión de inmediato y con entusiasmo: "Sí, ¡quiero hacerlo! ¡Quiero caminar, bailar y actuar de nuevo!".

El doctor Demartini examinó la médula espinal de Carlos, revisó la enorme pila de radiografías, estudió minuciosamente la montaña de resultados de las pruebas previas y formuló un plan de tratamiento. Trabajó con Carlos a diario. Durante un tratamiento, el doctor Demartini decidió ajustar una cierta vértebra que había quedado fracturada y seriamente desplazada. En la noche siguiente a este ajuste, Carlos comenzó a sentir los dedos de sus pies por primera vez desde el accidente.

Al día siguiente, el doctor Demartini le hizo un nuevo ajuste y Carlos logró controlar parcialmente su vejiga. Le hizo ajustes casi a diario, y durante los siguientes seis meses, Carlos logró no solamente mover los dedos de sus pies, sus pies y piernas, y recuperar un poco del control de esfínteres, sino que también comenzó a mover manos y torso. Los movimientos recién recuperados de la parte superior del torso mejoraron su habilidad para respirar independientemente. De hecho, los ajustes en el cuerpo de Carlos estaban cambiando por completo su fisiología.

Luego, al cabo de nueve meses de terapia quiropráctica constante, Carlos experimentó un progreso psicológico muy importante. Anunció con confianza: "La próxima semana, ¡voy a caminar para usted!".

En ese momento, el doctor Demartini quedó desconcertado y no supo muy bien cómo responder. Una parte de él pensaba que quizá sería ir demasiado lejos, sin embargo, no podía decir eso. En cambio, contestó: "¡Fantástico! ¡Ese es el espíritu y la determinación de un campeón!".

Varios días después, Carlos vino por su tratamiento. Se bajó con facilidad de la mesa de terapia, sin asistencia, y con la ayuda de la gravedad, se dejó caer en su silla de ruedas. Luego, sin ayuda, pero con el uso de sus propias manos y brazos, se inclinó cuidadosamente hacia adelante y se agarró del borde del mostrador. Lentamente, Carlos "caminó" con sus glúteos desde el borde frontal de la silla de ruedas y comenzó a levantarse. Con piernas temblorosas, gradualmente, se inclinó hacia adelante hasta quedar completamente de pie. Después,

Carlos se giró hacia el doctor Demartini e intentó dar unos cuantos pasos vacilantes. Al cabo de unos momentos, comenzó una caída en cámara lenta en los brazos expectantes del doctor. Estos habían sido los primeros pasos que Carlos había tratado de dar desde su accidente casi fatal.

En el transcurso de los meses siguientes, Carlos desarrolló la habilidad de cojear y arquear la espalda con la ayuda de un bastón. A veces, incluso tomaba el bastón bajo su brazo y caminaba erguido muy lentamente. Sus médicos originales le habían dicho que estaría paralizado para siempre, que su caso no tenía esperanzas. En algún momento, hasta Carlos les creyó y deseó quitarse la vida. Pero eventualmente todo eso cambió. Las únicas personas que seguían teniendo esperanzas, y continuaron así, fueron Carlos y el doctor Demartini.

¿Se curó Carlos? No, nunca se recuperó lo suficiente como para recobrar su habilidad de actuar o bailar. ¿Se sanó? Definitivamente, sí. Su deseo y determinación le devolvieron su vida. Hoy en día, Carlos es maestro de drama, realizando sus sueños y metas a través de las vidas de sus alumnos. Para mí, este es un caso de sanación en todo el sentido de la palabra.

Los tres niveles de sanación

Como ilustra la historia de Carlos, la sanación es mucho más que recuperar la salud. Es una forma de vivir que impregna la vida de energía y nos ofrece el propósito para superar épocas difíciles. Y, ¿exactamente cómo llegamos a ese punto? La respuesta es cuidándonos en cada uno de los tres niveles de la sanación.

El primero es el *nivel físico,* y es donde por lo general nos enfocamos. En definitiva, la sanación toma lugar físicamente, cuando un hueso o una herida se sanan. La sanación también ocurre cuando comemos de forma apropiada, tomamos suplementos vitamínicos, hacemos ejercicios y seguimos las recomendaciones de tratamiento de nuestro terapeuta.

El segundo es el *nivel emocional,* el cual comienza con nuestros pensamientos. Nuestra forma de pensar conlleva a las emociones y ambas cosas están entrelazadas. Si tenemos mentalidad negativa, se activan emociones negativas como el miedo, tristeza, frustración o ansiedad. La negatividad, así mismo, puede perjudicar nuestra salud y entorpecer el proceso de sanación porque la mente tiene control sobre lo que experimentamos física y emocionalmente.

El tercero es el *nivel espiritual*, cuando nos relacionamos de alguna forma significativa con lo que consideramos sagrado. La espiritualidad, ya sea que la experimentemos a través de la práctica religiosa personal o la apreciación de la naturaleza, nos proporciona un sentido profundo de significado y propósito, y una conexión con algo más grande que nosotros mismos. Por ejemplo, cuando me siento en equilibrio espiritual, puedo observar la cima de una montaña, un atardecer, o la cresta de una ola en el océano y apreciar la profundidad de su belleza. Mi sentido del propósito puede llamarme a que me formule la pregunta: *¿Qué puedo hacer por los demás?* Para muchos de nosotros, la espiritualidad nos pone en contacto con lo divino, quizá a través de la oración, el culto, la meditación, o sencillamente la paz que está en nuestro interior o a nuestro alrededor.

Tres niveles trabajando en conjunto

A menudo hablamos sobre esos tres niveles de sanación como tres realidades distintas. No obstante, cuando se trata de la salud, no están separados. Imagínate caminando hacia el supermercado y comprando una bolsa de harina, una caja de azúcar, unos cuantos huevos, mantequilla y la capa de crema dulce para el decorado. Todos son artículos separados, pero una vez que los combinas para hornear un pastel, se funden en un solo plato. Puedes distinguir la crema de decoración del pastel, pero todas las partes están unidas. Y la contribución de cada ingrediente es esencial a la calidad del pastel. De igual forma ocurre con cada uno de los niveles de la sanación. Si uno de ellos está ausente, en realidad no estás íntegro, y tu bienestar no se encuentra en su máximo potencial.

La sanación puede experimentarse cuando alguien muere. Un ejemplo excelente de esto es la historia de una niña de diez años llamada Cheryl Jean. Durante los últimos seis años de su vida, ella luchó contra la leucemia. Nunca se dio por vencida, ni siquiera en su último aliento. Apreciaba cada segundo del día y todavía se las arreglaba para sonreírle a todos aquellos que la conocían, aunque su cuerpo y sus órganos a menudo gritaban de dolor. Esta niñita desplazó su propio drama personal redirigiendo su atención a ayudar a los demás a sentirse mejor. Estas son lecciones espirituales de las cuales todos podemos beneficiarnos: "Aprecia cada momento" y "considera a los demás primero".

Cheryl Jean deseaba estar en su propia cama con su osito de peluche en su última noche sobre la Tierra. Le pidió al doctor Steven J. Pollack, D.C., quien era parte del equipo médico que la atendía, que estuviera con ella y con su familia. El doctor Pollack me dijo luego: "Nuestra mirada quedó suspendida y supe que ella había encontrado la paz". Su cuerpo ya no sufría, era libre emocionalmente, y había encontrado la paz espiritual. Se había sanado, aunque no se hubiera curado.

Quizá has experimentado algo así con alguien a quien amabas que se encontraba en un estado terminal. Quizá esta persona no pudo curarse de una enfermedad física, pero logró hacer la paz espiritual con lo divino, sea como sea que lo hayas definido, y llegó en efecto a sanarse. Creo que siempre podemos sanarnos, aunque no siempre podamos curar nuestros cuerpos.

Sanación, curación y enfermedades crónicas

Tal vez en este momento estés lidiando con una enfermedad crónica como cáncer o diabetes. Las enfermedades crónicas son muy duras para el paciente, así como para la familia y los demás seres amados. Sentimientos de dolor, miedo, arrepentimiento y enojo pueden quedar suspendidos como una nube muy pesada sobre nosotros. Muchas personas desean aparentar que la nube no está ahí. Han escuchado o les han dicho que deben "permanecer positivos". Pues bien, ¿y qué tal que no sientas deseos de estar positivo? Forzar el positivismo es tan dañino como ser negativo; te produce un estrés adicional que entorpecerá tu sanación. Escucha y lidia con todas tus emociones o bloquearás tu energía sanadora.

La historia de Joseph ejemplifica estas verdades.

El oncólogo le lanzó números a Joseph respecto a su expectativa de vida: un año, a lo mejor dieciocho meses. Mientras él escuchaba este pronóstico tan fúnebre, no solamente se hizo el sordo; se insensibilizó. Esto fue en abril del 2004. Durante meses, Joseph, de cincuenta y seis años, había estado experimentando un torturante dolor en todo su cuerpo. Era prácticamente imposible sentarse en una silla. No podía dormir más de varios minutos a la vez. Entraba y salía sin cesar del baño, orinando a cada hora exacta. Cojeaba como un caballo con tres patas y esperaba que nadie se diera cuenta. Bajó considerablemente de peso. Tenía los ojos hundidos en el rostro y sus facciones se volvieron fantasmagóricas. El dolor se convirtió en parte de él, residiendo en su cuerpo como un visitante indeseado que se rehusaba a partir.

Antes de ir a ver al oncólogo, Joseph se había hecho el examen de antígenos específico de la próstata (PSA, por sus siglas en inglés). Esta prueba mide el nivel de proteína producido por la próstata y se usa para detectar las enfermedades. Descubrió que el resultado de su prueba fue 335.

Preguntó: "¿Qué es lo normal?".

"Cuatro o menos", respondió el doctor.

"¿No debería estar muerto?", preguntó Joseph. El doctor le dijo que había habido una confusión en el laboratorio y solicitó otro examen PSA. Cuando Joseph volvió dos semanas después, el resultado fue 435.

Resultó que el 90% de su próstata estaba saturada de células cancerosas, y lo enviaron a un tratamiento para el cáncer. Joseph estaba devastado cuando escuchó su diagnóstico: "Usted se encuentra en la cuarta fase de cáncer de próstata con metástasis en el hueso. Las células cancerosas ya llegaron a la pelvis, costillas, omóplatos y glándulas linfáticas".

Por supuesto, sintió la terrible impresión del diagnóstico, seguida por depresión, ira e incredulidad, todas emociones comprensibles y naturales que tienen y deben experimentarse y superarse. Todo lo que Joseph había aprendido a identificar como su ser, había cambiado: su apariencia física, su estilo de vida, sus relaciones y todos los detalles que conforman la vida de una persona. Él sabía que las cosas jamás volverían a ser iguales.

Después de enfrentar el diagnóstico del cáncer, Joseph llegó eventualmente a hacer las paces con eso y se preguntó: *¿Qué debo hacer para superar todo esto?*

Perseveró en sus tratamientos, que con el tiempo incluyeron dolorosas y agotadoras sesiones de radioterapia, quimioterapia y cirugía. A pesar de todo, seguía determinado a mantener un poco de la normalidad en su vida al continuar haciendo lo que disfrutaba. Se mantuvo activo e iba a su empleo, sabiendo que la actividad fortificaría sus reservas de energía. En medio de todo esto, hasta se enamoró y se casó. En resumen, *siguió con su vida,* y viviendo con la expectativa de resultados positivos, una creencia que es un ingrediente clave en la sanación. Y mientras hacía todo esto, aceptó su enfermedad.

Ya sea que Joseph haya sido capaz o no de cambiar el curso de su enfermedad, sin lugar a dudas, alteró la experiencia de su enfermedad. La sanación ocurrió al enfrentar la realidad de aquello que confrontaba, mientras siguió colocando su energía en llevar una vida plena. Los científicos que investigan la salud de la mente y el cuerpo creen que si transformamos la experiencia de una enfermedad, también podemos afectar el curso de la misma. Así que en el caso de Joseph un pronóstico de vida de dieciocho meses se convirtió en siete años de vida, y sigue en pie. Veo esto como un ejemplo inspirador de autosanación.

¿Alguna vez te has preguntado qué hace que una persona se mantenga viva, a veces mucho más de lo esperado, ya sea alguien de cincuenta y seis años combatiendo el cáncer o un individuo de cuarenta y cinco que sobrevive un infarto? Creo que, por lo menos, una parte de la respuesta yace en las diferencias fundamentales entre la sanación y la curación.

Tanto ustedes como nosotros vamos a enfermarnos un día de estos; eso es una realidad. Conozco personas que verdaderamente se sienten agradecidas cuando hay una crisis de salud porque es como un llamado a despertar que los obliga a realizar cambios significativos en su estilo de vida física, emocional e incluso espiritualmente. Aunque yo preferiría no tener que esperar una llamada a despertar, creo que las enfermedades y los padecimientos físicos pueden enseñarnos cosas respecto a nosotros mismos que pueden mejorar nuestras vidas y ayudar a establecer prioridades sobre lo que realmente importa.

Debes saber que eres único

Casi todas las profesiones y disciplinas de la salud usan "protocolos de tratamiento", instrucciones estandarizadas y detalladas sobre las técnicas y los procedimientos involucrados en un plan médico. Los protocolos son útiles porque en muchos casos mejoran el resultado de un paciente.

Conforme más incursionaba en los asuntos relacionados con la sanación, más llegaba a creer que los protocolos, inclusive los de mi propia profesión, abordaban los problemas de salud de una forma muy simplista, como si el cuerpo tuviera una sola forma de reaccionar. Digamos que has sido diagnosticado con alguna forma de cáncer. Puedes asumir que tu tratamiento fue elegido debido a tu situación única; digamos un régimen de quimioterapia de varias medicinas personalizadas para ti. En realidad, puede haber sido un protocolo estándar que ha sido suministrado a muchas personas con el mismo tipo de cáncer. Este enfoque de "talla única" podría funcionar mucho mejor si los resultados fueran casi siempre excelentes, pero desafortunadamente esto no es siempre el caso. Leí sobre un estudio de mujeres con cáncer de mama, todas de más de cincuenta años, que también presentaban cáncer en sus nódulos linfáticos. El protocolo de quimioterapia estándar había incrementado la tasa de supervivencia de diez años solamente en un 3%.

La respuesta no es abolir los protocolos de tratamiento; eso sería insensato. Según mi forma de pensar, la respuesta es buscar, y añadir, más paradigmas esclarecedores —no necesariamente protocolos— que verdaderamente se ajusten al tratamiento de cada individuo. Esos tratamientos pueden ser nutricionales, emocionales, espirituales y médicos, siempre y cuando puedan ser personalizados.

Un sentimiento de esperanza

La esperanza es definida en la mayoría de los diccionarios como un "deseo acompañado de una expectativa de algo, una creencia en algo, una realización". Siempre ha sido un concepto muy intrigante en el cuidado médico. Los pacientes enfermos que creen que pueden mejorarse, a menudo lo hacen. En mi trabajo como presidente de la Universidad Parker, he conocido a miles de terapeutas, he escuchado sus historias y he quedado maravillado ante su habilidad de ofrecerles esperanza y sanación a sus pacientes. A través de sus experiencias, he aprendido en carne propia que la esperanza juega un papel decisivo en la sanación.

Por ejemplo, Karla era una joven mujer muy enferma. Era prácticamente ciega, había sufrido de náuseas persistentes y de migrañas constantes por casi siete meses. También padecía una diabetes descontrolada que la estaba matando lentamente. Su monitor de insulina registraba rutinariamente la palabra "elevado", lo cual significaba que estaba por encima de la lectura máxima de 600. Estaba tomando dos medicamentos distintos para las migrañas y tomaba metoclopramida (Reglan) para las náuseas, una medicina que le dan a los pacientes de quimioterapia.

Karla tenía profundo daño renal debido a su diabetes y solamente estaba filtrando a una tasa del 50%. Le habían dicho que más de 1,100 micro-unidades de proteína estaban pasando por su orina todos los días. Una cantidad normal es por debajo de 200.

Pero, probablemente la peor condición que sufría era la desesperanza. Karla había intentado y había experimentado todos los medios convencionales del cuidado médico, no obstante, estaba muriendo. Siguiendo el consejo de sus padres, fue a ver al doctor Bill Hannouche, D.C.

El doctor Hannouche le preguntó a Karla: "¿Esperas mejorar, permanecer igual o empeorar si continúas con tu tratamiento médico actual?".

"Estoy empeorando", admitió.

"¿Le darías una oportunidad a la quiropráctica?".

Ella dudó. "¿Qué involucra?".

"Es un método no invasivo, no requiere de medicamentos, y solamente hay un efecto colateral: la mejoría de la salud", respondió.

Karla accedió, pero considerándolo como un último recurso.

Tres semanas después de que Karla comenzara ajustes quiroprácticos periódicos, dejó por completo la medicina para la migraña. Dos semanas después, había dejado el medicamento Reglan.

El doctor Hannouche se aseguró de que se hiciera un examen de insulina antes e inmediatamente después de cada ajuste. Bajaba rutinariamente de 50 a 60 puntos. Eventualmente, llegó a hacerse sus propias pruebas, nunca registrando más de 300 puntos, y los números seguían mejorando. Además, la función renal de Karla mejoró en un 60% mientras que los niveles de proteínas seguían bajando.

Además, la última vez que fue a hacerse una revisión oftalmológica, su visión estaba borrosa debido a que sus lentes con graduación eran ahora demasiado fuertes para su mejorada visión. Su oftalmólogo documentó el cambio.

El doctor Hannouche me dijo: "Observar todos esos cambios de salud fue, obviamente, maravilloso, pero ver la mirada de propósito, esperanza y vida en los ojos de Karla, fue el resultado más satisfactorio".

Hace poco, leí un estudio fascinante conducido sobre el poder sanador de la esperanza. En 2005, investigadores de la escuela de enfermería de la Universidad McGill en Canadá descubrieron que si alguien tenía suficiente esperanza como Karla, podía "inducir" un cambio en el curso de las enfermedades en su cuerpo. Este estudio examinó ocho sobrevivientes de infartos, cada uno camino a su sanación, y les formularon tres preguntas: "¿Qué significa la esperanza para ti? ¿Ha cambiado tu sentido de esperanza desde que tuviste el infarto? ¿De qué tienes esperanza ahora?".

Quedé fascinado ante los descubrimientos hallados. El primero fue que "contar tu historia" tiene un profundo poder sanador. Cuando cuentas la historia de tu enfermedad y el impacto en tu vida, permites expresar tus miedos, ansiedad, incertidumbre y tu esperanza. Un joven de solo diecinueve años contó su historia así: "Fue atemorizante, muy aterrorizante. Supe que algo terrible ocurría. No tenía la menor idea de qué lo había causado. Me caí al suelo. Todo mi lado izquierdo estaba paralizado. Sentí miedo. Vi toda mi vida frente a mis ojos. Mi cabeza estaba en el piso y no podía mirar hacia arriba".

Los sobrevivientes también identificaron una actitud esperanzadora como una fuerza en la sanación. Como dijo una persona: "Siempre que hay vida, hay esperanza. Sigo viva. Me siento optimista de que estaré bien".

Las ocho personas hablaron de la dimensión espiritual de la esperanza. La definieron como "una sensación de relación y conexión con los demás, con la naturaleza y con Dios". O como dijo otro sobreviviente: "La esperanza es como un cielo azul despejado con un sol brillante. Y te calienta, es hermoso".

El último tema que surgió fue la "autosanación". Los participantes creían que ellos tenían el poder de autosanarse de tres formas importantes. La primera era la conciencia de sí mismo: escuchar al cuerpo y atender sus necesidades. Como dijo el joven de diecinueve años: "Me di cuenta que en el futuro, cuando me sienta cansado, quizá no deba presionarme tanto. Quizá deba tomar las cosas con un poco más de calma y relajarme cuando esté cansado. Veo lo que puede ocurrir si te presionas demasiado".

La segunda forma trataba de adoptar un enfoque positivo sobre el futuro. "Estoy bien, pero [el infarto] me hizo comprender que tengo que pensar en forma distinta sobre el futuro", dijo una mujer. "No solo sobre mis metas. Tengo que pensar en otras cosas, incluyendo mi hijo. Tengo nuevas prioridades". Y la tercera forma de lograr la sanación es dejar atrás el pasado. Una participante comprendió que para continuar en su proceso de sanación, debía dejar atrás sus conductas destructivas tan arraigadas. "He dejado ir todo lo que no es necesario".*

---

* Para más detalles, sobre este fascinante estudio, lea: Arnaert, A., et al. 2005. Pacientes de derrames cerebrales en la fase de cuidados intensivos: papel de la esperanza en la autosanación. *Holistic Nursing Practice* 20:137–146.

Deja que la esperanza te sane

La esperanza es una fortaleza interior autosanadora. Para activarla, cuenta tu historia, escucha a tu cuerpo, adopta una visión optimista y deja ir todo lo que ya no te sirva. Mantener la esperanza te ayuda a recapturar tu propósito, a establecer un sentido del futuro y a abrirte a la alegría a pesar de la presencia de una enfermedad.

Así es, la vida es a menudo difícil y dolorosa. Pero esta realidad no describe toda la vida, y no describe la forma que respondemos a las pruebas y a los retos. El sol sale después de una noche oscura. Un abrazo, una sonrisa, o el contacto de un amigo te conmueven el corazón. Como dijo una vez el poeta Robert Frost: "Siempre mantengo grandes esperanzas".

Así que yo te digo: *¡Mantén la esperanza!*

La sanación es un proceso constante. No solo te enfermas, te sanas, y luego se termina la sanación. Siempre te estás sanando, y en los tres niveles, si permaneces enfocado en lo que es mejor para tu cuerpo, mente y espíritu. La sanación es una jornada infinita.

Y ahora, si estás listo, te invito a emprender esta jornada conmigo...: al fascinante, y a menudo milagroso, mundo de la autosanación.

AUTOSANACIÓN FÍSICA

Tu salud sí puede cambiar, en verdad, si das pequeños pasos hacia tu autosanación. Un paso es una dieta apropiada; otro es el ejercicio habitual. La literatura científica contiene abundantes investigaciones que comprueban que la dieta y el ejercicio son autosanadores. Pero, exactamente, ¿qué es lo que debes hacer? ¿Qué deberías comer? ¿Qué ejercicios debes hacer para tu autosanación? En la primera parte, respondo a estas preguntas y otras. Comienzo con la autosanación física porque es la que te provee la energía, el enfoque y el deseo de sentirte más feliz y más saludable en todos los niveles de la sanación.

CAPÍTULO UNO

ALIMENTOS AUTOSANADORES

En el 2002, Phil, alumno de la Universidad Parker en Dallas, Texas, escuchó las tres palabras que nadie desea oír: "Usted tiene cáncer".

Naturalmente, Phil quedó devastado, lleno de desesperanza y desespero. En un instante, su mundo se derrumbó y él quedó sumido en una depresión profunda. Se sumió en sus propios pensamientos incapaz de procesar gran parte de la información que siguió de inmediato a su diagnóstico. Incluso cuando las personas le hablaban, sus palabras eran murmullos sin sentido que parecían irreales. Estaba abrumado por sus emociones.

"Estaba furioso con el sistema actual para el cuidado de la salud", dijo Phil, "Sentía que me habían fallado. Me sentía víctima, pero sabía también que por más pena que sintiera por mí mismo, eso no me haría recobrar mi salud ni me ayudaría de ninguna forma. Canalicé esas emociones y decidí hacer algo; después de todo, así soy: una persona de soluciones y acción".

Phil fue diagnosticado con linfoma no Hodgkin, un tipo de cáncer que ataca el sistema linfático del cuerpo y se estima que es el sexto cáncer más común en los Estados Unidos.

En nuestros cuerpos, tenemos un sistema circulatorio secundario llamado sistema linfático. Está constituido por canales a través de los cuales viajan los glóbulos blancos llamados linfocitos. Los linfocitos patrullan el cuerpo, buscando invasores extraños causantes de enfermedades. Este sistema también está compuesto de nódulos linfáticos, pequeños racimos de tejido en forma de grano que encapsulan los linfocitos, así como órganos tales como: el bazo, el timo y las amígdalas. Es un sistema muy complejo —que todos deberíamos apreciar— ya que está diseñado para ayudar al cuerpo en su autosanación. Un síntoma del linfoma no Hodgkin es una inflamación indolora de un nódulo linfático, y debe ser revisado de inmediato.

En el momento de su diagnóstico, Phil estaba sirviendo sus últimos años como instructor de vuelo de la marina de los Estados Unidos para entrenamiento estratégico avanzado de jets. "No soy alguien que se da por vencido fácilmente, y no me dejo derrumbar sin luchar", era su tipo de actitud. Había superado muchos retos en su vida, como aterrizar de noche en un portaaviones, además de que se había graduado con honores de la escuela naval de aviación como piloto de combate de naves F/A-18 de la marina. La filosofía de Phil era: "Los obstáculos en la vida son parte del crecimiento espiritual y son oportunidades, y esto no es diferente".

Lleno de valor, Phil decidió buscar un tratamiento más allá de la medicina occidental y comenzó entonces a buscar un doctor especializado en tratamientos nutricionales para el cáncer. Encontró un osteópata que trabajaba en equipo con tres naturópatas de Tulsa, Oklahoma. Su práctica se basaba en una gran cantidad de investigaciones y evidencias clínicas que indicaban que una dieta a base de plantas puede desacelerar, revertir el crecimiento de un tumor y además incrementar la resistencia natural del cuerpo contra las enfermedades. Lleno de esperanza, Phil pidió una cita.

Comenzó un tratamiento que se basaba en gran parte en una dieta a base de alimentos crudos y grandes cantidades de vitaminas, minerales y enzimas suplementarias. Las enzimas son un tipo de proteína fabricada por el cuerpo y que también se encuentran en los alimentos. Actúan como catalizadores que inician reacciones químicas o aceleran las que ya están en proceso. Muchas enzimas trabajan descomponiendo la materia. Las enzimas digestivas son un buen ejemplo de esto, ya que ayudan a descomponer los alimentos en componentes más pequeños. En general, el cuerpo cuenta con las enzimas para ayudarlo a combatir enfermedades, inflamaciones, y el envejecimiento. Las enzimas también tienen mucho que ver con la autosanación: ayudan al cuerpo a restaurarse después de una herida o una enfermedad.

Muchos médicos y terapeutas de la salud creen que la carencia de enzimas en el cuerpo inicia una enfermedad. La premisa subyacente es que las enzimas naturales de las plantas provenientes de frutas y vegetales ayudan a expulsar del cuerpo las proteínas, carbohidratos y grasas no digeridas —llamados colectivamente "complejos flotantes inmunes" (CFI)—. Informes detallados desde 1982, publicados en muchas revistas evaluadas por expertos, señalan que los CFI suprimen la fusión inmunológica normal y cubren las células con una capa de una mucosa pegajosa. Esto congestiona las células, confundiendo la comunicación normal entre ellas y el sistema inmunológico; un proceso que prepara el escenario para las enfermedades. Conforme envejecemos, más CFI genera nuestro cuerpo.

Phil se aferró estrictamente a la dieta rica en enzimas prescrita por sus médicos. Consistía en productos orgánicos crudos (con frecuencia jugos), granos enteros, nueces, frijoles, un poco de pescado, y pequeñas cantidades de proteína; pero nada de carne, azúcar refinada ni alimentos procesados. Se tomaba sagradamente sus suplementos de enzimas.

"Consumía mucho tiempo y era bastante restrictivo desde el punto de vista social, pero yo creía que mi vida dependía de eso", dijo Phil.

Efectivamente, así fue. Hoy en día, Phil está libre de cáncer. Él atribuye su sanación a ese tratamiento natural.

Obviamente, no todas las experiencias como la de Phil llevan a este tipo de milagros. Pero todavía me pregunto: ¿Es posible, tomando una sola decisión importante como cambiar nuestra dieta, generar una serie de eventos que nos lleven a la autosanación?

Creo que la respuesta es afirmativa. Tomando decisiones para alterar nuestra dieta o elegir una vida más sana, incrementamos nuestro potencial de autosanación. Todo el tiempo escucho historias como la de Phil, y no son anecdóticas. Las investigaciones científicas están llenas de pruebas de cómo la nutrición apropiada puede sanar. Hay miles de estudios, por ejemplo, de que una dieta rica en frutas y verduras protege contra las enfermedades coronarias y el cáncer. Quizá en verdad no tenemos que combatir una enfermedad con un montón de píldoras y medicinas, ¡sólo con muchas frutas y verduras!

Incluso el día de hoy, hay pueblos en otras partes del mundo que enfatizan el valor de los alimentos naturales. Uno de esos lugares queda en el Himalaya, hogar de algunos de los seres humanos con mayor longevidad: los Hunza, muchos de los cuales viven más de cien años y mantienen una salud excelente a lo largo de toda su vida. Los miembros de la tribu de los Hunza nunca padecen de cáncer ni de enfermedades hereditarias. Tampoco *se conocen casos de obesidad.* Muchos creen que la civilización Hunza fue la inspiración para la imaginada Shangri-la, de la novela de James Hilton llamada *Horizonte perdido,* puesto que su pueblo es famoso por su salud y longevidad, un tema clave del libro.

¿Cómo se las arreglan los Hunza para vivir tanto tiempo tan sanos y con tan pocas enfermedades? La respuesta no es complicada. Su dieta consiste principalmente de frutas y vegetales frescos y de granos enteros; y es baja en grasas animales. No saben lo que significa consumir alimentos procesados ni comida rápida, lo que es parcialmente responsable de las enfermedades del mundo occidental.

Cierto, tú no eres un Hunza y no vives en un lugar aislado de alimentos grasosos y procesados, ni de otras tentaciones que provocan enfermedades. Pero esto es lo que puedes hacer: consume más alimentos integrales, incluyendo frutas, verduras, proteínas bajas en grasa, todos los cuales promueven la autosanación.

Más que cualquier otra cosa en el dominio físico, lo que tú comes le dice a tu cuerpo qué tan sano deseas estar. La nutrición apropiada es la base esencial de la sanación. Tiene un impacto directo en cada órgano y función en tu cuerpo. En pocas palabras, cuando comes bien, te sientes bien.

Los reforzadores

Todos los elementos integrales son autosanadores, pero yo los he resumido en veinticinco alimentos con poderes especiales. He recopilado esta lista después de consultar a expertos en nutrición y leer cientos de estudios. A estos alimentos los llamo *reforzadores*. Todos ellos combaten las enfermedades, promueven el fortalecimiento del sistema inmunológico y los nutrientes que necesitas para sentirte excelente. Trata de incluir la mayor cantidad de ellos en tu dieta. Tienes veintiuna oportunidades cada semana (siete desayunos, almuerzos y cenas), además de las meriendas, para hacerlo.

1. Manzanas

Estoy seguro de que has escuchado el viejo adagio que dice: "Una manzana al día, del médico te alejaría". Hay una razón por la que estos "viejos dichos" todavía se escuchan: son palabras sabias, y las manzanas son un ejemplo excelente de esto. Son un verdadero fenómeno de la nutrición sanadora. Las manzanas:

- Son ricas en fibra para un sistema digestivo saludable
- Reducen el riesgo de derrames y las posibilidades de morir de un infarto
- Ayudan a prevenir el cáncer de próstata, hígado y pulmón ya que son ricas en catequinas, un fitoquímico que combate las enfermedades

¿Manzanas? Claro que sí, disfruta de una al día para una salud excelente.

2. Alcachofas

Este humilde vegetal es una mina de compuestos naturales que protege el cuerpo en muchas formas. Las alcachofas:

- Protegen el hígado contra los residuos tóxicos

- Reducen los niveles de LDL, colesterol ("malo"), debido a que son ricas en una antioxidante llamado luteolina

- Son una gran fuente de fibra

Cuece estas verduras y remoja sus hojas en un aderezo de ensalada con pocas calorías para una deliciosa guarnición o merienda.

3. Aguacates

Los aguacates han tenido mala reputación, completamente inmerecida. Se decía que engordaban y que por lo tanto deberían ser evitados a toda costa. No es cierto, déjame explicar esto de una vez por todas. Los aguacates son una fuente increíble de alta nutrición. Técnicamente, el aguacate es una mezcla de proteína, grasa y carbohidrato, convirtiéndolo en un alimento casi perfecto. En cuanto a la grasa, es monoinsaturada y buena para el corazón. Aún más, los aguacates:

- Son una gran fuente de varios nutrientes autosanadores: fibra, vitamina E, ácido fólico y potasio

- La fuente número uno de beta-sitosterol, una sustancia natural que ayuda a reducir el colesterol total

- Están repletos de glutatión, un antioxidante poderoso (más de tres veces la cantidad encontrada en otras frutas) que ayuda al cuerpo a deshacerse de las sustancias que ocasionan el cáncer

Definitivamente, es buena idea que incluyas más aguacates en tu dieta. Disfrútalos en ensaladas o como puré para untar en emparedados.

4. Remolacha (betabel)

Probablemente has visto remolacha en las barras de ensaladas. Si es así, ¡agarra cuanta puedas! Es una de las verduras más importantes que puedes consumir desde el punto de vista nutricional: rica en fibras y antioxidantes. La remolacha:

- Es rica en ácido fólico, una vitamina B importante que protege contra las enfermedades coronarias y el cáncer. Una porción (una remolacha o una tasa de remolacha en rodajas) te brinda más de una tercera parte de tus requerimientos diarios de ácido fólico.

- Contiene un antioxidante llamado betanina. Parece ser que ayuda a prevenir la formación del colesterol LDL, según una publicación de 2001 en la revista *Journal of Agricultural Food Chemistry*. La betanina es bien absorbida por el cuerpo cuando se obtiene a través del jugo de remolacha.

Cocina la remolacha a la parilla, sírvela de una lata o prepara jugo. Es deliciosa en ensaladas o como guarnición en lugar de la típica papa asada.

5. Grosellas (mora negra)

Las grosellas son reconocidas como un súper alimento, famosas porque ayudan a prevenir todo: desde la demencia hasta las enfermedades coronarias. Las grosellas:

- Combaten el daño de las membranas celulares gracias a sus pigmentos rojo púrpura o antocianina. Esta acción ayuda a combatir el envejecimiento.

- Ayudan a que tu cerebro produzca dopamina, un neurotransmisor involucrado en la memoria, coordinación y sentimientos de bienestar. Los niveles de dopamina en el cerebro disminuyen con el envejecimiento.

- Reducen la inflamación, un proceso que puede perjudicar con el tiempo el tejido cerebral.

- Pueden prevenir el crecimiento de las células cancerosas en los senos (un efecto demostrado en los estudios de tubos de ensayo)

Disfruta de las grosellas crudas, sobre el cereal o el yogur, o como ingrediente en batidos.

6. Brócoli

Si tuviera que elegir un solo vegetal, elegiría el brócoli. De hecho, es mi vegetal favorito y sumamente autosanador. El brócoli es:

- Rico en sulforapano y en carbinol-índole-3, dos sustancias poderosas para combatir el cáncer

- Rico en potasio para ayudar a normalizar la presión arterial

- Rico en fibra para un sistema digestivo saludable

- Rico en ácido fólico protector del corazón

- Gran fuente de vitamina C y betacaroteno, ambos ayudan a fortalecer el sistema inmunológico

Hay tantos nutrientes poderosos en este vegetal que deberías tratar de consumirlo varias veces a la semana: crudo o cocido.

7. Cerezas

Las cerezas son perfectas para decorar las copas de helado, pero sirven para mucho más que esto. Me refiero a las cerezas frescas, no a la variedad en frasco de cerezas teñidas de rojo. Las cerezas:

- Proveen una sustancia natural llamada alcohol perillyl, que tiene la habilidad inusual de matar las células cancerosas dejando vivas las sanas. En estudios con animales, el alcohol perillyl redujo los tumores pancreáticos, de mama e hígado

- Son ricas en melatonina, una hormona que ayuda a normalizar el ciclo del sueño. La melatonina también actúa como un antioxidante que protege de daños las membranas celulares

La mejor forma de consumir cerezas es crudas: como merienda o postre.

8. Achicoria

Añade un poco de achicoria a tus ensaladas. Esta prima de la endivia y de la escarola tiene más vitamina A que cualquier ensalada verde. Tan solo un cuarto de taza de achicoria verde suple tus requerimientos diarios. La vitamina A es otro autosanador poderoso, vital para la salud del sistema inmunológico y para proteger tu visión. La mayoría de la vitamina A de la achicoria proviene del betacaroteno. Es un carotinoide que combate el cáncer cuando tu cuerpo lo convierte en vitamina A.

9. Aceite de coco

Durante muchos años, nos han advertido que debemos evitar los aceites tropicales porque tienen un porcentaje muy alto de grasas saturadas que obstruyen las arterias. Pero con frecuencia, los productos nutricionales, antaño considerados adversos, se convierten en héroes nutricionales hoy en día, y este es el caso del aceite de coco. Tiene propiedades que estimulan el sistema inmunológico gracias a su ácido láurico. Los ácidos láuricos combaten los virus y la bacteria en el cuerpo. Como la mayoría de los aceites, el aceite de coco es rico en calorías, por eso no debes excederte. Una cucharadita o dos al día es todo lo que necesitas.

10. Arándanos

Este producto indispensable en una cena de celebración de acción de gracias hace también el efecto de un remedio natural para muchos males. Uno de los más comunes es para las infecciones urinarias. Los arándanos funcionan evitando que las bacterias perjudiciales se adhieran a las paredes del tracto urinario. El ingrediente activo del arándano es un grupo de fitoquímicos llamados proantocianinos. Si sufres de constantes infecciones de la vejiga, trata de tomar ocho onzas de jugo de arándano que contengan por lo menos 27% de jugo. Esta recomendación se basa en un estudio publicado en el *Journal of the American Medical Association (JAMA)*.

El poder autosanador de estas pequeñas joyas no termina ahí. Los arándanos contienen más "fenoles" que las uvas rojas y dieciocho otras frutas, según un estudio del *Journal of Agriculture and Food Chemistry* en el 2001. Los fenoles son químicos de las plantas que ayudan a prevenir la formación del colesterol LDL en las arterias.

11. Semillas de linaza

Estas diminutas semillas son una de las pocas fuentes provenientes de plantas de grasas sanadoras: los ácidos grasos omega 3. Estos ácidos funcionan maravillosamente: ayudan a reducir las tasas de enfermedades coronarias, derrames y depresión. Las semillas de linaza también contienen lignanos. Se trata de fitoestrógenos, estrógenos vegetales que simulan los efectos positivos del estrógeno en tu cuerpo. Una prueba clínica descubrió que las mujeres postmenopáusicas que consumieron de cinco a seis cucharaditas de semillas de linaza molida cada día durante tres meses, redujeron su colesterol total en aproximadamente un 6%. Estos descubrimientos fueron publicados en el *Journal of Endocrinology and Metabolism*. Una forma fácil de consumir semillas de linaza es colocar unas cuantas cucharaditas en tu cereal en la mañana o incluirlas en un batido. También puedes usarlas con productos horneados.

12. Ajo

Muchas personas tratan de evitar el consumo de ajo (o mucha cantidad) porque deja mal aliento, pero en el interior de esos pequeños dientes de ajo hay un tremendo poder sanador. Se ha descubierto en muchos estudios que el ajo:

- Ayuda a combatir el cáncer
- Reduce el colesterol LDL
- Reduce la presión arterial
- Combate las infecciones (incluyendo las bacterias perjudiciales y los hongos)

Usa el ajo para condimentar pescado, pollo y platos de carne magra; o sobre vegetales como brócoli, judías verdes y papas asadas.

13. Col rizada (kale)

La col rizada es uno de los productos más recientemente añadidos a la lista de autosanadores. Esta verdura tiene la segunda concentración más alta de antioxidantes de cualquier vegetal. La col rizada:

- Es abundante en luteína, un antioxidante que protege tus ojos y combate las enfermedades coronarias
- Está repleta de compuestos de azufre contra el cáncer como el sulforafane

La col rizada tiene un sabor ligeramente amargo, por lo que es buena idea sazonarlo con ajo o usarlo en sopas o mezclado con otras verduras para compensar su sabor. También puedes comprar rebanadas secas de col rizada en las tiendas de productos saludables. Son un reemplazo delicioso de las papas fritas.

14. Legumbres

Cuando digo *legumbres,* me refiero a frijoles, guisantes y lentejas: alimentos ricos en carbohidratos fibrosos y proteínas. Las legumbres:

- Ayudan a normalizar el colesterol
- Contribuyen a la buena salud del sistema digestivo
- Contienen varios nutrientes autosanadores, incluyendo vitaminas B, ácido fólico, tiamina, riboflavina y niacina

Una de mis legumbres favoritas son los guisantes secos amarillos, muy comunes en la cocina de mi Colombia nativa. Esta legumbre es rica en genisteína, un fitoquímico que puede proteger contra las enfermedades coronarias evitando la obstrucción de las arterias. Al igual que el resto de las leguminosas de la misma familia, los guisantes secos amarillos están llenos de fibra.

Los frijoles y las legumbres son muy versátiles. Disfrútalos en ensaladas, sopas, en salsa, o como guarnición o plato principal si eres vegetariano.

15. Nueces

Es muy fácil excederse en el consumo de nueces debido a su delicioso sabor, pero solo necesitas una pequeña porción para obtener sus magníficos dividendos nutricionales. Todas las nueces son fuente significativa de nutrientes sanadores, aunque las almendras y las nueces de castilla son mis favoritas. Dos onzas de almendras (aproximadamente cuarenta y ocho nueces), por ejemplo, proveen más del 50% de tus requerimientos diarios de magnesio, un mineral muy sano para el corazón. Las almendras son una fuente increíble de vitamina E, fibra y grasa monoinsaturada, todas protectoras del corazón. Un pequeño estudio publicado en *Circulation* descubrió que después de comer aproximadamente dos onzas y media al día durante dos meses, los participantes redujeron significativamente su colesterol total disminuyendo así varios otros factores de riesgo de enfermedades coronarias.

Las nueces de castilla proveen los ácidos grasos esenciales para tu corazón: el ácido graso linoleico y el linolénico. El ácido linoleico puede reducir el riesgo de derrames y el ácido linolénico ayuda a prevenir las enfermedades coronarias, según señala un estudio publicado en el 2001 por el *American Journal of Clinical Nutrition. Además de estos atributos, las nueces son ricas en fibra y antioxidantes.*

Añade almendras o nueces trituradas a tu cereal, ensaladas, batidos, o simplemente disfrútalas como merienda entre comidas.

16. Aceite de oliva

Siendo de ascendencia italiana paterna, para mí es obligatorio usar aceite de oliva, y me encanta en ensaladas y pastas. Al contrario de la mayoría de los aceites, el de oliva está lleno de grasa monoinsaturada buena para el corazón, así como de antioxidantes. En realidad, es uno de los aceites más sanos que puedes usar. El aceite de oliva:

- Reduce la presión arterial
- Protege contra las enfermedades coronarias
- Reduce el riesgo de cáncer en los ovarios

Aunque es una grasa buena, el aceite de oliva es más bien alto en calorías —más de cien calorías en una cucharadita— por lo que no necesitas mucho para aprovechar todas las ventajas de sus poderes autosanadores.

17. Cebolla

Siempre me sorprende cuando las personas que ordenan ensaladas o emparedados dicen: "¡Sin cebolla, por favor!". Si supieran los increíbles poderes autosanadores de la cebolla. La cebolla:

- Ayuda a prevenir la obstrucción de las arterias
- Contiene componentes beneficiosos que previenen la formación de coágulos peligrosos que pueden conllevar a infartos
- Es rica en saponinas, las cuales ayudan a prevenir la multiplicación de las células cancerosas

- Es rica en sulfuros alilos, los cuales destierran los carcinógenos del cuerpo, reducen la producción de tumores y fortifican tu sistema inmunológico

- Es rica en cuarcetín, otro fitoquímico que combate el cáncer

Una vez que comprendas lo saludables que son las cebollas, espero que consideres dejarlas en tu plato.

18. Naranjas

Las naranjas son muy conocidas por su contenido de vitamina C, una vitamina que estimula el sistema inmunológico. Pero las naranjas (y otros cítricos) también poseen una gran variedad de propiedades autosanadoras. Las naranjas:

- Contienen hesperín, un compuesto natural (flavonoide) que protege contra cáncer, enfermedades coronarias, infecciones, asma e inflamaciones

- Son ricas en beta-criptoxantina, un pigmento prometedor en la prevención de las enfermedades coronarias

- Están llenas de pectina, famosa por ayudar a reducir el colesterol

- Están repletas de dos nutrientes que ayudan al corazón: potasio, que controla la presión arterial; y ácido fólico, un tipo de vitamina B famoso por reducir los niveles de homocisteína en la sangre (la homocisteína es una proteína perjudicial relacionada con las enfermedades coronarias)

Consume por lo menos un cítrico al día para cosechar todos estos beneficios autosanadores.

19. Pimientos rojos

Los pimientos rojos tienen la actividad de antioxidantes más elevada de la mayoría de los vegetales comunes (siendo el brócoli el segundo), según estudios de la Universidad de Cornell. Eso significa que los antioxidantes de los pimientos rojos son altamente efectivos para proteger las células de daños. En otras investigaciones, se descubrió que la actividad de los antioxidantes de los pimientos rojos, de la col y la espinaca detuvo la expansión de células cancerosas hepáticas cultivadas en placas de laboratorio.

Cada vez que puedas, añade pimientos rojos a las ensaladas o rellénalos de carne magra y arroz integral como parte de tus comidas autosanadoras.

20. Salmón

Me encanta el salmón por su sabor, pero también porque encabeza la lista de pescados por su impresionante currículum de beneficios sanadores. El salmón está repleto de grasas omega 3, conocidas por combatir las enfermedades coronarias, el cáncer, la demencia, la depresión y hasta la obesidad. El salmón también:

- Es rico en proteínas de fácil digestión que ayudan a la restauración del cuerpo

- Es una gran fuente de vitamina D, protectora de la salud

- Es rico en el mineral antioxidante selenio que protege las células y ayuda al cuerpo a formar nuevas proteínas

Pide salmón silvestre en tu supermercado, ya que contiene menos toxinas.

21. Batata (camote, papa dulce)

Confieso que no había comido nunca batata hasta que comencé a investigar sobre los alimentos autosanadores, pero ahora soy un ferviente creyente en su poder de mantenernos saludables. Bocado a bocado, la batata es uno de los vegetales más nutritivos que existen. Las batatas son:

- Ricas en betacaroteno el cual se convierte en vitamina A en el cuerpo

- Buena fuente de fibra reductora de colesterol

- Ricas en vitaminas C, E y B tiamina

- Un carbohidrato de digestión lenta que ayuda a regular el azúcar en la sangre

A pesar de que son dulces, estos tubérculos no son en absoluto altos en calorías. Una batata de tamaño mediano (aproximadamente el tamaño de tu puño) apenas contiene 120 calorías.

22. Té

Todas las variedades de té son sanadoras; esto se ha sabido a través de la historia. En particular, se ha descubierto que el té verde inhibe el cáncer de mama, digestivo y de pulmón. Las catequinas son responsables de este efecto protector. Un estudio realizado en el 2002 por el *American Journal of Clinical Nutrition* descubrió que los holandeses que consumían a diario una y media tazas de té negro estaban menos propensos a morir de un infarto que aquellos que no consumían té. El té también ayuda a desarrollar los huesos. Un estudio publicado en *Archives of Internal Medicine* descubrió que las personas que consumieron a diario dos o más tazas de té (verde, negro u oolong) durante seis a diez años tenían los huesos más fuertes que las personas que no consumían té.

La mayoría de las personas no lo sabe, pero las hojas de té negro y verde provienen de la misma planta; simplemente son procesadas de forma diferente y contienen una mezcla diferente de antioxidantes. Razón por la cual es buena idea tomar de ambos tipos (quizá alternando los días) para obtener los beneficios de salud más maravillosos.

23. Tomates

Pásame la salsa de espagueti, la salsa de tomate y ¡también los tomates, por favor! Todas son fuentes maravillosas de licopeno, un carotinoide que funciona también como antioxidante. Conocidos en gran parte por su poder protector contra el cáncer de próstata, el licopeno también puede ayudar a combatir el cáncer del colon, vejiga y páncreas.

24. Berros

Los berros son de por sí un vegetal portentoso ya que los componentes de este vegetal pueden purificar la nicotina, de acuerdo a una prueba clínica publicada en *Cancer Epidemiology, Biomarkers & Prevention*. El berro es también conocido por ser una fuente clave de una sustancia anticáncer muy poderosa con un nombre muy difícil de pronunciar: beta-phenylethyl isothiocyanate (PEITC). Si en tu sangre hay niveles muy elevados de PEITC, puedes eliminar los carcinógenos antes de que comiencen a dañar las células.

Los berros son maravillosos en sándwiches o sopas.

25. Yogurt y otros alimentos fermentados

¿Sabías que la mayoría de tu función inmunológica se centra en el tracto gastrointestinal? Es cierto, así que un sistema digestivo sano significa un sistema inmunológico sano. Añadir yogurt, kéfir y vegetales fermentados (como repollo encurtido) ayuda a activar ambos sistemas. Todos estos alimentos contienen bacterias beneficiosas llamadas probióticos que trabajan para combatir todos los males, desde la gripe, hasta el cáncer y la obesidad.

Mi fuente favorita de probióticos es el yogurt griego. Es rico en proteínas y más bajo en azúcar que el yogur normal. Además, es mucho más cremoso y puede usarse para reemplazar en recetas alimentos altos en grasa, como la crema agria o la crema de leche, o como condimento.

Nutrición, enfermedades y autosanación

"Se ha comprobado que una dieta a base de alimentos procesados incrementa el riesgo de cáncer en las mujeres".

World Cancer Research Fund

"Las mujeres que consumieron aproximadamente una rebanada de carne procesada (embutido) de dos a tres veces por semana durante una década, tuvieron 50% más de probabilidades de desarrollar cáncer de colon".

Estudio realizado por Michigan State University

"Apenas una porción adicional de frutas o vegetales al día puede reducir el riesgo de desarrollar cáncer".

Reuters, Abril 17, 2007

"Las grosellas reducen el riesgo de cáncer de colon en 57%, y también reducen el colesterol".

Estudio realizado por Rutgers University y USDA

"Las personas que comen repollo y col encurtida más de tres veces por semana, tienen 72% menos probabilidades de desarrollar cáncer de mama".

Estudio realizado por Michigan State University

"Comer brócoli y tomates juntos es más efectivo para combatir el cáncer de próstata que comerlos por separado".

Estudio realizado por University of Illinois

"Las investigaciones demuestran que el azúcar refinada ayuda a la proliferación de las células cancerosas".

UCLA's Jonsson Comprehensive Cancer Center

"70% de los niños de doce a trece años ya están en los primeros niveles de arterioesclerosis".

Estudio realizado por Bogalusa Heart

Comprométete a llevar una dieta autosanadora

No podemos negar que la comida es medicinal. Debes consumir alimentos a diario que sean buenos para ti, no solamente los que menciono aquí, sino también cualquier alimento integral y natural: otras verduras, frutas, carnes magras, lácteos bajos en grasa y leguminosas integrales. Come los alimentos apropiados y comenzarás a sentirte mejor y más sano en apenas unos cuantos días; y raramente te enfermarás.

Déjame explicarte algunas cuestiones prácticas y normas adicionales para ayudarte a que esto ocurra.

Reserva tiempo para el desayuno

El desayuno te sirve como combustible para tu cuerpo durante el día y revitaliza tu metabolismo; el proceso corporal que hace que tus alimentos se conviertan en el combustible necesario para funcionar. Buenas opciones para el desayuno incluyen huevos, cereal frío o caliente con alto contenido de fibra, o yogur. Añade fruta fresca, particularmente una taza de frutos rojos, un cítrico o una manzana. Añade a tu cereal un poco de leche baja en grasa o leche no láctea sin azúcar, como leche de almendras, coco o arroz.

Prepara almuerzos y cenas autosanadores

Cada semana, proponte comer siete comidas basadas en plantas y siete comidas basadas en proteínas de carne magra. Tus comidas de verduras pueden ser las siguientes:

- Una ensalada grande compuesta de hojas verdes, vegetales de distintos colores, y media taza de leguminosas (judía pinta, frijol rojo, negro, blanco, garbanzos, alubias blancas o lentejas); usa como aderezo una cucharadita o dos de aceite de oliva o de linaza

- Un plato grande de verduras crudas o hervidas (aquí también debes tratar de mezclar varios colores de verduras)

- Un plato grande de sopa de verduras

Para tus comidas basadas en proteínas, recomiendo pescado, pollo o pavo con una guarnición de verduras. Tu cuerpo está bajo renovación constante y, de hecho, debe remplazar 2.6 onzas de músculo cada día. Se requieren extensas cantidades de proteína para ayudarlo con esta labor.

Añade granos enteros

Incluye hasta una taza y media de granos enteros cocidos, como avena, arroz integral, trigo integral, entre otros. Estos elementos estimulan y energizan tu cuerpo además de ser ricos en fibra. El consumo de granos enteros se ha asociado con la reducción de grasa en el vientre.

Si te han diagnosticado con algún tipo de alergia al trigo, puede ser que debas evitar los granos que contienen gluten. Sustituye los granos que te hacen daño con otros libres de gluten.

Disfruta de meriendas autosanadoras

Para meriendas, consume de dos a tres porciones de fruta fresca al día. Otras meriendas fantásticas son las nueces crudas, especialmente las almendras y las nueces de castilla. Si estás tratando de perder peso, limita las nueces a dos porciones por semana y limita la fruta a dos frutas bajas en azúcar al día. Las frutas bajas en azúcar incluyen los frutos rojos, las manzanas verdes y los cítricos.

Incorpora grasas sanas

Reduce tu consumo de grasas saturadas comiendo menos mantequilla, crema, queso y otros productos lácteos repletos de grasa. Reduce también el consumo de carnes grasosas y de aves con pellejo. Evita las grasas que contienen grasas trans (margarina, manteca vegetal y productos con estos ingredientes).

Utiliza aceite de oliva y aceite de coco para cocinar y para ensaladas. Disfruta de otras grasas sanas como aguacates y nueces. Incrementa tu consumo de grasas sanas omega 3 consumiendo salmón (preferiblemente fresco o silvestre congelado), sardinas en agua, atún, bacalao, halibut, arenque, semillas de linaza y nueces de castilla.

Consume más fibra

Por lo general, no soy muy aficionado a contar calorías ni carbohidratos, pero sí creo en contar los gramos de fibra. Trata de incrementar tu consumo de fibra de treinta y cinco a cuarenta gramos al día. Hazlo comiendo más frijoles y legumbres, frutas, vegetales y granos enteros. Los cereales fríos altos en fibra tales como All-Bran o Fiber One también ayudan.

Tiende hacia lo orgánico

¿Son los productos orgánicos el nuevo camino a seguir? ¡Digo que sí! Una vez leí que el ganado criado y alimentado orgánicamente es más sano y tiende a vivir más tiempo, lo que me hizo preguntarme si los humanos obtendríamos los mismos resultados si fuéramos 100% orgánicos. Al poco tiempo, mi esposa y yo decidimos cambiar a alimentos en su mayoría orgánicos, y el impacto de la salud que experimentamos fue profundo. Me siento mucho más lleno de energía y ya no necesito dormir tanto. Raramente me enfermo, a pesar de que viajo con mucha frecuencia. Muchas personas también comentan que me veo más saludable y más joven.

La ciencia respalda los méritos de una dieta orgánica. Un estudio publicado en el *Journal of Alternative and Complementary Medicine* revela que la calidad de nuestros alimentos ha declinado dramáticamente en los últimos sesenta años de la siguiente forma:

- 32 % menos de hierro
- 29 % menos de calcio
- 21 % menos de magnesio

Los productos orgánicos, en contraste, tienen 21% más de magnesio, 27% más de vitamina E y 21% más de hierro. También son mucho más bajos en nitratos, una toxina perjudicial. No tengo nada más que decir: la comida orgánica es sanadora.

Establece intervalos regulares de comidas

No te saltes comidas ni evites comer. Es mejor consumir tres comidas sanas con algunas meriendas saludables para evitar sentirse hambriento. Nutre tu cuerpo con regularidad para apoyar su habilidad sanadora.

Hidrata tu cuerpo

El agua es un autosanador poderoso. Tomar suficiente agua a diario puede protegerte contra cálculos renales, cáncer en las vías urinarias y cáncer de colon. Toma de ocho a diez vasos de agua pura al día.

Bebe alcohol con moderación

El alcohol tiene toneladas de calorías y cuando se consume en exceso, puede ocasionar daño en casi todos los órganos del cuerpo. Si bebes alcohol, hazlo con moderación. Esto significa hasta una bebida alcohólica al día para las mujeres y dos para los hombres.

Controla tus raciones

Vigilar la cantidad que comes es tan importante como la calidad de tu comida. A continuación vemos porciones típicas diarias para autosanación:

- *Vegetales sin almidón (brócoli, coliflor, col rizada, espinaca y otras hojas verdes, verduras para ensalada y por el estilo):* disfrútalos en cantidades ilimitadas. Consume vegetales crudos cada vez que sea posible.

- *Vegetales con almidón (legumbres, batata, ñame, calabaza amarilla):* una porción al día, una porción equivale a una papa mediana, una taza de puré de verduras o media taza de legumbres.

- *Frutas frescas:* de dos a tres porciones o frutas al día. En el caso de los frutos rojos o coctel de frutas frescas, una ración equivale a una taza.

- *Proteínas magras:* de ocho a doce onzas diarias; cuatro onzas equivalen al tamaño de un juego de naipes. Consume hasta cuatro huevos a la semana.

- *Granos enteros:* hasta una taza y media de granos cocidos al día.

- *Yogurt, lácteos y leches no lácteas:* de una a dos tazas al día.

- *Grasas sanadoras:* de una a dos cucharadas al día.

Mi dieta autosanadora de veintiún días, que comienza en el capítulo doce, te enseñará a poner en práctica estos principios.

Date un pequeño lujo

Todos merecemos satisfacer un antojo, así que no lo dudes y, de vez en cuando, sé indulgente contigo mismo. Tan solo vigila el tamaño de tus porciones y la cantidad de veces que te lo permites.

Tal como yo hago, tengo la esperanza de que aprovecharás estos fantásticos alimentos para tu salud. Disfruta de esta parte de tu jornada autosanadora... ¡y comprende que es solo el comienzo!

El siguiente capítulo trata de erradicar de tu vida ciertas sustancias que llamo *antisanadores*. Incluyen azúcar, químicos y aditivos nutricionalmente nulos. Consumirlas puede contribuir con enfermedades coronarias, cáncer, diabetes, obesidad y toda una serie de trastornos. No te preocupes: es fácil desterrar de tu dieta estos productos. Y cuando lo haces, los beneficios transformarán tu vida.

CAPÍTULO DOS

ANTISANADORES

Hoy más que nunca, creo que estamos más preocupados por el contenido de las mil quinientas libras de comida que consumimos al año cada uno de nosotros. Estamos disfrutando más de carnes magras, verduras y frutas, y tratando de reducir alimentos grasosos como postres y frituras. Todo esto es ciertamente un paso hacia la dirección correcta, pero para muchos de nosotros, el camino todavía es muy largo.

También proliferan muchos conceptos erróneos. Algunas personas todavía creen que la margarina es mucho mejor que la mantequilla (no lo es: la margarina es rica en grasas trans perjudiciales que obstruyen las arterias), por lo que usan el doble. O creen que las barras de granola son sanas, cuando en realidad son alimentos procesados llenos de grasa y azúcar.

Los supresores

Todo problema dietético puede resultar en un problema de salud. Lo que me gustaría hacer en este capítulo es observar lo que yo llamo los *supresores,* alimentos que invalidan la autosanación. Pueden aparecer inesperadamente en tu estilo de vida y ni siquiera darte cuenta de su presencia. Afortunadamente, la lista no es muy larga, por lo que con un ligero cambio podrás desterrar para siempre los supresores de tu dieta.

Azúcar añadida

¿Alguna vez te has preguntado por qué te salen herpes o úlceras en los labios después de comer dulces o postres? La razón es esta: el azúcar es un "inmunosupresor". Interfiere con la actividad de los linfocitos que estimulan el sistema inmunológico. Tus defensas naturales declinan y quedas propenso a infecciones.

Imagínate ciento cincuenta bolsas de azúcar apiladas en tu garaje. ¡Esa es la cantidad de azúcar que una persona en promedio consume en un año! Esto significa que muchos de nosotros estamos suprimiendo nuestros sistemas inmunológicos consumiendo demasiada azúcar. Creo que si dejamos de comer esas cantidades tan grandes, veremos una reducción muy importante en gripas, resfriados y otras infecciones.

Puede ser que hayas escuchado que el azúcar alimenta las células cancerosas. Hay evidencia de esto, pero lo que realmente ocurre es que una dieta rica en azúcar y alimentos refinados hace que se eleve considerablemente el azúcar en la sangre: la glucosa. Esta elevación incrementa la producción de insulina en el cuerpo (la insulina ayuda a tus células a almacenar y utilizar la glucosa). La química sanguínea marcada por la glucosa crónicamente elevada e insulina elevada prepara el escenario para el cáncer y su propagación. Las células cancerosas están llenas de receptores de insulina. Los receptores operan como cerraduras de una puerta. Una vez que la insulina llega al receptor, actúa como una llave que abre los receptores en la pared de la célula. La célula se abre y deja pasar la insulina en la célula del cáncer, donde se estimula la división de la célula.

¿Puedes esquivar este proceso? Sí, en la siguiente forma: evita azúcares y harinas refinadas, haz ejercicio con regularidad, disminuye el consumo de alcohol, reduce el estrés y toma ciertos suplementos nutricionales (en el siguiente capítulo hablaremos más sobre esto).

El azúcar en todas sus formas variadas, incluyendo el jarabe de maíz, contribuye a la obesidad y por lo tanto a un amplio rango de problemas relacionados como presión arterial alta, enfermedades coronarias, diabetes y depresión. En realidad no necesitamos azúcar para vivir.

¿Y tú? ¿Consumes demasiada azúcar? Responde la siguiente breve evaluación sobre el azúcar para descubrirlo. Selecciona las respuestas que mejor te describen.

Evaluación del azúcar

1. ¿Con qué frecuencia sientes antojos de azúcar?

    a.   Raramente/nunca

    b.   Unas cuantas veces por semana

    c.   A diario

2. Calcula cuántas cucharaditas de azúcar le añades a tus alimentos (al té, café, cereales y otros) cada día:

    a.   0–4

    b.   5–10

    c.   Más de 10

3. ¿Con qué frecuencia consumes bebidas que contienen azúcar (sodas, jugos de fruta, cócteles, licores y similares)?

a. Raramente/nunca

b. Unas cuantas veces por semana

c. A diario

4. ¿Con qué frecuencia consumes bebidas energéticas o deportivas?

a. Raramente/nunca

b. Unas cuantas veces por semana

c. A diario

5. ¿Con qué frecuencia comes dulces o postres?

a. Raramente/nunca

b. Unas cuantas veces por semana

c. A diario

Si la mayoría de tus respuestas fueron B y C, te sugiero que reduzcas gradualmente tu consumo de azúcar. Por lo general, se toma de dos a cinco días "superar" una dependencia al azúcar. Incluso puede ser que con el tiempo pierdas tu gusto por el azúcar por completo. A continuación te damos algunos consejos para reducir el consumo:

- Si usas azúcar en tus bebidas calientes, reduce gradualmente la cantidad hasta que puedas dejarla por completo.

- Deja de consumir bebidas que contienen azúcar, incluyendo sodas, ciertos jugos y cócteles. Una botella de veinte onzas de soda puede contener ¡16½ cucharaditas de azúcar! Acostúmbrate a tomar más agua y a darle un toque especial con un limón o una rebanada de pepino.

- En vez de esparcir mermelada llena de azúcar en tu tostada, cambia a una mermelada sin azúcar o de pura fruta, un banano rebanado o queso crema sin grasa.

- Sé consciente de que muchos elementos que estás consumiendo pueden estar llenos de azúcar añadida. Algunos ejemplos son los cereales para el desayuno, las barras de cereal y los frijoles cocidos enlatados.

- Conviértete en un detective del azúcar. Lee etiquetas en busca de azúcar añadida. Si el azúcar está en la lista como uno de los primeros ingredientes, el producto contiene una alta cantidad. El azúcar también puede usar otros nombres: jarabe de maíz, jarabe de maíz de alta fructosa, azúcar invertida, fructosa, dextrosa, maltosa, glucosa o cualquier palabra que termine en "osa".

- En definitiva, debes evitar productos que contengan jarabe de maíz de alta fructosa. Es un endulzante particularmente perjudicial ya que ha sido implicado en enfermedades coronarias, diabetes y obesidad.

- Cuando se te antoje algo de dulce, busca una fruta como banano, sandía, melocotón o fresas.

- Por lo general, puedes reducir el azúcar que usas en las recetas de una tercera parte a la mitad. Trata de sustituir con compota de manzana o puré de frutas por una parte de azúcar.

Aditivos

Simplemente, no es suficiente comprar alimentos sanos y de alta calidad; también es importante que tu comida esté libre de aditivos perjudiciales.

En una definición amplia, los aditivos alimenticios son sustancias que no existen naturalmente en la comida. Puede tratarse de aditivos "directos" introducidos de manera intencional en los alimentos para mejorar el sabor, la textura o evitar que se dañen. Otros son aditivos "indirectos" que incluyen contaminantes que se ponen en contacto con el alimento en el medio ambiente, durante el cultivo, el proceso o el empaque.

El estadounidense promedio consume de una a cinco libras de aditivos al año en los alimentos procesados. Los aditivos y los ingredientes artificiales no añaden ningún valor nutricional o muy poco a los alimentos, y pueden representar una amenaza para tu salud. Trata de consumir en lo posible alimentos sin conservantes y sin químicos.

En el siguiente cuadro, presento mi "lista de los aditivos más temibles", los aditivos más perjudiciales de hoy en día. Encontrarás que una gran mayoría de ellos están relacionados con el cáncer en los animales. Sí, sé que no eres un ratón de laboratorio, pero cuando un aditivo causa cáncer en los animales, también puede hacerlo en los humanos.

Mi lista de los aditivos más temibles			
Aditivo	**Uso comercial**	**Fuentes**	**Implicaciones en la salud**
Acesulfame-K	Edulcorante artificial	Productos horneados, goma de mascar, postres a base de gelatina, sodas de dieta	Estudios en animales sugieren una relación con el cáncer y efectos negativos en la glándula tiroides

Mi lista de los aditivos más temibles			
Aditivo	Uso comercial	Fuentes	Implicaciones en la salud
Aspartame	Edulcorante artificial	Alimentos "dietéticos", incluyendo sodas, mezclas para bebidas, postres a base de gelatina, postres congelados bajos en calorías	Estudios en animales y en humanos sugieren que el consumo durante toda la vida de estos productos puede incrementar el riesgo de cáncer; y puede ser la causa de alteraciones en las funciones cerebrales
Azul 2	Colorante artificial	Alimentos para mascotas, bebidas, dulces	Puede causar cáncer en el cerebro en ratas machos
Hidroxianisol butilado (BHA)	Antioxidante utilizado para retardar la rancidez en grasas y en productos que contienen aceite	Cereales, goma de mascar, papas fritas, aceite vegetal	El Departamento de Salud y Servicios Humanos de los Estados Unidos dice del BHA que "se considera razonablemente previsto como un carcinógeno humano", a pesar de que la FDA todavía permite su uso en alimentos

Mi lista de los aditivos más temibles			
Aditivo	Uso comercial	Fuentes	Implicaciones en la salud
Colorante de caramelo	Colorante alimenticio	Colas, productos horneados, carnes precocidas, salsa de soya y salsa Worcestershire, productos con sabor a chocolate, cerveza	Contiene ciertos contaminantes que causan cáncer en animales de laboratorio
Olestra	Sustituto de grasas	Algunas marcas de papas fritas dietéticas	Ocasiona diarrea y deposición suelta, cólicos abdominales, flatulencia y otros efectos adversos; reduce la capacidad del cuerpo de absorber las grasas solubles, los carotinoides que previenen el cáncer (como el betacaroteno y el licopeno) de las frutas y los vegetales
Bromato de potasio	Modificador de harinas	Harina refinada, pan y rosquillas	Puede causar cáncer en los animales (busca pan sin bromato")

Mi lista de los aditivos más temibles			
Aditivo	Uso comercial	Fuentes	Implicaciones en la salud
Propilgalato	Conservador de antioxidantes	Aceite vegetal, productos de carne, palitos de papa, base de sopa de pollo, goma de mascar	Puede causar cáncer en los animales
Rojo 3	Colorante artificial	Glaseado para pasteles, rollitos de fruta, goma de mascar	Puede causar cáncer de tiroides en las ratas
Sacarina	Edulcorante artificial	Productos dietéticos sin azúcar añadida, sodas, sobres de edulcorantes	Puede causar cáncer de vejiga en ratones y en ratas hembras y otras formas de cáncer en ratas y ratones
Nitrito de sodio, nitrato de sodio	Conservante, colorante, saborizante	Tocineta, jamón, salchichas, embutidos, pescado ahumado, carne curada	Relacionados con varios tipos de cáncer en los humanos
Grasas trans	Grasa, aceite, manteca vegetal	Margarina en barra, manteca vegetal, galletas saladas, productos fritos de restaurantes, productos horneados, glaseado para pasteles, palomitas de maíz para microondas	Promueven las enfermedades coronarias

Mi lista de los aditivos más temibles			
Aditivo	Uso comercial	Fuentes	Implicaciones en la salud
Amarillo 5	Colorante artificial	Postres a base de gelatina, dulces, alimentos para mascotas, productos horneados	El amarillo 5 es un alergénico potencial que puede ocasionar urticaria, moqueo o nariz tapada, y ocasionalmente, serias dificultades en la respiración en las personas susceptibles. Puede estar contaminado con sustancias cancerígenas
Amarillo 6	Colorante artificial	Bebidas, dulces, productos horneados	Puede causar tumores en la glándula suprarrenal y en el hígado en animales; puede causar graves reacciones alérgicas en algunas personas

Examen de aditivos

¿Estás consumiendo demasiados aditivos? Descúbrelo con el siguiente cuestionario. Elije la respuesta que se ajuste mejor a tu patrón dietético.

1. ¿Con qué frecuencia usas edulcorantes artificiales en tu comida?

a. Raramente/nunca

b. Unas cuantos veces a la semana

c. A diario

2. ¿La mayoría de las frutas, vegetales y carnes que compras es criada o cultivada de forma orgánica?

a. Sí

b. Algunos

c. No, o no sé

3. ¿Con qué frecuencia consumes embutidos como tocineta, carnes frías, perros calientes y pepperoni?

a. Raramente/nunca

b. Unas cuantas veces por semana

c. A diario

4. ¿Con qué frecuencia consumes productos procesados, papas fritas, palomitas de maíz, galletas, pasteles y comida chatarra?

a. Raramente/nunca

b. Unas cuantas veces por semana

c. A diario

5. ¿Con qué frecuencia consumes productos horneados comercialmente como rosquillas, masa para pizza, panes, y otros productos que no has elaborado desde cero?

a. Raramente/nunca

b. Unas cuantas veces por semana

c. A diario

Si respondiste sobre todo B y C es una señal de advertencia. Puedes estar consumiendo demasiadas sustancias antisanadoras. Para remediar esto:

- Apártate gradualmente de los edulcorantes artificiales. Trata un edulcorante más natural y sin calorías como la Stevia. Utiliza edulcorantes como miel de agave o néctar de coco. Ninguno de los dos eleva tu glucosa de la forma en que lo hace el azúcar.

- Llena tu dieta de alimentos ricos en fibra, como frutas, vegetales, legumbres y granos integrales. Los alimentos ricos en fibra se precipitan en tu tracto digestivo recogiendo aditivos y evitando que tu cuerpo los absorba.

- Reduce el consumo de alimentos en cajas, latas o cualquier otro empaque.

- Lee las etiquetas de los alimentos y trata de evitar los que contienen aditivos que pertenezcan a mi lista de los aditivos más temibles.

Agentes irritantes y susceptibilidades

Nuestro sistema inmunológico permanece en alerta elevada. Reconoce cuando una sustancia antagónica está presente en el cuerpo. Cuando encuentra dicha sustancia, el sistema inmunológico produce anticuerpos protectores o produce en abundancia otros químicos para combatirlos. En las personas susceptibles, el sistema inmunológico se va a los extremos. Considera antagonistas alimentos o partículas de alimentos comunes como trigo o leche, y trata de combatirlos. El resultado es una reacción alérgica que puede manifestarse en síntomas como urticaria, estornudos, ojos llorosos, tos, congestión, diarrea, vómito, inflamación o dolor de estómago. Aunque en casos raros, otras reacciones pueden ser: fatiga, dolores de cabeza o cambios en el estado de ánimo. Las sustancias que parecen activar estas reacciones son por lo general el trigo, la leche, los huevos, ciertas nueces, el maíz, la soya, la levadura y el chocolate. Ciertos aditivos alimenticios también son comúnmente transgresores.

Cómo sanar una alergia alimenticia

Genevieve, una alumna de la Universidad de Parker, me dijo que había vivido toda su vida con alergias alimenticias, especialmente alergia a las nueces. En los últimos años, había experimentado reacciones leves incluso a frutas y vegetales crudos: exactamente los alimentos que se suponen que nos mantengan bien.

Siguiendo el consejo de su padre, quiropráctico y experto en alergias alimenticias, Genevieve eliminó de su dieta los elementos que contenían gluten. El gluten es una proteína que se encuentra en el trigo, el centeno, la espelta y otros tipos de granos. Normalmente, es fácil de digerir, pero en el caso de las personas con enfermedad celíaca, el cuerpo percibe el gluten como un invasor extraño y responde con una extensa respuesta alérgica. Los síntomas inmediatos incluyen: distensión abdominal, diarrea, inflamación abdominal y dolor. Síntomas más permanentes incluyen: disturbios gastrointestinales, desórdenes de la piel, pérdida de peso, anemia, dolores musculares, fatiga y cambios en la conducta. Con el tiempo, la enfermedad celíaca sin tratar puede ser extremadamente seria e incrementar el riesgo de graves enfermedades como cáncer gastrointestinal.

Al cabo de dos meses de una dieta libre de gluten, Genevieve inició el consumo gradual de frutas y vegetales crudos. Su rostro lucía menos hinchado, especialmente bajo sus ojos. Lo más sorprendente fue el efecto positivo de la dieta en su digestión y en los niveles de energía. Si hacía trampa y comía algo con gluten, sus síntomas regresaban con más fuerza.

"Pensé que sería muy difícil para mí renunciar al gluten porque me encanta la pasta", dijo Genevieve. "Compré pasta de arroz como sustituto y cumplió su misión. Definitivamente, ha sido un plan dietético que me ha cambiado la vida. Ahora mi vida es libre de gluten, no porque alguien me dijo que así debía ser, sino porque mi cuerpo me lo estaba implorando. Por fin me sintonicé con las necesidades y requerimientos de mi cuerpo para operar en un estado innato óptimo de salud".

Las alergias alimenticias se presentan solo en 1 a 2% en los Estados Unidos, mientras que la intolerancia alimenticia se presenta en un *¡porcentaje astronómico del 70% de nuestra población!* Mientras una alergia alimenticia es una reacción anormal a ciertas proteínas en los alimentos, una intolerancia alimenticia es una reacción negativa dilatada a cierta sustancia, usualmente debido a niveles insuficientes de una enzima específica.

Hay cuatro tipos principales de intolerancias alimenticias: lactosa, gluten, fructosa e histamina. En la intolerancia a la lactosa, es muy difícil para una persona digerir la lactosa (azúcar láctea) en la leche o en los productos lácteos. Es causada por una deficiencia en la enzima lactasa. Por consiguiente, la lactosa no se digiere y entra en los intestinos. La bacteria procesa el azúcar y libera gas. Esto produce inflamación, dolor abdominal y diarrea.

Una intolerancia al gluten significa que al cuerpo le cuesta mucho trabajo digerir o descomponer el gluten. La condición puede variar desde sensibilidad leve al gluten, hasta la enfermedad celíaca en su máxima expresión (la cual es reconocida como una verdadera alergia alimenticia).

Una intolerancia a la fructosa es una sensibilidad a la fructosa, el azúcar natural que se encuentra en las frutas, nueces y miel. Se añade con frecuencia a las bebidas endulzadas como sodas, bebidas deportivas, cócteles de frutas, té y café en botella, y en las aguas con sabor (a menudo en forma de jarabe de maíz de alta fructosa).

Esta intolerancia puede ser leve o grave. La forma más grave es conocida como "intolerancia hereditaria a la fructosa" y es un desorden genético raro. Con esta condición, las personas carecen de una enzima que descompone la fructosa durante la digestión. La intolerancia hereditaria a la fructosa puede producir daño en el hígado y los riñones. Afortunadamente, puede ser identificada y diagnosticada a una edad temprana. La forma más leve es llamada "malabsorción de fructosa". Significa que te cuesta trabajo digerir la fructosa. Entre los síntomas se encuentran: distensión abdominal, cólicos abdominales, gases, diarrea, pero no daño en los riñones ni en el hígado.

Una intolerancia alimenticia menos conocida es la intolerancia a la histamina. Esta es una condición en la cual la enzima llamada oxidasa diamina (DAO) está defectuosa y es incapaz de descomponer adecuadamente las histaminas de los alimentos. Productos como pizza, cerveza, vino tinto, embutidos y carnes y pescados ahumados, y muchos tipos de quesos y nueces son ricos en histamina. Cuando el cuerpo no puede degradar la histamina, aparecen síntomas de tipo alérgico.

¿Cómo puedes reconocer la diferencia entre una alergia alimenticia y una intolerancia alimenticia? A continuación encontrarás un examen para descubrirlo.

¿Alergia o intolerancia?

Pregúntate si has experimentado algunas de estas reacciones justo después de consumir ciertos alimentos:

- Comezón u hormigueo en tu boca o alrededor de los labios
- Inflamación en la boca o sensación de que tu garganta se "cierra" o "estrecha"
- Sarpullido, manchas o coloraciones en tu piel
- Ojos llorosos o irritados, o secreción nasal
- Resuellos asmáticos o dificultad en la respiración
- Náuseas intensas y hasta vómito

Si respondiste de forma afirmativa a alguna de las anteriores, puede ser que tengas una alergia alimenticia a ciertas comidas o alimentos.

Enseguida, pregúntate si has experimentado algunas de estas reacciones un poco después de consumir algunos alimentos:

- Distensión abdominal o dolor de estómago o abdomen
- Ruidos abdominales, quizá acompañado de gas
- Estreñimiento o diarrea
- Cansancio o letargia
- Dolor de cabeza o migraña

Una o más respuestas afirmativas pueden —solo pueden— indicar una intolerancia alimenticia. Entiende que es absolutamente natural tener reacciones ocasionales a alimentos. Quizá comiste demasiado, lo cual puede haberte causado una indigestión. O tal vez algo no te cayó muy bien. Esto no significa que tengas una verdadera intolerancia alimenticia. Pero obviamente, si sientes dolor o tienes síntomas persistentes, acude de inmediato a tu médico.

Tu médico puede referirte a un alergólogo. Si así es, te pedirá que lleves un diario de comidas, en donde escribirás todo lo que comes y tu reacción. Tienes que ser muy específico. Por ejemplo, escribir "ensalada César" no es útil. Debes registrar todos los ingredientes de la ensalada y el aderezo: crotones, huevos, anchoas, todo. A partir de ahí probablemente tendrás que pasar por una prueba de alergias. Si tienes verdadera sensibilidad, tendrás que eliminar los culpables y añadir ciertos alimentos y suplementos autosanadores. Una alergia alimenticia no es curable; simplemente debes evitar esa comida.

En el siguiente capítulo, hablaremos sobre los suplementos. Soy muy partidario de tomar suplementos nutricionales. Es algo que hago a diario sin falta. Hay mucha confusión respecto a lo que funciona y lo que no funciona. Voy a tratar de aclarar las cosas hablando de los suplementos que verdaderamente apoyan el potencial de autosanación del cuerpo. Entremos en materia.

CAPÍTULO TRES

SUPLEMENTOS AUTOSANADORES

Me gustaría presentarles al doctor Skip S., amigo mío, cuya historia autosanadora solo puede ser descrita como milagrosa. Un día de marzo del 2005, Skip y su esposa Judy se hicieron un examen de imagen de resonancia magnética de cuerpo entero mientras estaban en vacaciones en Phoenix, Arizona, solo para ver, realmente, si estaban tan saludables como se sentían. Cada vez se usan más los exámenes de resonancia magnética para detectar muchas condiciones distintas en el cuerpo, hasta para confirmar que todo está bien.

Pero lo que ocurrió enseguida, los dejó perplejos. La resonancia magnética de Skip reveló una masa escondida en la parte superior de su pulmón derecho y varias masas en forma de coma que cubrían ambos pulmones. Los médicos dijeron que las masas parecían "poco amistosas" y debían hacer una biopsia. El presunto culpable era cáncer de pulmón.

"Decir que estaba aterrorizado es subestimar el caso. Mi angustia mental era absolutamente enorme", me dijo Skip. "Tenía visiones de que solo tenía un pulmón y arrastraba conmigo un tanque de oxígeno el resto de mi vida. Tenía demasiado miedo de morir, de dejar a mi familia sin un padre".

Skip habló con su amiga Beverly respecto a esta terrible situación. Beverly le había ganado la batalla al cáncer de colon y llevaba más de seis años en remisión. Ella le recomendó un suplemento natural de glutatión llamado Immunocal. Su presentación es en polvo y contiene los elementos fundamentales que el cuerpo necesita para producir su propio glutatión. Tu vida depende del glutatión. Sin él, tus células se desintegran debido al ataque incontenible de los radicales libres; y sería demasiado difícil para tu cuerpo resistir bacterias, virus y cáncer. Tu hígado no sería capaz de desechar las toxinas del cuerpo.

Skip comenzó a tomar el suplemento de inmediato. También comenzó a hacer trabajo psicofísico. Repetía afirmaciones positivas y practicaba visualizaciones, todo centrado en producir una sanación milagrosa.

Durante ese tiempo, Skip buscó otras opiniones médicas y se realizó más exámenes. Pasó por un examen pulmonar, una tomografía computada (TAC) y una tomografía de emisión de positrones (TEP). En medio de los exámenes, se reunió con cuatro diferentes médicos, incluyendo dos radiólogos especializados en análisis de patología de tejidos blandos. Los cuatro médicos concordaron con los descubrimientos originales: las masas lucían sospechosas y debía hacerse una biopsia. Todos creían, con razón, que el panorama lucía tenebroso para Skip.

La primera biopsia de Skip fue programada para el 25 abril del 2005. Primero se realizó un TAC para que el doctor pudiera saber donde insertar la aguja para la biopsia. Después que el radiólogo analizó la radiografía del TAC, el médico entró en la habitación y dijo: "Te tengo buenas noticias. No vamos a hacer hoy la biopsia. La masa se ha reducido en un 50%".

El siguiente TAC de Skip fue tres meses más tarde. Seguía tomando el suplemento y haciendo su labor psicofísica. Esta vez, la masa se había reducido al tamaño de la uña del dedo meñique. Las demás lesiones habían desaparecido por completo. El médico anunció: "Estás fuera de peligro".

El último TAC de Skip fue en diciembre del 2008. Para entonces, no había ninguna lesión en sus pulmones. Hoy en día, los doctores se rascan sus cabezas sorprendidos y le dicen a Skip que no saben qué es lo que él está haciendo, pero que sea lo que sea ¡no debe desistir!

¿Fue el suplemento lo que lo ayudó? ¿Fue el trabajo psicofísico? No lo sé. Después de todo, nunca se ha comprobado que un suplemento "cure" el cáncer ni, para el caso, alguna enfermedad, a menos que hayas sido diagnosticado con una deficiencia vitamínica o mineral. Puede también haber sido el efecto placebo. Las investigaciones han demostrado desde hace mucho que el placebo funciona igual de bien que si la persona se toma la medicina real o recibe un tratamiento específico, particularmente si el paciente cree que el tratamiento va a funcionar.

Los pensamientos y actitudes positivas en verdad pueden llevarnos a la sanación. Nadie sabe cuántas personas se han sanado por sí mismas con muy poco o ningún tratamiento médico de algunos tipos de cáncer en apariencia invasivos o incurables, así como de otras enfermedades mortales. Muy raramente se documentan estos casos.

Regresemos a los suplementos: una de mis estrategias básicas de autosanación incluye el uso de suplementos nutricionales. Creo que no podemos estar sanos sin ellos. Y creo que no podemos cubrir todos los requerimientos nutricionales solo con una buena dieta. Hay demasiadas variables hoy en día en nuestras dietas, independiente de lo sanos que sean los productos que consumimos. Por ejemplo, se han agotado los nutrientes de los campos de cultivo, y no sabemos si las frutas y las verduras fueron cosechadas maduras, demasiado maduras o verdes. Todos esos factores afectan la calidad nutritiva del alimento.

Cada mañana me preparo un batido, y le añado una gran cantidad de nutrientes, incluyendo ácidos grasos esenciales, una mezcla proteínica de alta calidad, fibra, frutos rojos y una mezcla de hojas verdes. Me tomo mis suplementos matutinos con mi batido. Creo firmemente que este régimen me ayuda a mantener mi salud a los máximos niveles.

¿Crees que es posible no requerir de suplementos y sentirte sano si llevas una dieta cruda o completamente orgánica, o quizá cultivando tu propio jardín? Puede ser, ¡pero todavía no he conocido a ese afortunado!

Sentido común en los suplementos

Busca la palabra *vitamina* en Google y obtendrás millones de páginas, la mayoría con las pretensiones más increíbles que puedas haber escuchado. Los suplementos se promocionan con exageración para incrementar la energía, curar el cáncer, prolongar la vida, estimular el deseo sexual y más. Hay tantos charlatanes pregonando cosas, que no sabes qué creer y qué no creer. Es confuso, por no decir otra cosa. En este capítulo, te ayudaré a navegar por la marea brava de la información y te recomendaré algunas sugerencias, todo basado en investigaciones científicas creíbles y según tus propias necesidades de salud.

Si solo tomas unos cuantos suplementos, debe ser un grupo de productos claves, incluyendo un multivitamínico con minerales que llamo *sanación central*. Estos conforman los suplementos básicos y fundamentales que requieres como seguro médico nutricional.

Multivitamínicos y multiminerales

El informe recientemente publicado sobre multivitamínicos y multiminerales es bastante alentador. Por ejemplo, un estudio del *Journal of Nutrition* demostró que los individuos que tomaban un suplemento multivitamínico diario sufrían de menos ataques cardíacos que aquellos que no lo hacían. El estudio descubrió que los hombres que tomaban suplementos tenían 22% menos ataques cardíacos, y las mujeres que toman suplementos tenían 33% menos ataques cardíacos que aquellos que no tomaban suplementos. ¿Por qué se habrán descubierto hechos tan positivos? Sabemos que es un hecho que varias vitaminas y minerales ayudan a proteger contra la obstrucción de las arterias y las enfermedades coronarias.

También se ha demostrado que las vitaminas y los minerales ayudan a suprimir el crecimiento de varios tipos de cáncer y a evitar que este reincida. La razón de esto tiene que ver con la habilidad de estos nutrientes de prevenir que los radicales libres ataquen las células.

Permítanme profundizar en la materia. Casi todos hemos escuchado los términos *radicales libres y antioxidantes*. Los radicales libres son químicos inestables con electrones faltantes. Así que andan por ahí robando electrones y atacando células, tejido, y el ADN con el fin de obtener estabilidad. Los nutrientes antioxidantes entran en juego para evitar este daño, a menudo donando sus electrones a los radicales libres para así neutralizarlos.

Los antioxidantes son muy importantes para proteger el cuerpo contra el abuso de los radicales libres; y al hacerlo, protegen contra las enfermedades causadas por los radicales libres como las coronarias, el cáncer y otras enfermedades crónicas. Además, se cree que los antioxidantes desaceleran el proceso de envejecimiento. Antioxidantes comunes son betacaroteno, vitamina C, vitamina E y selenio.

Según una evidencia abrumadora a su favor, tomar multivitamínicos y multiminerales —especialmente aquellos que contienen nutrientes antioxidantes— puede ser uno de los mejores hábitos autosanadores que puedes adoptar. Son un buen seguro para las épocas en que tu dieta presente deficiencias.

Vitamina D

Otro sanador central es la vitamina D. Hasta hace poco, se creía que la deficiencia de vitamina D era tan rara como la plaga bubónica, erradicada por alimentos fortificados en vitamina D como la leche. Normalmente, nuestro cuerpo puede fabricar vitamina D de la acción de los rayos del sol sobre nuestra piel, pero los expertos creen que es posible que la mayoría de nosotros (especialmente las personas de edad y los que usan rutinariamente protector solar) no recibimos suficientes rayos solares.

Un claro ejemplo: las tasas de cáncer de mama se elevaron nueve veces en las mujeres que vivían en áreas con menor cantidad de rayos solares, de acuerdo con un estudio del 2008 publicado en *Breast*

Journal, en el cual los investigadores analizaron la correlación entre los rayos del sol, la vitamina D y el cáncer de mama en 107 países.

Hay otras fallas en la salud debido a la carencia de vitamina D, ya sea debido a la luz del sol o a la dieta: gripes, resfriados, debilidad en los huesos, enfermedades coronarias, cáncer de colon, diabetes (tipo I y II), depresión, presión arterial alta, artritis, problemas inmunológicos y obesidad. Muchísimos de nosotros estamos ahora mismo tan deficientes en vitamina D (aproximadamente 60% de todos adultos, según los Centers for Disease Control and Prevention) que los médicos están enviando a sus pacientes a tomar una prueba de deficiencia. La prueba se llama examen 25-hidroxivitamina D, una simple prueba sanguínea como parte de tu examen de sangre rutinario anual. El nivel para una salud óptima debe ser de 60 a 80.

La vitamina D se presenta en dos formas: D2 (ergocalriferol) o D3 (cholecalciferol). El D3 es lo que tu cuerpo produce después de una exposición adecuada al sol. Esta es la forma más útil, así que debes buscar la forma D3 en las etiquetas de multivitamínicos y otros suplementos.

Extractos a base de plantas

Tú y yo sabemos que debemos comer más frutas y vegetales para permanecer sanos, pero somos solo humanos y no siempre escuchamos los buenos consejos. Por esta razón, te recomiendo los suplementos de extractos de frutas y vegetales, disponibles en cápsula o polvo que puedes mezclar con agua o jugo, como otro sanador central. Estos suplementos ofrecen una fuente excelente de absorción de fitonutrientes. Los fitonutrientes o fitoquímicos, son los guerreros naturales de las enfermedades.

Los estudios sobre estos suplementos han sido muy estimulantes. Uno de los estudios más recientes que he leído fue publicado en el 2011 y examinó si un extracto podía prevenir la gripe común. Enfermeras y otros terapeutas profesionales de un hospital de una universidad tomaron cuatro cápsulas de suplemento dietético de frutas y vegetales al día o un placebo correspondiente. Al final del primer periodo experimental de seis meses, los científicos descubrieron que el suplemento había reducido los síntomas de la gripe en un 20%.

Los investigadores también han tenido suerte usando extractos de frutas y vegetales contra problemas del corazón. En un estudio realizado en el 2009, en el Logan Chiropractic College, los científicos probaron los efectos de un extracto de frutas y vegetales en polvo en la presión arterial. Veinte personas tomaron el extracto; otras veinte personas sirvieron de control. El extracto contenía un número variado de sustancias saludables, incluyendo algas, cebada, cardo santo y extractos concentrados de muchas frutas y vegetales. La dosis diaria fue de dos cucharadas al día, durante tres meses. Los resultados fueron más que sorprendentes. Las personas que tomaron el suplemento experimentaron una reducción significativa en la presión arterial sistólica y diastólica. En promedio, la presión arterial se normalizó a 128/83. ¡Y todo eso ocurrió sin tomar medicina para la presión!

¿Cómo puedes capitalizar este conocimiento? Para comenzar, incrementa tu consumo diario de frutas y vegetales. Si necesitas asegurarte de que estás consumiendo los fitonutrientes suficientes para mantenerte sano, definitivamente debes añadir a tu dieta un extracto en polvo de frutas y vegetales; es parte de mi propio programa de suplementos. La evidencia a favor de este tipo de suplementos es demasiado poderosa como para ignorarla.

Restauración inmunológica

Más allá de la sanación central, recomiendo los suplementos de "restauración inmunológica", especialmente si eres propenso a infecciones o virus. Todos podemos en verdad beneficiarnos de los protectores inmunológicos.

Ácidos grasos omega 3

¿Qué tienen en común condiciones tan diferentes como el cáncer de mama, la artritis y la diabetes? Todas están conectadas de alguna manera con el funcionamiento del sistema inmunológico. Se ha recolectado evidencia durante años de que el sistema inmunológico puede obtener ayuda de los ácidos grasos omega tres, especialmente de la grasa que se encuentra en la mayoría de los pescados.

¿Por qué el pescado sería tan provechoso para el sistema inmunológico? El sistema inmunológico está controlado parcialmente por sustancias de tipo hormonal llamadas prostaglandinas y leucotrienos. Cuando consumes aceite de pescado, ya sea del pescado mismo o de suplementos, estas sustancias se alteran. Se cree que la mayoría de las enfermedades que acabo de mencionar involucran prostaglandinas o leucotrienos.

Entonces, ¿exactamente cómo pueden ayudarnos los ácidos grasos omega 3 a defendernos de las enfermedades?

Por ejemplo, en el cáncer, los científicos sospechan que las grasas omega 3 pueden impedir el desarrollo de un tumor bloqueando la formación de los tipos de prostaglandinas que hacen que el tumor crezca.

Se sospecha que también existe una relación entre la artritis y las grasas omega 3, ya que hay evidencia de que los leucotrienos y el tromboxano (un tipo de prostaglandina) están involucrados en la causa de los síntomas dolorosos de la artritis.

Desde hace mucho tiempo, los científicos están interesados en investigar cómo nos protegen las grasas omega 3 de la diabetes; una enfermedad crónica que deja al cuerpo deficiente en insulina o incapaz de procesarla correctamente. De hecho, la diabetes es rara entre los esquimales, quienes llevan una dieta rica en pescado, y algunos expertos creen que su dieta les provee un estado natural de inmunidad que previene el desarrollo de la diabetes.

Si padeces diabetes, las grasas omega 3 también pueden beneficiarte ya que las personas con esta condición son más propensas a las enfermedades cardiovasculares. Los ácidos grasos omega 3 se usan cada vez más para el tratamiento de la diabetes, debido a que las investigaciones demuestran que pueden reducir el riesgo de enfermedades coronarias e inflamaciones, y reducir los niveles de triglicéridos.

Está claro que todos nos podemos beneficiar de un suplemento con grasas omega 3 y de comer más pescado (dos o tres veces por semana). No puedo prometer que este buen hábito te curará y te garantizará una vida libre de cáncer, artritis o similares. Pero en conjunto con todo lo demás que puedes hacer para maximizar tu potencial autosanador, los suplementos de omega 3 pueden ciertamente ayudarte. Creo que nadie puede darse el lujo de no complementar su dieta con este nutriente autosanador.

GLA (Ácido gamma-linoléico)

Las grasas omega 3 no son las únicas grasas beneficiosas. Otra es el ácido gamma-linolenico (GLA), parte de la familia de omega 6 de grasas dietéticas polinsaturadas. Proviene de las semillas de una flor oriental llamada borraja. Aunque los expertos consideran que las grasas omega 6 y sus derivados son inflamatorios, el GLA es diferente. Muchísimos estudios demuestran que el GLA puede combatir gran cantidad de enfermedades y dolencias. Entre ellas: inflamación crónica, problemas de la piel, asma, artritis reumatoide, constricción de las arterias, diabetes, obesidad y sobrepeso, y hasta cáncer.

En el cuerpo, el GLA se convierte en una sustancia antiinflamatoria que previene la formación de coágulos de sangre y hace que las venas sean más flexibles. Si combinas el GLA con aceites de pescado omega 3, los cuales poseen sus propias propiedades antiinflamatorias, ganas el premio mayor de protección.

Curcumina, (extracto de la hierba cúrcuma de la India)

Una de las plantas más sanadoras del mundo es la cúrcuma. Contiene un compuesto activo llamado curcumina, que parece tener poderes sanadores para un amplio rango de condiciones:

— *Artritis*. El consumo de cúrcuma puede mejorar la rigidez en las articulaciones, inflamaciones y dolor.

— *Problemas respiratorios*. La cúrcuma alivia la tos, la flema excesiva y la nariz tapada.

— *Enfermedades digestivas*. La cúrcuma ejerce un poder antiinflamatorio en los problemas gastrointestinales, incluyendo úlceras gástricas, síndrome de intestino irritable, síndrome de intestino inflamado y pancreatitis.

— *Salud cerebral.* Debido a que hay mucha menor incidencia de la enfermedad de Alzheimer en la India, en comparación con los Estados Unidos, los investigadores médicos creen que por lo menos un denominador común puede ser el hecho de que los residentes de la India consumen mucha cúrcuma en sus alimentos, por consiguiente consumen grandes cantidades de curcumina, la cual actúa como antiinflamatorio y puede proteger de daños a las neuronas.

— *Cáncer.* Cada vez más científicos están averiguando si las propiedades sanadoras de la curcumina pueden extenderse al cáncer. Hasta ahora, los estudios en animales han descubierto que la curcumina puede inhibir el crecimiento de las células cancerosas en el ovario. No está claro todavía, pero la curcumina puede ser una promesa en la lucha contra el cáncer.

Extracto del hongo ganoderma lucidum

Algunos de nosotros somos propensos a sufrir gripas en el invierno e incluso en la primavera. Si así es, considera tomar a diario un extracto del hongo ganoderma. Este extracto fortalece el sistema inmunológico.

Llamado el "hongo de la inmortalidad" en China, el ganoderma contiene compuestos polisacáridos. Son moléculas grandes y complejas de azúcar que estimulan el sistema inmunológico incrementando la actividad de macrófagos (grandes glóbulos blancos), que al estilo del videojuego Pac-Man, engullen los microorganismos perjudiciales y las células deterioradas.

Ciertos polisacáridos en los hongos están obteniendo muchísima atención debido a que es posible que combatan los tumores y estimulen el sistema inmunológico. Por ejemplo, se ha demostrado que el polisacárido llamado beta-glucano (del ganoderma y otros hongos medicinales) estimula la actividad del sistema inmunológico y llama a la acción a ciertas células que pueden atacar el cáncer.

En pruebas de probeta, el ganoderma detuvo el crecimiento de las células e incluso exterminó las células de cáncer de la próstata, según un estudio publicado en mayo del 2004 en el *International Journal of Oncology*. Ese mismo año, otros estudios descubrieron que un extracto de ganoderma combatió tumores cortando su flujo sanguíneo. Este estudio fue publicado en *Acta Pharmacological Sinica*.

El ganoderma también es un antioxidante poderoso. Cuando catorce adultos sanos tomaron un polvo basado en este producto, los científicos midieron un "incremento agudo" en su actividad antioxidante. El hongo ganoderma también puede reducir la presión arterial. Basado en estos descubrimientos, yo diría que este hongo es un autosanador muy versátil y completo.

Proteína de suero

Uno de mis suplementos favoritos es el polvo de proteína de suero, el cual es un producto de desecho en la producción de queso. Durante los últimos quince a veinte años, el suero se ha reconocido por su enorme potencial como estimulante del sistema inmunológico.

La proteína de suero puede ayudar a combatir infecciones y quizá hasta la batalla contra el cáncer. Una razón es que mejora la producción de glutatión (el cual mencioné en la historia de Skip al comienzo del capítulo), posiblemente el antioxidante más importante del cuerpo. El glutatión desactiva y se deshace de una amplia variedad de toxinas, drogas, hormonas y químicos del cuerpo.

La proteína de suero está repleta de otras partículas que estimulan el sistema inmunológico, las cuales, una vez digeridas por el intestino, pueden ser absorbidas por las células que combaten las infecciones, incrementando su número. Claramente, una de las mejores formas de estimular el almacenamiento de glutatión y de otros defensores inmunológicos es tomar suplementos de polvo de proteína de suero. Se mezcla muy bien con agua, jugos y otras bebidas. Úsalo para fortificar los batidos.

Regaliz (Glycyrrhiza glabra)

Para muchos de nosotros, la palabra *regaliz* nos trae recuerdos de dulces rojos o negros. El regaliz en realidad se produce de una hierba sanadora, la *Glycyrrhiza glabra,* la cual se ha usado para tratar muchas condiciones, incluyendo enfermedades virales, asma, tos, bronquitis, úlcera, acidez, artritis y gastritis.

Una razón por la cual la glycyrrhiza glabra es una sustancia restauradora del sistema inmunológico es debido a que ejerce un efecto antiinflamatorio en las células del hígado y las protege de virus. Unos cuantos estudios demuestran que esta hierba también puede ser muy poderosa para combatir el cáncer.

Puedes obtener esta hierba en varias formas, incluyendo cápsulas, tabletas, tinturas y extractos. También está disponible la raíz entera, en rebanadas o en pedazos.

Evita el regaliz si padeces del corazón o del hígado, si sufres de hipertensión; si estás embarazada; y si estás tomando diuréticos o medicinas para el corazón.

Reguladores de glucosa

Como mencioné en el capítulo dos, es vital para la autosanación dejar de consumir tanta azúcar supresora del sistema inmunológico. Ciertos suplementos pueden ayudar.

Ácido alfa lipoideo

Este nutriente es un antioxidante altamente investigado que cumple varias labores vitales en el cuerpo. Como un policía de tráfico a nivel celular, el ácido alfa lipoideo convierte en energía las calorías de las grasas y los azúcares. También está involucrado en la descomposición de grasas y carbohidratos en ácidos grasos, y en glucosa para que puedan convertirse en combustible y producir energía: acciones que ayudan a normalizar los niveles de glucosa. En un estudio con personas delgadas y obesas con diabetes tipo II, les fueron suministrados 600 mg de ácido alfa lipoideo dos veces al día durante cuatro semanas. El suplemento mejoró la glucosa y ayudó a las células a usar la insulina con mayor efectividad.

Como antioxidante, el ácido alfa lipoideo también ayuda a proteger el cuerpo contra enfermedades y trabaja con otros antioxidantes como la vitamina C, la vitamina E y el betacaroteno para erradicar los radicales libres. En el proceso, los antioxidantes quedan inhabilitados. El ácido alfa lipoideo tiene la capacidad de entrar en acción y restaurarlos a su forma y fortaleza originales.

Este suplemento también es usado como un "quelante oral" para extraer del cuerpo depósitos de metales pesados. Además, ayuda a apoyar el sano funcionamiento del hígado.

L-Glutamina

L-glutamina es el aminoácido más abundante en el cuerpo. Tiene un currículum impresionante de beneficios y uno de ellos tiene que ver con la glucosa. Si alguna vez has desarrollado antojos de dulces y almidones, una razón es debido a que pueden haber descendido tus niveles de glucosa. Esto significa que tu cerebro no está obteniendo el combustible que necesita. Toma un poco de L-glutamina, y lograrás estabilizar tu glucosa y dar por terminados tus antojos.

La evidencia también sugiere que la L-glutamina puede ayudarte a perder peso haciendo que tus músculos quemen más glicógeno (carbohidratos almacenados) en vez de almacenarlos como grasa. Además, la glutamina es el aminoácido número uno usado como energía por las células en tu tracto intestinal, por lo cual es vital para la buena salud digestiva.

La L-glutamina se ha usado clínicamente para tratar enfermedades gastrointestinales, sanar heridas, curar infecciones y problemas inmunológicos, HIV/SIDA, cáncer y trasplantes de médula espinal.

Ayuda contra el estrés

¿Quién no se estresa de vez en cuando? Por supuesto, puedes tomar algún fármaco recetado para calmarte, pero mi remedio para aliviar la tensión siempre tiene que ver con cambios en el estilo de vida: ejercicio constante, dieta balanceada, alguna forma de meditación constante y los siguientes suplementos:

L-Teanina

Aliviarse del estrés puede ser tan sencillo como tomar una taza de té verde. El té verde contiene un aminoácido llamado L-teanina, el cual, según han demostrado algunos estudios, puede ayudarte a relajarte de media hora a cuarenta minutos después de haberlo tomado. Trabaja en dos formas: primero, estimula directamente la producción de ondas alfa en el cerebro, lo cual crea un estado meditativo. Segundo, la L-teanina ayuda a formar un químico cerebral llamado ácido gamma-aminobutírico (GABA). Este incrementa los niveles de otros dos neurotransmisores importantes: la dopamina y la serotonina, los cuales, juntos, producen relajación.

Grasas buenas

El cerebro está compuesto en su mayoría de grasa, por lo que requiere grasa de la nutrición a lo largo de cada etapa de la vida. Las grasas favoritas del cerebro son los aceites omega 3 EPA y DHA, los cuales puedes obtener en un suministro adecuado consumiendo 3g diarios de aceite de pescado de buena calidad. Se ha descubierto que ambas grasas pueden ayudar a aliviar la depresión y la ansiedad. Sin embargo hay que tener en cuenta una advertencia: si sufres de depresión crónica, ansiedad o ataques de pánico, por favor busca ayuda de un doctor o un psiquiatra.

Restauración digestiva

Si pudiéramos ver en el interior de nuestros cuerpos, podríamos ver que nuestras entrañas son un verdadero desastre, gracias a toda la comida chatarra y las toxinas que comemos e ingerimos. ¿El resultado? Reflujo gástrico, estreñimiento, dolor de estómago y más.

Además, muchas personas son intolerantes a la lactosa y el gluten, lo cual incrementa las molestias del sistema digestivo.

Remedios como laxantes, antiácidos y otras medicinas no son la respuesta. La respuesta es darle a nuestras entrañas cuidado tierno y amoroso con mejor nutrición, y ciertos suplementos son un excelente comienzo.

Suplementos probióticos

En nuestros intestinos hay chicos "buenos" y "malos". Los buenos, o "probióticos", se obtienen de comidas y bebidas fermentadas como el yogurt y el kéfir, así como de suplementos. Los probióticos forman una barrera en el sistema digestivo que extermina a los chicos malos —bacterias perjudiciales como la salmonella— que de otra forma penetrarían los intestinos y harían desastres en todo el cuerpo.

Los probióticos son excelentes para tu cuerpo. Por ejemplo, reabastecen la buena flora intestinal después de tomar antibióticos (los cuales tienden a exterminar la buena bacteria), nos ayudan a digerir la comida, incrementan la absorción de nutrientes, estimulan la función inmunológica, promueven la salud de dientes y encías, ayudan a reducir el colesterol, protegen contra el eccema... y mucho más.

Los probióticos en verdad son unos súper auto sanadores que prácticamente todos deberíamos consumir. La razón es que todos caemos a veces en dietas pobres, tomamos muchos antibióticos, nos estresamos con exageración y lidiamos con muchos otros asuntos de nuestra vida diaria. Al tomar probióticos, avanzamos en el camino de la protección de nuestros intestinos, y es indudable que de todo nuestro cuerpo.

Enzimas digestivas

Solía recordarles a mis pacientes que no podían esperar sanarse de una manera adecuada si no podían digerir su comida. Para garantizar la buena digestión, recomiendo las enzimas digestivas.

Estos suplementos ayudan al cuerpo a descomponer las proteínas, carbohidratos (azúcares), y grasas que se usan para tratar alergias alimenticias como la intolerancia a la lactosa y la malabsorción (una condición en que tu cuerpo no puede absorber apropiadamente los nutrientes).

Pero también son estimulantes inmunológicos. Cuando un germen invade el cuerpo, el sistema inmunológico envía un ejército virtual, que incluye anticuerpos, para acabar con él. Algunos de estos anticuerpos en realidad se adjuntan al germen y forman grupos. Estos grupos de gérmenes y anticuerpos entretejidos se denominan complejos inmunológicos (CI). Normalmente, los complejos inmunológicos son arrojados con rapidez fuera del flujo sanguíneo por células inmunológicas especializadas. No obstante, en una persona con una enfermedad autoinmune, estos complejos continúan circulando. Eventualmente, quedan atrapados en tejidos y órganos del cuerpo donde producen inflamaciones y daño en los tejidos. Las enzimas aparecen y desmantelan los complejos inmunológicos para que puedan ser eliminados del cuerpo.

Si sufres de mala ingestión o inflamaciones, trata de tomar enzimas digestivas.

En específico, las mejores enzimas incluyen:

— *Clorhidrato de betaína.* Esta enzima estimula la acidez estomacal y activa la pepsina, una enzima que se produce naturalmente en el estómago. La pepsina descompone la proteína en aminoácidos.

— *Bromelina.* Presente en la piña, la bromelina se clasifica como una "enzima proteolítica" lo que significa que ayuda a descomponer las proteínas, pero hace mucho más que simplemente ayudar a digerir un trozo de carne. La bromelina posee muchos otros beneficios para la salud. Ayuda a acelerar la sanación de las lesiones deportivas, sana la inflamación, y puede ayudar a mejorar los efectos secundarios de algunos tratamientos de cáncer.

— *Papaína.* Esta enzima de la papaya descompone la proteína y trabaja de forma muy similar a la bromelina, es primordialmente un antiinflamatorio. A menudo se usan juntas.

— *Pancreatina.* Extraída de fuentes bovinas o porcinas, esta enzima ayuda en el tratamiento de la intolerancia a la lactosa.

— *Lipasa.* La lipasa se sintetiza de los microbios y ayuda a descomponer las grasas, en particular la de los productos de carne y lácteos.

Para mejorar tu digestión, toma suplementos de enzimas justo antes de las comidas. De esta forma, las enzimas no tendrán que competir con los alimentos y más enzimas serán absorbidas por tu flujo sanguíneo. Para reducir y tratar la inflamación, toma enzimas veinte minutos antes de cada comida con el estómago vacío. En general, después de tomar enzimas para tratar la inflamación o el dolor, debes sentirte mejor de tres a siete días. Para los casos de condiciones más crónicas, como la artritis reumatoide, puede tomarse de uno a tres (o más) meses antes de notar un cambio en tus síntomas. Habla sobre el uso de suplementos con tu médico o terapeuta, y asegúrate de seguir las instrucciones del fabricante para las recomendaciones de dosis exactas.

Salud de las articulaciones

La salud de tus articulaciones puede deteriorarse por muchas razones: envejecimiento, entrenamiento exagerado de ejercicio o deportes, y enfermedades degenerativas como la artritis. El tratamiento usual es tomar fármacos recetados, pero sabemos por estudios clínicos que ciertos tratamientos naturales pueden ser igual de efectivos. Algunos ejemplos son:

Ácido hialurónico (AH)

Para funcionar óptimamente, las articulaciones deben estar lubricadas, y el AH, un componente del líquido sinovial, puede ayudar. Como fármaco recetado para la artritis, a veces se inyecta de manera directa en la cavidad de las articulaciones. Tomado en forma de suplemento, puede reducir la inflamación y aliviar la hinchazón de las articulaciones.

Los fabricantes de este suplemento producen el AH del cartílago de pollo. Vegetarianos, veganos o personas alérgicas a las aves de corral no deben tomar este suplemento.

Glucosamina y sulfato de condroitín

Este dúo es el más familiar de todos los suplementos para restaurar la salud de las articulaciones. La glucosamina es un elemento fundamental en el cartílago de las articulaciones, y el sulfato de condroitín es una sustancia que se encuentra en el cartílago y que ayuda a mantener su elasticidad. Algunos argumentan que ninguno de los dos es muy efectivo; sin embargo, hay una cantidad significativa de estudios que demuestran lo contrario.

La glucosamina se extrae de los crustáceos y el condroitín de productos animales. Vegetarianos, veganos y personas alérgicas a los crustáceos deben evitar estos suplementos.

Metilsulfonilmetano (MSM)

Si padeces osteoartritis (la forma más común de artritis), debes familiarizarte con el MSM. Lo encontrarás en casi todas las fórmulas para restaurar la salud de las articulaciones disponibles en el comercio.

El MSM provee al cuerpo de azufre, el cual ayuda a formar el colágeno del cual se componen nuestros tejidos conjuntivos. Las investigaciones respecto al MSM son muy alentadoras. En la primera prueba aleatoria controlada sobre el uso del MSM para el dolor en las articulaciones, publicada en la edición de noviembre del 2005 de *Osteoarthritis and Cartilage,* los científicos descubrieron que las personas que tomaron 6g diarios de MSM durante tres meses sufrieron de menos dolor causado por la artritis y mejoraron su movilidad, todo esto sin efectos secundarios.

Apoyo cardiovascular

Las enfermedades coronarias siguen reinando, lamentablemente, como el asesino número uno en los Estados Unidos, tanto en hombres como mujeres. Como tal, han sido investigadas con intensidad, lo cual ha revelado pasos claves que puedes tomar para protegerte. Entre ellos: perder peso, en especial en la cintura, consumir grasas buenas como aceite de oliva y grasas omega 3; tomar aspirina para niños bajo la guía de tu médico; tomar suplementos con aceite de pescado; consumir más frutas y verduras; hacer ejercicio; no fumar; y mantener el estrés bajo control. Para mayor protección, puedes añadir suplementos. Hay dos que puedes considerar.

Coenzima Q10

Producida por el cuerpo, la coenzima Q10 (CoQ10) ayuda a convertir los alimentos en energía. Está presente en todas las células, pero con mayor concentración en el corazón, lo cual protege a las células del corazón del daño de los radicales libres. Muchos estudios han demostrado que consumir el suplemento CoQ10 reduce la presión arterial y los riesgos de enfermedades coronarias. Puedes estimular naturalmente la producción corporal de CoQ10 ampliando tu dieta con vitaminas del complejo B, especialmente B6. Para mantener tus niveles de vitamina B, asegúrate de consumir grandes cantidades de productos de trigo integral y evitar todos los carbohidratos altamente procesados (los cuales son por lo general bajos en nutrientes).

Extracto de levadura roja de arroz

¿Está ligeramente elevado tu colesterol total: digamos de 200 a 220? Si así es, no te sorprendas si tu doctor te recomienda un remedio natural: extracto de levadura roja de arroz. Este producto se extrae fermentando sobre el arroz un tipo de levadura roja llamada *Monascus purpureus*. Este proceso estimula la concentración de mevinolina, un ingrediente natural similar al ingrediente activo en dos estatinas reductoras de colesterol: Zocor y Lipitor.

Un estudio publicado en la edición de febrero de 1999 de *The American Journal of Clinical Nutrition* encontró que las personas que habían consumido suplementos de levadura roja de arroz durante doce semanas, habían tenido reducciones impresionantes de su colesterol total, LDL (colesterol "malo"), y triglicéridos comparados con aquellas personas que habían recibido solo un placebo. Los niveles de HDL (colesterol "bueno") no se alteraron en ninguno de los dos grupos durante el estudio. Muchos terapeutas recomiendan que consumas CoQ10 y extracto de levadura roja de arroz juntos para obtener mejores resultados para proteger tu corazón.

Fortalecimiento del cerebro

Nadie quiere considerar perder la memoria ni su poder mental, pero algún día sucederá. Hay evidencia de que entre las edades de veinticinco y cuarenta y cinco años, nuestra habilidad de aprender, recordar puede declinar hasta en una tercera parte, a menos que tomemos las acciones necesarias para detener esto. Estas acciones incluyen actividad mental, dieta sana, ejercicio físico y reducción del estrés. Los suplementos también son parte de la prescripción autosanadora del cerebro.

Minerales

Los minerales son vitales para la función mental, el desempeño y el raciocinio. Dos menciones honorables son el magnesio, el cual mejora la memoria, en especial en la madurez y la vejez, y controla la habilidad de aprender y luego formar recuerdos; y el zinc, el cual puede agudizar tu nivel de atención y mejorar la memoria. Ambos están disponibles en un buen suplemento de multiminerales.

Grasas buenas

No puedo alabar lo suficiente las grasas buenas. Las grasas, en especial los ácidos grasos omega 3, regulan la memoria, el aprendizaje y la inteligencia. Una de las historias más milagrosas relacionadas con las grasas buenas —a saber, el aceite de pescado— fue publicada con amplitud en los medios de comunicación en el 2006. Se usaron para tratar al único sobreviviente minero en el desastre de la mina Sago en el 2006 en West Virginia. Él sufrió un ataque cardiaco masivo debido a que pasó más de cuarenta horas de exposición al monóxido de carbono. Sufría de fallo renal y hepático, estaba deshidratado e hipotérmico, y en un coma profundo. Sus médicos no sabían cómo salvarlo. A pesar de haberle suministrado tres tratamientos de oxígeno hipobárico, no había nada que hacer para ayudarlo a reparar el daño cerebral.

Como último recurso, decidieron tratarlo con aceite de pescado administrado en dosis extremadamente elevadas, hasta 19g al día, por medio de una sonda insertada en su estómago. El tratamiento funcionó. Después de tres meses de rehabilitación y de tratamiento con aceite de pescado, recobró sus funciones cerebrales normales: una historia sorprendente de autosanación cuando el cuerpo recibe lo que necesita para mejorarse.

Colina

La colina es una vitamina del complejo B que ayuda a formar un "químico cerebral de la memoria" llamado acetilcolina. Cuanto más tu cerebro produce este químico, mejor es tu memoria. La colina puede reducir el riesgo de la enfermedad de Alzheimer. De hecho, muchas de las medicinas usadas para tratar este mal funcionan bloqueando la descomposición de colina en el cerebro.

Glicerofosfocolina (GFC)

La glicerofosfocolina, o GFC, es una molécula minúscula derivada de la colina que está naturalmente presente en todas las células del cuerpo. La GFC es un estimulador cerebral que sana a muchos niveles.

Hasta la fecha, solo se han conducido veintitrés pruebas clínicas con GFC, pero todas han producido descubrimientos positivos. Esta molécula mejora el nivel de atención, el enfoque mental, la memoria y la capacidad de raciocinio. Lo que motivó mi interés en la GFC es su habilidad de ayudar al cerebro a sanarse después de un derrame o un daño cerebral traumático. Científicos de la Universidad de Palermo en Italia probaron los efectos de la GFC en 2,044 víctimas de derrames, con resultados impresionantes. El suplemento mejoró el desempeño mental de los pacientes en un 27% comparado con los pacientes a quienes no les fue suministrado tratamiento. Esta investigación fue publicada en *Annals of the New York Academy of Sciences*.

En Europa, la GFC está controlada como un fármaco de prescripción usado para tratar el Alzheimer. En los Estados Unidos, está disponible como suplemento dietético. La dosis usual recomendada es de 1200 mg por día.

Vinpocetina

Podríamos llamarlo un "momento senil", o bromear con que sentimos una especie de "muerte cerebral", pero a todos nos llegan, en una u otra ocasión, pequeños lapsos en la memoria. No obstante, al envejecer, estos lapsos de memoria pueden ser cada vez más frecuentes y serios.

La vinpocetina, un derivado de la planta llamada bígaro, es considerada un suplemento excelente para mejorar la concentración, los niveles de atención, la alerta y la comprensión o cognición. Mejora la circulación sanguínea y de oxígeno al cerebro; proporciona más combustible a las neuronas; y previene que se adhieran o "concentren" las plaquetas, lo cual puede bloquear el flujo sanguíneo.

El suplemento funciona en la senilidad leve causada por carencia de flujo sanguíneo al cerebro, pero no es efectivo contra el Alzheimer.

Precaución: la vinpocetina es un anticoagulante, por lo cual no debe usarse si estás tomando otras sustancias o medicinas anticoagulantes como aspirina, vitamina E, ginkgo o medicamentos anticoagulantes (como Coumadin, heparín, o Trental), excepto bajo la recomendación de tu médico.

La Vinpocetina lleva veinticinco años de venta en Europa y se ha descubierto que es segura y efectiva. Se vende como suplemento dietético en tiendas naturales donde venden vitaminas, productos naturales y en farmacias de los Estados Unidos.

Acetilo-L-Carnitina (ALC)

Este suplemento es un pariente cercado de la l-carnitina, una sustancia parecida a un aminoácido que se encuentra en las proteínas. El ALC se encuentra en todo el cuerpo, pero principalmente en el sistema nervioso central. Está involucrado en suministrar precursores (elementos fundamentales) para producir acetilocolina (el neurotransmisor de la memoria).

El ALC puede transportarse con libertad a lo largo de la barrera del flujo sanguíneo, lo que significa que puede "entrar en el cerebro". También trabaja en las mitocondrias, o fábricas de energía de células, donde ayuda a producir energía celular para que las células puedan realizar sus funciones.

Las pruebas clínicas demuestran que en los pacientes con Alzheimer, el ALC puede mejorar la efectividad de las medicinas en aquellos que no habían respondido bien a ellas con anterioridad.

Ginkgo Biloba

Quizá el suplemento cerebral más famoso es el ginkgo biloba, un extracto de las hojas del árbol ginkgo. La hierba contiene dos químicos beneficiosos: flavonoides y trapezoides. Los flavonoides son antioxidantes poderosos que reducen el daño causado por los radicales libres. Los trapezoides mejoran la circulación dilatando las venas y reduciendo los coágulos sanguíneos. Esto mejora el flujo sanguíneo al cerebro, lo que mejora la memoria a corto y largo plazo, y la lucidez.

En octubre de 1997, el *Journal of the American Medical Association (JAMA) publicó un estudio que señalaba que el* ginkgo biloba fue "capaz de estabilizar, de seis meses a un año, y, en un número sustancial de casos, mejorar el desempeño cognitivo y la función social de pacientes dementes". Esto es un descubrimiento bastante impresionante si tenemos en cuenta que investigadores médicos señalaron que un remedio natural era en verdad efectivo.

Desde entonces, los científicos han descubierto que el ginkgo tiene muchos atributos autosanadores: ayuda a sanar los daños en los tejidos en lesiones de la médula espinal; protege contra el daño del oído interno; mejora el aprendizaje, la presentación de exámenes y el raciocinio.

Esta hierba diluye la sangre, por lo que no debes usarla con agentes anticoagulantes como la aspirina, medicamentos antiinflamatorios esteroides (tipo NSAID, como el ibuprofeno), ni con otros anticoagulantes como Coumadin, warfarina o heparina.

Cómo comprar suplementos de calidad

Antaño los suplementos nutricionales no eran muy bien regulados. No sabías lo que estabas comprando, o si el ingrediente activo en el suplemento en verdad existía en dosis terapéuticas. Afortunadamente, estos asuntos regulatorios han sido resueltos casi en su mayoría y los consumidores están mucho mejor protegidos. Desde junio del 2010, todos los fabricantes de suplementos nutricionales deben someterse a las normas GMP (Good Manufacturing Practices). Esas son regulaciones, exigibles por ley, diseñadas para proteger a los consumidores y brindarnos más confianza en los suplementos que usamos.

Además, aconsejo usar suplementos de marcas profesionales. Solo los vende un profesional de la salud y bajo su guía. Por lo general, estos suplementos son formulados bajo lo que se considera crítico para su efecto terapéutico, según las investigaciones. Son superiores a los que encuentras en supermercados y otros establecimientos comerciales.

En el capítulo doce, te enseñaré cómo diseñar un programa de suplementos que se ajuste a tus necesidades, así como las dosis recomendadas para cada suplemento que decidas tomar.

Aunque creo de todo corazón en tomar suplementos nutricionales, soy el primero en enfatizar que esta importante práctica no debe reemplazar una dieta sana y nutritiva. En otras palabras, la comida primero, los suplementos después.

Ten en cuenta, además, que aunque un programa de suplementos puede ayudarte a maximizar tu potencial de autosanación, no está diseñado para curar ninguna condición. Es tu estilo de vida en su integridad, no un suplemento dietético individual, lo que establece la autosanación.

Siempre he intentado llevar un estilo de vida autosanador. Desde un principio, descubrí que si me alimentaba bien, tomaba suplementos, hacía ejercicio y me enfocaba en creencias positivas, sería un ejemplo y lograría motivar mejor a mis pacientes a hacer lo mismo. Es entonces que ocurre la verdadera autosanación: cuando las personas se empoderan para cambiar hacia algo mejor, en lugar de buscar a alguien que los "arregle".

Parte de la ecuación de la autosanación incluye el ejercicio regular. Todos sabemos que la actividad física hace que nos veamos mucho mejor en la parte externa, pero lo que las personas no comprenden es que el ejercicio activa el sanador interior, que restaura el balance en todo nuestro cuerpo. Continúa leyendo para descubrir cómo ocurre esto.

CAPÍTULO CUATRO

SANACIÓN ACTIVA

Johnny es un niño de 11 años encantador y muy activo, sus mechones rubios se balancean sobre su frente cuando camina. En la salita exterior alfombrada de su casa, pasa rápidamente de jugar con un videojuego, que al parecer no funciona, a examinar unos trencitos. Luego regresa al videojuego, que sigue sin funcionar. Finalmente, se pone de pie y corre con paso firme hacia la cocina.

Johnny rebusca en la alacena, encuentra una caja de macarrones con queso, y la deja caer sobre el mostrador sin decir una palabra. Su madre cocina la pasta en la estufa y le prepara un puesto en el comedor auxiliar, pero la comida queda intacta, pues Johnny sube a zancadas las escaleras frunciendo el ceño de su pequeño rostro. Allí, revolotea de un juguete u objeto a otro de una manera compulsiva.

Johnny tiene autismo, un desorden cerebral misterioso que intercepta el lenguaje y las habilidades sociales. En realidad, el término *autismo* cubre un rango muy amplio de desórdenes con conductas comunes: obsesión con los patrones repetitivos y dificultad en la comunicación o en la conducta social apropiada. El autismo parece derivarse de problemas en el desarrollo cerebral, con mucha frecuencia ocurre mientras el niño está en el vientre materno. Los niños autistas están en un mundo nebuloso que parecemos no comprender o al que no tenemos acceso, y puede ser muy difícil enseñarles a hablar y a expresar las emociones básicas de tristeza y felicidad. A menudo, el niño autista —cuatro niños y una niña por cada cinco autistas— no puede relacionarse bien con otras personas. La historia de Johnny llamó la atención de Lisa Speaks, quien trabaja para la Universidad de Parker como Directora Clínica de Proyectos y Planificación Estratégica.

Un neurólogo les dijo en una ocasión a los padres de Johnny, que el niño jamás sería "normal", pero este neurólogo todavía no conocía a los padres de Johnny. Enséñame un niño que haya salido victorioso del autismo, y yo te enseñaré padres con determinación. Son los padres los que luchan por sus hijos y les consiguen los servicios que necesitan. Los padres de Johnny estaban determinados a sacar a su hijo de su concha.

Una forma de hacer esto, era ayudar a Johnny a lograr lo que él más deseaba: montar en bicicleta, más aún, teniendo en cuenta que la mayoría de los niños de su edad ya lo hacían. Pero su falta de coordinación corporal le impedía lograr su meta.

El médico de Johnny le aconsejó que, además de las otras terapias en las cuales sus padres lo habían registrado, lo matricularan en "terapia activa", un programa de ejercicio que consiste básicamente en desarrollar fortaleza, coordinación y equilibrio. Abiertos y dispuestos, sus padres estuvieron de acuerdo llenos de entusiasmo.

La ciencia respalda su decisión. Los estudios han demostrado que el ejercicio reduce la impulsividad en los niños autistas, incrementa su nivel de atención y los ayuda a llevar vidas más productivas. Algunas de las mejores actividades incluyen correr, bailar, montar a caballo, nadar y jugar con pelotas. Debido a que se sabe muy poco respecto a esta desconcertante epidemia —y teniendo en cuenta que lo que ayuda a un niño autista puede no ayudar a otro— nadie puede predecir qué tanto progreso va a lograr un niño autista con el ejercicio. El ejercicio no "cura" el autismo, pero ayuda a mejorar su conducta.

En la primera sesión de terapia activa, la terapeuta trajo una pelota muy grande —aproximadamente del tamaño de una pelota de playa— y se la entregó a Johnny. La deficiencia en su habilidad motora le impidió sostenerla en sus manos.

Cada vez que Johnny iba a sus sesiones, trabajaba con la pelota. Al comienzo era muy frustrante porque siempre se le escapaba.

Entonces, un día ocurrió un verdadero adelanto. Johnny atrapó la pelota y la sostuvo en sus manos aferrándose desesperadamente a ella. Luego la terapeuta le entregó una banda elástica roja y gruesa para continuar con el tratamiento. Ella le pidió que la estirara. Imagínate la felicidad de todos cuando, a la tercera semana, el niño estaba haciendo sus ejercicios con la banda elástica y la estiraba por sí mismo.

La terapeuta también le ayudaba a estirar sus músculos y los resultados fueron sorprendentes. Luego comenzó a rodar la pelota hacia el niño, y no pasó mucho tiempo antes de que el niño lograra atraparla. Después de más ejercicios y juegos de lanzar la pelota, su sistema nervioso comenzó a funcionar como debía y su coordinación entró en acción.

Fue en ese momento que la sanación de Johnny realmente comenzó. Sus padres decían que incluso su actitud era notablemente distinta. Las sesiones lo calmaban y estaba desarrollando una actitud de "puedo hacerlo" que se extendía a otras actividades.

En terapia, Johnny pasó de lanzar la pelota y estirar la banda a trabajar en la coordinación de sus pies. El terapeuta lo colocó en una bicicleta estacionaria y ayudó a sus piernas a mover los pedales. Naturalmente, esto le llevó mucho tiempo, y aún más paciencia. La emoción de Johnny era obvia, sin embargo, su emoción incitaba la paciencia. Era evidente que estaba progresando de forma lenta, pero segura.

El entusiasmo de Johnny ante todo el proceso llenaba de alegría la sala de terapia activa. A sus padres les encantaba observar su progreso. Irradiado de sonrisas resplandecientes, él aplaudía después de cada esfuerzo exitoso. Al final de cada sesión de terapia, el niño se sentía orgulloso y feliz, y ni qué decir de su extremo cansancio.

Para este punto, Johnny iba muy bien encaminado hacia el resultado esperado. Dos días especiales llegaron muy pronto: uno puede apenas imaginarse la sensación de alegría cuando Johnny pudo pedalear la bicicleta estacionaria sin ayuda y luego cuando fue capaz de montar su propia bicicleta. Todo el mundo estaba maravillado ante su progreso. Algunos lo llamaban milagroso. De repente, una vida que ni él ni sus padres se habían atrevido a soñar, se había convertido en realidad.

Ejercicio: el autosanador ideal

Me encanta esta historia, porque demuestra lo cerca que el ejercicio está de ser el autosanador ideal. Si pudiéramos inventar una píldora que hiciera todo lo que hace el ejercicio (reduce los riesgos de enfermedades coronarias, osteoporosis, y ciertos tipos de cáncer como el de mama, colon y vejiga; alivia la ansiedad y la depresión; fortalece el sistema inmunológico, por mencionar solo unas cuantas cosas), ¡todos estaríamos tomando esta píldora a diario!

Pero, a diferencia de una píldora o una inyección, el ejercicio solo tiene "efectos secundarios" beneficiosos. No hay náuseas, mareos, interacciones con drogas, secreciones, visión borrosa, depresión, ni pensamientos suicidas por medicamentos. A cambio, el ejercicio proporciona energía, claridad mental, mejoría en la presión arterial y en los niveles de colesterol, mejora la circulación y otros efectos secundarios innumerables y maravillosos. Te pone de buen humor. ¡Quién no quisiera todo eso!

Además, por lo general el ejercicio no cuesta un centavo. Puedes salir a caminar, o realizar muchas formas de ejercicio en el confort y la privacidad de tu propio hogar con poco o ningún equipo. Obviamente, las membresías de gimnasios pueden ser costosas; sin embargo, una membresía familiar por lo general cuesta mucho menos que las cuentas médicas anuales de una familia.

Entonces te pregunto: si tu médico te prescribe una actividad física que se ajuste a tus habilidades, ¿estarías dispuesto a acatar su prescripción con regularidad?

En resumidas cuentas, el ejercicio es medicina, medicina que puedes tomar para llevar una vida más larga y más sana. Pero, ¿cómo logra el ejercicio todo esto? ¿Por qué hay tanto poder sanador en la actividad física? Lo que tengo para compartir puede sorprenderte.

Cómo sana el ejercicio

Antes de hablar sobre cómo el ejercicio sana al cuerpo, hablemos sobre lo que ocurre cuando no hacemos ejercicio. La inactividad está ligada a todo tipo de problemas de salud: depresión, osteoporosis (adelgazamiento y debilidad de los huesos), demencia (pérdida de las habilidades mentales), enfermedades coronarias, obesidad, algunos tipos de cáncer y diabetes tipo II. De hecho, hay tantas personas inactivas en la actualidad, que algunos expertos han acuñado un nuevo término para esta epidemia: *síndrome de muerte por sedentarismo*. De acuerdo a una investigación de la Universidad de Missouri, esta afección cobra al año unas 250,000 vidas en los Estados Unidos.

Todas las enfermedades mencionadas tienen un factor en común: inflamación crónica. La inflamación es una hinchazón y coloración de los tejidos del cuerpo que por lo general ocurre después de una herida o una infección, y no dura mucho tiempo. Es uno de los mecanismos naturales de protección del cuerpo, pero cuando se vuelve crónica, puede ser destructiva.

Cuando hay inflamación, inundan el cuerpo ciertos anticuerpos llamados citocinas. Uno de ellos es la interleucina 6 (IL-6). Ya sé que suena como una galaxia inventada de una película de ciencia ficción, pero es una proteína producida por músculos, grasas y otros tejidos. Cuando estás bajo estrés, herido o con una infección causada por gérmenes, se producen en abundancia los IL-6. Cuando descansas, los niveles de IL-6 están bajos. Cuando haces ejercicio, y haces trabajar tus músculos, tu cuerpo comienza a generar más IL-6.

Al comienzo, la proteína IL-6 dejaba perplejos a los científicos. Ellos observaron algo muy extraño. Cuando la IL-6 es producida por anticuerpos, causa inflamación: cuando son los músculos los que producen la IL-6, la inflamación se reduce. ¿Cuál sería la razón? Resultó que el ejercicio frena la producción de otros químicos que normalmente trabajan mano a mano con la IL-6 para causar inflamación. En otras palabras, el ejercicio resguarda a tu cuerpo contra la inflamación crónica y perjudicial.

Pero los descubrimientos de la IL-6 fueron apenas el comienzo. Estudios adicionales descubrieron que trabajar los músculos produce muchas proteínas distintas: hasta 600 citocinas, todas diferentes entre sí y representando papeles diferentes en el cuerpo. Por ejemplo: la IL-8 instruye al cuerpo a formar nuevos vasos capilares, los vasos sanguíneos más minúsculos del cuerpo. La IL-15 estimula el crecimiento muscular y ayuda a prevenir la acumulación de grasa abdominal. La grasa abdominal es más perjudicial a la salud general, que la grasa de cualquier otra parte del cuerpo. Algunas citocinas pueden incluso enviar un mensaje anti cáncer.

La idea primordial aquí es que el ejercicio sana activando la liberación de químicos sanadores. Es evidente que el cuerpo humano está diseñado para regularse y sanarse a sí mismo bajo las condiciones apropiadas, y el ejercicio está entre una de esas condiciones más importantes.

El ejercicio y el equilibrio del sistema inmunológico

Cada segundo del día, tu cuerpo está asediado por ejércitos de invasores microscópicos. ¿Qué evita que tu cuerpo sucumba a las infecciones y a las enfermedades que estas bacterias, virus, parásitos y hongos están tratando de ocasionar? Agradece a la fuerza protectora de tu cuerpo, también conocido como sistema inmunológico.

Tu sistema inmunológico está compuesto de muchos tipos diferentes de anticuerpos. Entre ellos está el linfocito T-1 (Th1, por sus siglas en inglés) y el linfocito T-2 (Th2). Los linfocitos Th2 atacan los gérmenes en el momento que entran en el flujo sanguíneo; si logran establecerse, los linfocitos Th1 entran en acción. Si la parte de tu sistema inmunológico del Th1 está débil, se toma mucho tiempo deshacerse de gripas, resfriados, dolores de pecho y otras infecciones (y existe mayor riesgo de otras enfermedades más graves). Aún más, el desequilibrio del sistema inmunológico entre los linfocitos Th1 y Th2 es a menudo la raíz de muchas condiciones, incluyendo los problemas autoinmunes y las alergias.

El ejercicio te ayuda a regular este equilibrio mejorando la actividad de los linfocitos Th1. Por ejemplo, se ha demostrado que ejercicios de baja intensidad como caminar, yoga y taichí, estimulan la parte Th1 de la ecuación inmunológica. Un ejemplo claro de ello es un estudio realizado en la China que comprobó los efectos del taichí en el sistema inmunológico. En el estudio, treinta practicantes saludables de taichí compararon el conteo de los linfocitos T con treinta que no practicaban taichí. Antes del ejercicio, se extrajo una prueba sanguínea. De hecho, ya aquellos que practicaban taichí tenían un conteo de linfocitos T más elevado que los no practicantes. Luego, después de una serie de ejercicios de taichí de veinte minutos de duración, se tomó otra prueba de sangre. Hubo un promedio de 13% de incremento en los linfocitos T activos, ¡por encima de su nivel original! Las aplicaciones prácticas de esta investigación son obvias. Yo diría que si te sientes víctima con frecuencia de gripa, resfriado u otras infecciones, trates de realizar de media a una hora de caminata, yoga o taichí de cinco a siete veces por semana.

El ejercicio también puede reducir el deterioro de la función inmunológica que llega con la edad. Cuando comparas el sistema inmunológico de personas mayores y personas jóvenes, el descubrimiento más sorprendente es la reducción en los linfocitos T. Un estudio conducido por investigadores de la Appalachian State University en Boone, Carolina del Norte, observó trece mujeres de edad en muy buena condición física, cuya actividad de linfocitos T era casi igual a la de un grupo de control de mujeres universitarias, y 60% mayor que otro grupo de control de mujeres de edad sedentarias.

Estas mujeres, cuyo promedio de edad era setenta y tres años, habían ejercitado moderadamente por una hora al día durante once años. Tenían el corazón y los pulmones de mujeres de cuarenta y tantos años, y pesaban veintitrés libras menos en promedio que el grupo sedentario. No se sentían deprimidas ni estresadas, y el consumo dietético de sus nutrientes era mejor. ¡Yo diría que este estudio ilustra perfectamente el poder estimulante que tiene el ejercicio sobre el sistema inmunológico!

Ejercicios cerebrales

Todos sentimos tristeza de vez en cuando, pero algunas personas permanecen deprimidas. Si no se resuelve, la depresión puede mermar tu energía, suprimir tu deseo sexual, reducir tu concentración, producir insomnio y, en general, te hace perder la alegría de la vida. Un remedio efectivo es transpirar todo ese dolor a través del ejercicio.

En tu cerebro, el ejercicio activa neurotransmisores claves que elevan tu ánimo, específicamente la serotonina y la norepinefrina, exactamente los mismos químicos usados en las medicinas antidepresivas. Aunque estas medicinas pueden ofrecer el alivio tan necesario a algunos pacientes, las pruebas clínicas han demostrado que de 40 a 50% de los pacientes deprimidos ni siquiera responden a estas medicinas en el primer intento. Además, estas medicinas tienen efectos secundarios muy desagradables. El ejercicio, por otro lado, alivia la depresión alterando estos mismos neurotransmisores mucho más rápido sin efectos secundarios, por consiguiente, debería ser considerado como la intervención de primera opción en caso de depresión. El ejercicio, ¡es una droga natural!

Secreto autosanador: el sueño

De igual forma que la actividad física es sanadora, también lo es el sueño. Durante el sueño, tu cuerpo repara el daño causado por el estrés o por las toxinas ambientales, y ordena los recuerdos del día. Cuando duermes menos de seis o siete horas cada noche, se eleva tu riesgo de desarrollar enfermedades, se incrementa la presión arterial y se generan más hormonas de estrés. Se produce menos melatonina, la cual suprime el crecimiento de tumores. (Asegúrate de que tu habitación esté oscura: la oscuridad ayuda a tu cuerpo a producir melatonina). Entras en un círculo vicioso. En cambio, el sueño adecuado:

- Te da energía. Hace que todos tus sistemas internos (como tu sistema inmunológico) estén más alertas y vivos.

- Te ayuda a recordar y procesar mejor las cosas.

- Te ayuda a perder peso. Las personas que duermen menos de siete horas por noche están más propensas a engordar. La falta de sueño provoca un desastre en el equilibrio de las hormonas en tu cuerpo que afectan el apetito.

- Estimula tu ánimo permitiéndole a tu cuerpo producir suficiente serotonina, un químico que hace sentir bien a tu cerebro.

Estas son mis sugerencias para que mejores tus hábitos de sueño:

1. Come por lo menos de tres a cuatro o horas antes de ir a la cama, para permitir la digestión de tus alimentos

2. Reduce tu consumo de cafeína y nicotina a diario, especialmente después de las tres de la tarde

3. Crea un ambiente agradable en tu habitación. Que no haya desorden, o la televisión esté haciendo un estruendo con programas violentos

4. Medita o lee por unos minutos antes de dormir (aunque no recomiendo leer libros de crímenes misteriosos o de suspenso)

5. Habla con tu médico sobre cualquier molestia que tengas con el sueño y pídele consejo

6. Al acostarte, respira profundo y piensa en cosas relajantes

7. Toma siestas durante el día (te doy permiso de hacerlo). Tomar siestas puede proteger tu salud y ayudarte a ser más productivo. Un estudio de 24,000 adultos en Grecia demostró que las personas que tomaban siesta varias veces a la semana tenían menos riesgos de morir de enfermedades coronarias. Tomar siestas también ayuda a mejorar la memoria, la función cognitiva y el estado de ánimo

8. Habla con tu médico o terapeuta si tienes problemas crónicos para dormir

Empoderamiento sanador

El ejercicio otorga lo que yo llamo *empoderamiento sanador.* Lidiar con una enfermedad grave puede hacerte sentir sin control e impotente ante los procedimientos médicos. Pero cuando comienzas a volverte activo, de repente te sientes más en control, sientes más energía y más fortaleza. El ejercicio puede brindarte la sensación maravillosa de que estás participando en tu propia recuperación.

Veamos el ejemplo del cáncer. En el caso de las personas que están lidiando con cáncer, el ejercicio puede aliviar el estrés, mejorar el estado de ánimo y ayudarlos a fortalecerse. También ayuda a lidiar con la fatiga relacionada con el tratamiento para el cáncer reduciendo el ritmo cardíaco (lo cual se logra a través del ejercicio) y produciendo más energía. Un estudio del *Journal of Clinical Oncology* descubrió que las pacientes con cáncer de mama que se ejercitaban vivían más tiempo.

Advertencia: elige una actividad que esté de acuerdo con tu nivel de energía, y que sea menos agotadora, como caminar, hacer yoga o taichí, o cualquier tipo de estiramiento suave. Todas estas formas de actividades incrementan la relajación, el bienestar, y hasta te ayudan a aliviar el dolor.

Comienza a moverte, comienza a restaurarte

A pesar de que todas las modalidades de ejercicio son autosanadoras, me gustaría enfocarme en las siguientes actividades. Los beneficios de cada una de ellas han sido estudiados rigurosamente en la prevención y tratamiento de enfermedades que nos asedian comúnmente.

Ejercicio aeróbico moderado

Solo dos horas y media (150 minutos) de ejercicio aeróbico moderado por semana, proveen "considerables beneficios para la salud", según las normas publicadas en el 2009 por el Departamento de Salud y Servicios Humanos de los Estados Unidos. Las normas fueron diseñadas para que las personas puedan introducir actividades físicas agradables en su agenda diaria.

La actividad aeróbica moderada incluye caminar rápidamente, correr, bailar, nadar o hacer aeróbicos acuáticos, jardinería (cavar, levantar y cargar), jugar tenis y otros deportes recreativos, montar en bicicleta, por mencionar algunas. Si te sientes inclinado, ensaya actividades más vigorosas como marcha atlética, carreras, trote, nadar dando vueltas en la piscina o senderismo. Para beneficios más extensos, incrementa con gradualidad tu actividad aeróbica a cinco horas por semana.

Si quieres hacer algo diferente, te sugiero Zumba, un programa latino que mezcla música internacional y baile en una sesión típica de ejercicio de una hora, y que te deja feliz, lleno de energía y sano. No tienes que saber bailar; es un ejercicio que todos pueden hacer, mientras quemas hasta 700 calorías por hora. Además, puedes obtener beneficios autosanadores en esta divertida modalidad de ejercicio.

Baile sanador

La historia de Dawn comienza con estas palabras: "La Zumba contribuyó positivamente a ayudarme a salir de una condición de salud debilitante. A mis cuarenta y ocho años, me siento más sana y fuerte que nunca".

En 1973, a los trece años, Dawn fue diagnosticada con escoliosis, y tuvo que usar un corsé corporal durante tres años para estabilizar su espalda y evitar que la curvatura aumentara. Terminó el tratamiento con el cirujano ortopédico en 1978 y no volvió a pensar en su escoliosis. "Desde mi punto de vista, ¡ya estaba curada!".

Pero en el 2004, Dawn comenzó a padecer de dolor de espalda crónico. Le costaba trabajo quedarse de pie durante más de cuarenta y cinco minutos, y sentía rigidez en su espalda. Un dolor paralizante atacó su baja espalda y sus caderas. El dolor se convirtió en su compañero constante, interfiriendo en sus actividades diarias, tanto en el trabajo como en el hogar.

"Cosas sencillas como cocinar, limpiar y hacer compras eran tareas casi imposibles para mí", decía. "En la noche, con frecuencia no podía dormir debido al terrible dolor en mi espalda y mi cadera. El dolor crónico me dejaba muy desmoralizada. Lo único que pensaba era que si me sentía así a los cuarenta y cuatro años, ¿qué me depararía el futuro?".

Dawn investigó su dolencia y fue a visitar un fisioterapeuta, un médico que se especializa en rehabilitación, cuya clínica estaba a ciento cincuenta millas de su casa. Extensas pruebas de diagnóstico revelaron una curvatura de 30° en su vértebra lumbar y una discrepancia en el largo de sus piernas de 1.3 cm.

Su escoliosis estaba mucho peor que cuando se la habían diagnosticado en la secundaria. El médico le prescribió un curso de terapia física que se concentraba en ejercicios de estiramiento específicos.

En el 2006, una amiga le presentó a Zumba. "Mi amiga me dijo que se enfocaba primordialmente en el fortalecimiento y me pregunté si podría ayudarme a fortalecer mi médula espinal. Cuando la vi hacer una demostración, sentí deseos de unirme a ella, pero temía que el movimiento estresara los músculos de mi espalda".

Un mes después, Dawn decidió participar. Después de solo ocho clases, quedó sorprendida de lo fuerte que se sentía. "El dolor en mi espalda y cadera había disminuido significativamente; estaba durmiendo bien y la parte baja de mi cuerpo comenzaba a sentirse mejor. La Zumba ha causado un impacto en extremo positivo en mi salud física y en mi bienestar. Es realmente fascinante".*

Hay muchos beneficios sanadores que puedes obtener de la actividad aeróbica regular y consistente. Entre los beneficios atribuidos al seguir estas normas, se encuentran mejorías en:

- La composición del cuerpo (reducción de la grasa corporal)
- Salud ósea
- Reducción del riesgo de cáncer de mama
- Circulación
- Reducción del riesgo de cáncer de colon
- Depresión
- Reducción del riesgo de diabetes
- Resistencia
- Función del corazón
- Hipertensión
- Función respiratoria
- Control de peso

Chi kung

Puede ser que no hayas escuchado hablar del *chi kung,* pero se trata de un antiguo sistema chino de sanación. Se enfoca en respiración, posturas y concentración mental para equilibrar el cuerpo, la mente y el espíritu.

---

* Esta historia fue relatada aquí con el permiso de Zumba Fitness.

La palabra *chi* significa literalmente "cultivo de energía" y se basa en el concepto tradicional chino de que chi es una fuerza vital que fluye a través del cuerpo. Cuando se bloquea el chi (por ejemplo a través del dolor emocional causado por enfermedades físicas), te puedes sanar practicando chi kung.

En la China, las personas practican chi kung para tratar condiciones como diabetes, asma, cáncer, mala circulación, problemas de órganos internos, artritis, neuralgia, dolor de espalda baja, alta presión arterial, desórdenes autoinmunes y otras enfermedades físicas. En el 2002, investigadores de la escuela médica Robert Wood Johnson en Nueva Jersey revisaron más de cincuenta estudios de terapia chi kung para el tratamiento del cáncer. Sus descubrimientos fueron alentadores: los pacientes de cáncer que integraron el chi kung a sus tratamientos tuvieron un índice de supervivencia mejor que los pacientes que usaron los métodos estrictamente convencionales.

El chi kung puede ser útil si tienes problemas de:

- Ansiedad
- Cáncer y efectos secundarios relacionados con su tratamiento
- Inflamación crónica
- Depresión
- Prevención de caídas
- Hipertensión

Pilates

Pilates es una serie de ejercicios musculares y de flexibilidad estilo yoga, desarrollado por el gurú alemán del ejercicio llamado Joseph Pilates, gimnasta y boxeador. Lo practicaban originalmente bailarines y atletas que trataban de minimizar sus lesiones. Eventualmente, el sistema Pilates emigró de los estudios de baile a los gimnasios. También ha surgido una enorme industria de libros y videos si te interesa practicar Pilates en tu propio hogar.

Con el sistema Pilates, controlas todos tus movimientos desde el "núcleo": los músculos en el centro de tu cuerpo que se conectan con tu espalda baja y glúteos. La idea es que si el centro no funciona bien, tampoco el cuerpo lo hace.

Los beneficios de Pilates han sido investigados científicamente y se ha comprobado que mejora las siguientes condiciones:

- Envejecimiento
- Composición del cuerpo (reducción de la grasa e incremento del tejido muscular delgado)
- Fibromialgia
- Flexibilidad
- Estado de ánimo
- Resistencia muscular
- Manejo del dolor
- Escoliosis
- Calidad de sueño

Entrenamiento de resistencia

Siento mucha gratitud hacia mi forma principal de ejercicio: el entrenamiento de resistencia. Los Centros Nacionales para el Control de Enfermedades de los Estados Unidos dicen que levantar pesas unos cuantos días a la semana te ayuda a combatir las enfermedades coronarias y la diabetes, además de que te ayuda a mantener el peso bajo control. También te ayuda a mejorar el bienestar emocional.

En palabras muy sencillas, el entrenamiento de resistencia significa proporcionarle a los músculos un tipo de resistencia física, causando que se contraigan, fortaleciéndose. Puedes usar una variedad de equipos para fortalecer y tonificar los músculos. Pesas manuales (funcionan muy bien las botellas plásticas llenas de arena o agua), bandas elásticas de resistencia e incluso la gravedad de tu propio peso. Todo vale.

Puedes practicar entrenamiento de resistencia en tu hogar o en un gimnasio. En el caso de la mayoría de los principiantes, se toma solo de dos a tres sesiones por semana de veinte a treinta minutos cada una para obtener grandes mejorías en la tonificación y en el fortalecimiento muscular.

Si nunca has practicado un programa de entrenamiento de resistencia, consulta con un entrenador profesional que pueda hacer desde evaluar tu nivel de estado físico y diseñar un programa de entrenamiento, hasta demostrarte cómo utilizar apropiadamente el equipo de resistencia.

Los investigadores han descubierto que el entrenamiento de resistencia brinda muchos beneficios a la salud y puede usarse para prevenir o tratar las siguientes condiciones:

- Envejecimiento
- Artritis
- Dolor de espalda
- Imagen corporal
- Diabetes
- Depresión
- Fatiga
- Enfermedades coronarias
- Sistema inmunológico
- Fortalecimiento de las articulaciones
- Resistencia y vigor muscular
- Osteoporosis
- Calidad de sueño
- Fuerza
- Control de peso y obesidad

Taichí

El taichí, una de las formas de ejercicio más practicadas en el mundo, se ha vuelto muy popular. Puedes practicarlo casi en cualquier lugar y no hace falta ningún equipo. La filosofía detrás del taichí es similar a la del chi kung: restaurar el flujo libre de energía vital.

Técnicamente, el taichí es una forma de arte marcial, aunque no se usan cinturones ni rangos. Las clases comienzan con una serie de movimientos corporales lentos y precisos o "formas" que pueden requerir hasta de veinte minutos.

El taichí incorpora ejercicios de respiración diseñados para mejorar la función circulatoria y respiratoria. Sus seguidores tratan de lograr un movimiento fluido de todo el cuerpo desde el comienzo hasta el final, mientras mejoran su fortaleza y coordinación.

El taichí ha generado muchas investigaciones con resultados prometedores. Provee alivio de estrés, hipertensión, artritis, reumatismo y dolor de espalda. Estudios realizados en la Institución Médica Johns Hopkins demostraron que el taichí redujo la presión arterial en adultos maduros tanto como los ejercicios aeróbicos frecuentes sin acelerar los latidos de su corazón.

Recomiendo el taichí si te preocupa algo de lo siguiente:

- Artritis
- Dolor de espalda
- Balance y movilidad en la enfermedad de Parkinson
- Salud ósea
- Prevención de caídas
- Fibromialgia
- Flexibilidad
- Osteoartritis de las rodillas
- Enfermedades coronarias
- Hipertensión
- Sistema inmunológico

- Estado de ánimo

- Fortaleza muscular

- Función respiratoria

- Artritis reumatoide

- Calidad de sueño

- Estrés

Yoga

Me encanta el yoga. No es una religión o una doctrina, sino un sistema muy completo para el acondicionamiento del cuerpo: incrementa la flexibilidad y la fortaleza, desarrolla el equilibrio y alivia la tensión creada por el estrés. Fortalece ciertos músculos específicos, y estira y relaja las capas profundas de los músculos desde su interior.

El yoga ha sido muy investigado por su poder de mejorar la digestión, estimular los sistemas respiratorio y circulatorio, su efecto anti envejecimiento y por su ayuda en el equilibrio emocional y mental. Ciertas posturas de yoga estimulan el sistema endocrino y otras glándulas del cuerpo. Otras posturas mantienen la elasticidad de tus venas para un flujo sanguíneo saludable. Las técnicas de respiración de yoga ayudan a prevenir las arritmias del corazón. Las posturas de pie fortalecen tu corazón y las posturas de flexión frontal mejoran la función de tu sistema nervioso. El yoga puede ayudarte a sanarte después de una enfermedad grave. Realmente, es una forma fascinante de ejercicio autosanador.

Considera el yoga si te preocupa algo de lo siguiente:

- Envejecimiento

- Ansiedad

- Artritis

- Asma

- Dolor de espalda

- Síndrome de túnel carpiano

- Colesterol

- Depresión

- Diabetes

- Hipertensión

- Osteoporosis

- Escoliosis

- Calidad de sueño

Si tienes serias intenciones de comenzar y seguir un programa de ejercicios —y espero que así sea— formúlate la pregunta: "¿Cuál es mi meta?". ¿Quieres perder peso, aliviar el estrés, normalizar el colesterol o la presión arterial, regularizar el azúcar en la sangre, rehabilitarte de una lesión, salir de tu depresión o sentirte mejor en general? El ejercicio hace todo esto y más. Una vez que decidas lo que quieres lograr, selecciona una actividad apropiada para ti, que puedas disfrutar y que se ajuste fácilmente a tu estilo de vida. ¡Comienza a moverte y a restaurarte!

En ocasiones, aparecerá uno de nuestros "dramas", y tendremos que enfrentarnos con algún tipo de crisis de salud. Podemos enfermarnos, tener un accidente, sufrir una herida o recibir el diagnóstico de una enfermedad mortal. Cualquiera que sea el caso, necesitaremos tratarnos. Hay muchos tratamientos disponibles en la actualidad, tratamientos que pueden restaurar, equilibrar y alterar la calidad de la salud. Los llamo "artes sanadoras", y llegan muy lejos en la intensificación del poder autosanador del cuerpo. Este es el tema del siguiente capítulo.

CAPÍTULO CINCO

LAS NUEVAS ARTES SANADORAS

Después de padecer esclerosis múltiple por casi veinte años, Joanne, de cincuenta y cinco años, decidió cambiarse a la medicina alternativa para buscar el alivio del deterioro físico y mental que la medicina convencional no había logrado. Esta enfermedad que destruye la capa protectora de las fibras nerviosas del cerebro y la médula espinal había inhabilitado su cuerpo. Había perdido casi toda su movilidad y dependía de dispositivos de ayuda para caminar. Joanne no tenía control de su vejiga ni de su raciocinio y andaba desorientada. Si le decías algo, se tomaba varios minutos en responder, si es que lo hacía. William, su esposo, ya no podía seguir cuidándola y trabajar al mismo tiempo. Se veía enfrentado a dejar a la que había sido su esposa durante treinta años, recluida en un hogar para cuidados permanente.

Como último recurso, William sugirió una visita a un quiropráctico. Bajo el cuidado del doctor Jeff Spencer, Joanne fue sometida al cuidado quiropráctico, y recibió asistencia nutricional para crear una dieta antiinflamatoria de grasas sanas, alimentos a base de plantas y otras comidas naturales. El doctor Spencer trató a Joanne durante tres meses, y ella siguió sus instrucciones religiosamente. Los efectos fueron considerados para muchos como un milagro. Al cabo del primer mes, Joanne recuperó su movilidad y pudo caminar sola. Al cabo de tres meses, su capacidad cognitiva era casi normal y se convirtió en una gran conversadora. No solamente podía cuidarse por sí misma, sino que también podía atender las necesidades de su esposo. Los ojos de William se llenaban de lágrimas cuando hablaba con el doctor Spencer sobre la transformación de su esposa.

Siempre he creído que nuestra sociedad depende demasiado de los medicamentos y la cirugía, y no lo suficiente del cuidado complementario. Hace veinte años, por ejemplo, la acupuntura en los Estados Unidos era considerada pura charlatanería. Hoy en día no es así. Los chinos la usan, y ¡mil trescientos millones de personas deben saber lo que están haciendo! Hoy en día, en clínicas y hospitales de los Estados Unidos, la acupuntura y otras terapias no tradicionales están logrando una aceptación mucho más amplia.

En veinticinco años de práctica de sanación, he usado una variedad de tratamientos, productos y técnicas para ayudar a las personas a sentirse mejor. Cuando tenía mi propio consultorio, evaluaba a una persona y determinaba lo que la hacía única. Ofrecía cuidado quiropráctico y quizá recomendaba nutrientes, hierbas, ejercicios, terapias médicas o cualquier otra cosa que pensara que fuera útil desde el punto de vista clínico. Hacía todo lo que estuviera en mi poder para encender de nuevo el propio poder sanador del paciente. No trataba enfermedades o procesos de enfermedades, solamente formulaba lo que sentía que podía ayudar al cuerpo a tratar de intentar sanarse. Luego me hacía a un lado y dejaba que se desarrollara el proceso. El cuerpo es mucho más sabio que nosotros. Mi misión principal era determinar lo que le estaba haciendo falta al cuerpo, y luego proveérselo lo más rápido posible.

El concepto de autosanación se ha expandido con el paso de los años. En el 2010, hice una encuesta a más de quinientos profesionales de la salud, incluyendo doctores en medicina, y les pregunté cuáles creían que eran los tratamientos y las técnicas más "autosanadoras", aquellos que ellos pensaban que funcionaban genuinamente y que tenían los mismos estándares de la medicina occidental convencional. He recopilado esa información aquí para ustedes. A esos enfoques los llamo las *nuevas artes sanadoras*, terapias innovadoras que ofrecen verdadera ayuda.

La nueva quiropráctica

A mediados de la década de los ochenta, inicié mis estudios de medicina en la Universidad de Dallas, con el fin de convertirme en neurocirujano. En esa época, tuve un accidente automovilístico en el cual me chocaron por detrás y desarrollé un traumatismo cervical severo. En el hospital donde era voluntario, como parte de mi entrenamiento, un ortopedista a cargo de mi trabajo me dio la tarjeta de su quiropráctico. Yo no tenía ni idea de qué era un quiropráctico, ni siquiera sabía pronunciar esa palabra, pero confié en el consejo del doctor y decidí pedir una cita.

El quiropráctico era seguro, cariñoso y entusiasta. Parecía disfrutar de su trabajo. Su consultorio tenía una atmósfera positiva y agradable; nunca había experimentado algo así en un consultorio médico. Le hice la pregunta que todos nos hemos formulado: "¿Qué hace un quiropráctico?". La respuesta que recibí sigue siendo la descripción más concisa y elegante que jamás he escuchado. Me dijo que la quiropráctica tenía sus raíces en este sencillo principio: *el poder que hace que el cuerpo sane al cuerpo.*

Quedé perplejo sabiendo que esta frase resonaba muy en lo profundo de mi ser. Esa visita cambió el curso de mi vida, porque me di cuenta que la quiropráctica era la forma máxima del cuidado de la salud. Quise aprender más al respecto. Quedé tan intrigado con la idea de un sistema de atención médica, que respetaba los poderes inherentes autosanadores del cuerpo, que con el paso del tiempo, decidí convertirme en quiropráctico. Elegí mi profesión desde el corazón, y durante más de veinte años me gusta pensar que he llevado sanación y alivio a miles de personas. Les he ayudado a aprender a tomar mejores decisiones cada día para mejorar su salud. Observar los milagros autosanadores que han ocurrido en los últimos veinte años de mi vida, me ha inspirado a dedicarme a ayudar a hombres y mujeres a descubrir lo que pueden hacer para llevar una vida sana y natural, de modo que ellos también puedan vivir plenamente y envejecer con gracia.

La mayoría de las personas piensan que los quiroprácticos solo tratan el dolor de espalda o de cuello, o quizá de cabeza. Sí, tratamos esos males. Pero en vez de intentar aliviar los síntomas, el quiropráctico intenta corregir la causa y estimular al cuerpo a su propia sanación. Lo que he aprendido a lo largo de los años es que el cuerpo tiene una capacidad más grande de sanarse de la que la mayoría de los médicos reconocen.

La mejor aplicación de la quiropráctica en nuestras vidas es el mantenimiento preventivo, así como cuidamos de nuestros automóviles. Sabemos que es más fácil tener un automóvil en buen funcionamiento si le damos mantenimiento con regularidad. Pues bien, nuestros cuerpos son iguales, y la quiropráctica es una forma de tener el cuerpo en buen funcionamiento. Una de las formas que lo hacemos es manteniendo bien ajustada la espina dorsal. Los ajustes eliminan las interferencias de los nervios del cuerpo; esto conserva las líneas de comunicación abiertas entre el cerebro y el resto del cuerpo. Además, también requerimos de un sistema nervioso que funcione a plenitud, buena nutrición, agua, descanso apropiado, pensamientos inspiradores y movimiento.

La quiropráctica permite que el cuerpo esté lo más libre de estrés posible. En otras palabras, aunque muchas personas viven en una montaña rusa de estrés, las que se mantienen bien ajustadas, descubren que experimentan un progreso más constante hacia una mejor salud a través de una vida mejor. Esa la razón por la cual la quiropráctica analiza tu cuerpo en busca de interferencias de nervios provocados por el estrés en nuestras vidas.

El estrés diario y los accidentes que podamos haber experimentado pueden causar dislocamientos o presión en los nervios. Los dislocamientos ocasionan desajustes en las vértebras. Esos desajustes a la vez estresan excesivamente los nervios medulares y la médula espinal, los cuales son considerados por los quiroprácticos como la línea principal de comunicación del cuerpo. Cuando el estrés causado por los desajustes permanece sin detectarse durante mucho tiempo, los resultados pueden ser devastadores. Esto puede ocasionar que millones de reacciones químicas en nuestros cuerpos se diluyan, desatando problemas respiratorios, alergias, problemas digestivos, problemas reproductivos, condiciones de la piel, dolor y más.

El quiropráctico no cura ninguna de estas afecciones, sino que al ajustar la columna, tu sistema nervioso funciona mejor, puedes estimular tu sistema inmunológico, restaurar el movimiento y ofrecerle a tu cuerpo un medio para cuidarse más rápido de condiciones indeseadas.

Derrame de sanación

Hace veinticuatro años, mientras trataba de dormir, Christopher giró su cabeza hacia un lado cuando de repente, el lado derecho de su cuerpo quedó inmovilizado y la habitación comenzó a dar vueltas. Christopher sintió como si estuviera bajo el agua y tratando de nadar hacia la superficie.

Algo está mal, pensó. Christopher pidió ayuda, y un amigo marcó el 911, mientras él intentaba dar sentido a algo que no lo tenía.

Al cabo de minutos, aparecieron dos paramédicos, haciendo preguntas: "¿Tiene mareo?". "¿Le duele algo?". Le pusieron una máscara de oxígeno y suero intravenoso. "Lo vamos a llevar a un hospital", dijo uno de los paramédicos.

Alguien mencionó que podía tratarse de un derrame. Para Christopher, ¡esto era absurdo! Un tipo perfectamente sano no se levanta sintiéndose bien y luego tiene un derrame. (El diagnóstico oficial terminó siendo una lesión en el tronco encefálico).

Veinte minutos después, lo llevaron a la sala de urgencias en silla de ruedas. Una enfermera le colocó un monitor cardiaco en su pecho.

Se sometió a una serie de pruebas, incluyendo una tomografía computarizada de su cerebro.

Christopher fue transferido a la unidad de cuidados intensivos donde le pusieron un respirador artificial para que pudiera respirar. Mientras tanto, el neurólogo residente le informó a su familia que sería muy probable que Christopher no sobreviviera más de unos cuantos días.

Christopher no estaba dispuesto a permitir que este pronóstico se convirtiera en realidad. La vida se había convertido en un campo de entrenamiento: una carrera para restaurar conexiones destrozadas. Dos quiroprácticos lo visitaron y le hicieron ajustes. Fueron pequeñas victorias: poco tiempo después del primer ajuste, pudo mover ligeramente los dedos de su mano derecha. Al poco tiempo le quitaron el respirador y logró usar una silla de ruedas. Con el consentimiento extraoficial del médico residente, siguió recibiendo ajustes quiroprácticos mientras se sometía a un régimen intensivo de rehabilitación. Poco después de un mes de su llegada, salió caminando con la ayuda de un bastón.

Desde entonces, Christopher enseña en una universidad de quiropráctica, se convirtió en abogado y es el cofundador de una empresa exitosa. Logró de nuevo conducir un automóvil y es piloto de un avión ligero. Le quedan algunos asuntos residuales de salud, y aunque es posible que nunca vuelva a estar completamente normal, sabe lo afortunado que es.

"Comprendo que aunque la medicina evitó que me muriera, fue el cuidado quiropráctico lo que hizo posible la expresión de la vida", dice Christopher. "Mi mensaje tanto a los médicos como a los pacientes es que se enfoquen en su intención de permitir que el cuerpo exprese su potencial sanador. Esto afectará positiva y significativamente lo que te ocurra".

Una vida salvada

Como quiropráctico, sé que incorporamos el arte y la ciencia de la profesión en nuestra práctica rutinaria. Ningún quiropráctico es un gran sanador todo el tiempo: eso sería imposible. Pero la mayoría de nosotros tenemos grandes momentos, y en esos momentos, combinamos las prácticas científicas con nuestras propias experiencias con los pacientes y sus familias. Aquí es cuando ocurre la magia. Me gustaría contarles sobre una ocasión en que esta magia se hizo presente en mi vida y en la vida de una paciente con quien yo estaba trabajando.

En 1995, la puerta de vidrio de mi consultorio se abrió y entró una mujer muy obesa; debía pesar por lo menos trescientas cincuenta libras. Su nombre era Rosie. Iba acompañada de un hombre un poco menos robusto, obviamente su esposo, quien hizo lo posible por ayudarla a llegar lentamente hasta la recepción.

Cuando entré en mi sala de consultas, encontré una mujer de unos treinta y tantos años, cuyo hermoso rostro estaba contorsionado de dolor y angustia. Su historia médica era desoladora. Rosie había sido diagnosticada con una variedad de condiciones desde su infancia temprana. Durante más de veinte años, había estado sujeta a una serie increíblemente compleja y cada vez más poderosa de fármacos, ninguno de los cuales le había brindado más que un alivio temporal.

Para empeorar las cosas, había sido diagnosticada con fibromialgia, además de posible distrofia simpática refleja (RSD, por sus siglas en inglés), una afección de dolor crónico causada por un fallo en el sistema nervioso. Rosie describió su afección como un dolor insoportable, que duraba veinticuatro horas al día. Sus médicos también le ofrecían un pronóstico desolador: "Aprende a vivir con eso y tómate tus medicinas. No hay cura".

Ante la aparición de estas condiciones, Rosie comenzó a engordar rápidamente. No tenía energía ni podía dormir durante la noche. Eventualmente tuvo que renunciar a su empleo. En esos días, pasaba la mayor parte del tiempo en cama, pidiéndole a Dios la bendición del sueño.

Le administré una variedad de ajustes quiroprácticos para eliminar las interferencias neurales y para que su cuerpo pudiera comenzar a sanarse naturalmente. Durante las dos primeras semanas, la vi a diario. Al comenzar a mejorar sus funciones, la vi tres veces por semana. Rosie siguió mejorando hasta el punto de que solo requirió de ajustes una vez por semana. Después de seis meses, me dijo con ojos llorosos que la compañía de su esposo lo estaba transfiriendo a otro estado.

Me sentí feliz de ayudarla a conseguir un quiropráctico cerca de su nuevo hogar.

Aproximadamente un año después de ser nombrado presidente de la Universidad de Parker, recibí una llamada de Rosie.

"Rosie", dije. "¿Cómo estás?".

"Ay doctor Mancini, he estado perdiendo peso, hasta ahora van más de 175 libras. Siento que he recuperado mi vida. Además logré volver a trabajar y tengo un empleo excelente. ¡Todo es maravilloso!".

Luego me dijo algo que me cambió la vida para siempre.

"Cuando llegué por primera vez a su consultorio, estaba en una profunda depresión. Mi esposo estaba a punto de divorciarse de mí. Me decía que cada vez que intentaba acercárseme, yo lo alejaba. Cada vez que él necesitaba algo, yo no estaba disponible para él ni para mis hijos. Toda mi familia estaba en mi contra y había perdido mi empleo. Justo antes de verlo por primera vez, me di cuenta que estaba perdiendo todo lo que más quería en el mundo. ¡No tenía razón para vivir!

"Cuando usted me dijo que nuestros cuerpos estaban diseñados para sanarse a sí mismos, y que el poder que había creado el cuerpo podía sanarlo, un concepto que yo jamás había escuchado de ningún médico, sentí esperanzas. Cuando usted me dijo que el objetivo principal del quiropráctico era eliminar las interferencias que impedían que el cuerpo se sanara a sí mismo, tuvo mucho sentido para mí".

Lo que me dijo luego, fue algo para lo cual yo no estaba preparado.

"Doctor Mancini, lo que no le dije es que dos días antes de verlo, yo había comprado una pistola. Ya había decidido matarme si no sentía que la quiropráctica podía ayudarme. Solo quiero agradecerle por salvar mi vida".

Me quedé sin palabras. Fue en ese momento que reconocí que el poder del cuerpo humano y el poder de la quiropráctica para interceder cuando es necesario, son mucho más valiosos de lo que la mayoría llega a reconocer. Supe en lo más profundo de mi corazón que si nunca más veía a otro paciente, quizá me había convertido en quiropráctico solo para esta persona.

Es cierto, sabemos que las personas, con el paso del tiempo, a menudo se recuperan de su dolor. También sabemos que regresan a sus actividades normales: trabajo, deportes, viajes, lo que sea que les guste. No obstante, nuestros sistemas dorsal y nervioso impactan nuestras vidas en muchos niveles: física, mental y espiritualmente. Esta la razón por la que cada día de mi vida hago lo que hago: ayudar a las personas a maximizar su potencial de salud para que puedan maximizar el potencial de sus vidas.

Si nunca te has hecho revisar tu espina dorsal u otro sistema nervioso por un quiropráctico, o si no lo has hecho recientemente, sin importar la edad (desde recién nacido hasta la ancianidad), es hora de hacerlo, ya sea que sufras de una afección o te sientas muy bien. A menudo llamamos a los desajustes "asesinos silenciosos", porque pueden estar presentes durante muchos años antes de que los síntomas comiencen a aparecer, causando disfunciones mientras tanto, las cuales crean enfermedades más graves en el futuro. Aunque la quiropráctica no trata dolencias específicas, al corregir los desajustes, personas con una variedad de dolencias han respondido favorablemente al cuidado quiropráctico. (Para mayor información sobre el amplio rango de afecciones tratadas por la quiropráctica, lee el capítulo 13).

Mitos y realidades sobre el cuidado quiropráctico

Pese a su éxito a lo largo de los años, hay muchos mitos circulando sobre la quiropráctica. Veamos con detalle algunos de los más comunes.

Mito #1: Los quiroprácticos no son médicos reales.

Realidad: El camino para convertirse en doctor quiropráctico está lleno de retos. Una institución quiropráctica otorga un título de doctor quiropráctico (D.C. por sus siglas en inglés). Antes de ser elegible para entrar a una escuela quiropráctica, un alumno debe haber completado un mínimo de noventa horas como prequiropráctico o estudios premédicos con una fuerte base científica. La mayoría de los alumnos llega con una licenciatura. El programa quiropráctico tiene una duración de tres y medio a cuatro años. Como parte de su educación, los alumnos de quiropráctica también completan un período de internado con pacientes en un ambiente clínico, supervisado por doctores quiroprácticos licenciados. Para cuando los alumnos se gradúan, tienen que haber pasado cuatro series de exámenes administrativos nacionales, así como los exámenes administrativos estatales en los estados donde desean practicar.

La diferencia más grande entre los quiroprácticos y los doctores en medicina tiene muy poco que ver con educación, y más con la forma en que tratan a los pacientes. Por lo general, los doctores en medicina están entrenados a utilizar medicamentos y realizar cirugías. Por consiguiente, si tienes un problema bioquímico, como diabetes, hipotiroidismo o infección, los doctores en medicina pueden ayudarte formulando un medicamento para tratarlo. Teniendo en cuenta que la ciencia reconoce que el sistema nervioso es el sistema principal que controla todos los demás sistemas, los quiroprácticos sienten que es lógico asegurarse siempre de que tu sistema nervioso esté funcionando en forma óptima antes de usar otros tratamientos.

Más específicamente: si tu espina dorsal está desalineada e interfiriendo con la transmisión normal del sistema nervioso o tienes un daño en los tejidos blandos que está causando dolor, no hay químico que pueda arreglar esto. Se requiere de una solución física para corregir un problema físico, una solución neurológica para corregir un tejido neurológico. Aquí es cuando un quiropráctico puede realmente ayudar. Ellos proveen soluciones neurológicas y físicas —ajustes que corrigen desajustes, recomendaciones de ejercicio y dieta, terapia de estiramiento y terapia muscular— para ayudar al cuerpo a sanarse de condiciones cuyo origen es físico, como dolor de espalda, espasmos musculares, dolores de cabeza, mala postura y otros.

Mito #2: A los doctores en medicina no les agradan los quiroprácticos.

Realidad: Muchos doctores en medicina hoy en día refieren con frecuencia a sus pacientes al cuidado quiropráctico. Muchos hospitales de los Estados Unidos tienen ahora quiroprácticos en su equipo, así como muchos consultorios de quiroprácticos tienen a doctores en medicina en su equipo. Los quiroprácticos y los doctores en medicina se sienten mucho más cómodos trabajando juntos en los casos en que pueden aplicar ambas formas de tratamiento. Yo personalmente creo en usar tanto la medicina tradicional como la quiropráctica para complementarse. No quiero que las personas dejen a su doctor principal, sino que también obtengan cuidado quiropráctico. Lo que la medicina no trata, puede hacerlo la quiropráctica, y viceversa.

Mito #3: Los quiroprácticos solo tratan el dolor de espalda.

Realidad: La quiropráctica ha tratado con éxito una gran variedad de afecciones, como dismenorrea (menstruación dolorosa), úlceras, migrañas y otitis infantil. Aunque nosotros no afirmamos que curamos esas dolencias, creemos que muchos de esos problemas se agravan y a menudo son causados por perturbaciones del sistema nervioso como resultado de una disfunción espinal (desajustes). Al corregir esos desajustes, ayudamos a las personas a sanarse a sí mismas y a recobrar el control de sus vidas.

Mito #4: Una vez que comienzas a ver a un quiropráctico, tienes que seguir viéndolo el resto de tu vida.

Realidad: ¡Este es el mito que más escucho! Obviamente, si estás siendo tratado para un problema específico, el plan de tratamiento por lo general termina cuando tu problema se resuelve. Si tu problema es crónico o recurrente, o si deseas evitarlo en el futuro, el cuidado periódico puede ayudarte a permanecer sano. Es tu decisión personal si deseas o no continuar con la atención quiropráctica. Si tu meta es mantener tu salud y el funcionamiento de tu sistema nervioso de una manera adecuada, en definitiva, es apropiado convertir el cuidado quiropráctico en parte de tu plan de mantenimiento de la salud.

Mito #5: El cuidado quiropráctico es costoso.

Realidad: Cuando escucho este comentario, siempre pregunto "¿comparado con qué?". ¿Cuánto vale tu salud para ti? Como quiropráctico, pagas por los servicios prestados, y en la mayoría de los casos, tu seguro médico cubre tu tratamiento. Puede ser que desees consultar con tu compañía de seguro médico para ver si tu quiropráctico está en su red y cubre tu tratamiento. Invertir en corregir la causa de tus problemas de salud y mantenerte saludable es la mejor inversión que puedes hacer. El hecho es que enfermarse es costoso y se ha convertido en la causa número uno de bancarrota personal en los Estados Unidos. Se ha comprobado de manera consistente, que el costo de invertir en productos y servicios que promueven tu salud y tu bienestar, es una mucho mejor inversión, debido al amplio rango de efectos positivos que incluyen sentirte mejor, desempeñarte mejor, cuidar mejor de tu familia y tu felicidad general. ¿Qué precio le pondrías a una mejor salud?

Sí, es cierto que la mayoría de las personas espera que su seguro médico cubra el costo de su buena salud, pero la realidad es que los seguros médicos están diseñados para pagar los gastos cuando estás enfermo. Mi consejo es que inviertas en ti mismo y uses el seguro médico solo cuando tengas una condición de salud que requiera atención médica.

El poder sanador de la terapia de láser en frío

Un equipo portátil similar a una linterna que dirige un rayo de luz intensa, pero apenas tangible (y no caliente), por debajo de la piel en los tejidos lesionados. Una rápida ráfaga sana las lesiones de los tejidos blandos, dolor cervical del cuello, síndrome de túnel carpiano, torsiones crónicas, tendinitis, lesiones del ligamento de la corva, artritis y heridas, entre otros. ¿Suena como una escena de la *Guerra de las galaxias*? No, solo se trata de un equipo de sanación muy normal. Este procedimiento médico —llamado *terapia de láser en frío*— es un método asombroso para ayudar a sanar el cuerpo. De hecho, el láser en frío acelera el proceso de sanación. Tomemos por ejemplo una lesión del ligamento de la corva. Lo que normalmente se tomaría por lo menos de siete a diez días en sanar, la terapia de láser en frío reduce el tiempo de sanación de dos a tres días.

Durante el tratamiento, un terapeuta pasa una luz de intensas longitudes de onda a través del área adolorida o la lesión. La luz activa un incremento en el metabolismo celular del área. El sistema inmunológico se concentra como resultado y acelera la sanación.

A diferencia de la cirugía, los tratamientos que involucran la terapia láser en frío no son invasivos ni requieren de tiempo de recuperación. No se aplica ningún gel o crema antes del tratamiento. Puedes sentir la presión de la cabeza de láser en tu piel, aunque algunos pacientes informan que solo sienten un pequeño hormigueo.

En las últimas cuatro décadas, se han publicado a nivel mundial más de dos mil estudios clínicos sobre el láser en frío, terapia aprobada por la FDA. La mayoría de los estudios demuestran que esta técnica sanadora es efectiva para una variedad de usos clínicos. Pero creo que la evidencia más arrolladora proviene directo de los pacientes de la vida real. Observemos:

Salud deportiva

Jessica era estrella de primera base en su equipo preuniversitario. En tres eliminatorias, su récord como bateadora fue de .750 (9-por-12) con cinco carreras impulsadas. Su entrenador, Larry Harvey, se estremecía de pensar qué sería si no tuviera a Jessica bateando de tercera, en su orden de bateo. Su miedo se hizo realidad cuando Jessica se lesionó severamente su muñeca y se desgarró algunos ligamentos, mientras trataba de atrapar una pelota elevada, y tuvo una colisión con una compañera de su equipo.

"Se inflamó tanto, que no podía moverla", dijo ella. "Me costaba mucho trabajo vestirme en las mañanas".

Su entrenador Harvey había oído hablar de un jugador de fútbol que había sido sometido a un tratamiento médico relativamente nuevo llamado "terapia de láser en frío". Le comentó a Jessica sobre esto.

Al principio, Jessica se sintió escéptica. "Son puras patrañas", dijo. "No funcionará". Pero estaba dispuesta a tratar cualquier cosa.

Si no hubiera sido por ese tratamiento, el papel de Jessica en su equipo se hubiera limitado a cantar el himno nacional antes de los juegos locales. Para corregir la lesión de su muñeca, se sometió a la terapia.

Jessica dijo que no sintió nada durante el procedimiento, y después del segundo tratamiento, comenzó a ver mejoría. El movimiento de su muñeca comenzó a mejorar y, después de un poco de malestar al principio, su dolor desapareció.

Adiós al dolor de cuello

La vida quedó interrumpida para Deanna el 30 mayo del 2003 cuando, de la nada, un automóvil de tamaño mediano se estrelló a gran velocidad contra su camioneta. *¡Pum! ¡Auch!* El impacto hizo que su camioneta diera una vuelta completa antes de quedar detenida peligrosamente en el carril opuesto. Por la gracia de Dios, ninguno de sus cuatro hijos que iban de pasajeros quedó herido.

Justo después del accidente, Deanna se sintió bien, pero esa noche, su cuerpo comenzó a dolerle con tal intensidad que tuvo que acudir a urgencias. Los médicos le dijeron que se había dislocado un hombro y la enviaron a la casa con analgésicos, medicamentos anti inflamatorios y relajantes musculares.

Sin embargo, nada de esto funcionó. Durante los siguientes meses, Deanna sufrió de dolor constante, pese a tomarse todos los fármacos recetados. Fue referida a un médico ortopeda que inyectó su hombro con esteroides, pero todo fue en vano. El dolor solo se intensificó. Deanna no podía empujar el carro del supermercado, cerrar la puerta de su camioneta o ponerse de pie cuando estaba sentada en el piso.

Se encontró tomando cada vez más y más fármacos. Cuadruplicó la dosis de relajantes musculares y cada vez incrementaba más las dosis de Tylenol, ibuprofeno y naproxeno. Además, comenzó a tomar píldoras para dormir. El dolor no se iba, tomara lo que tomara.

Hay un aspecto terrible en particular en el dolor crónico: el daño psicológico que ocasiona. Deanna estaba emocionalmente tan consternada que le decía a su esposo que prefería morir a seguir viviendo con ese dolor tan debilitante.

Por fortuna, una buena amiga le recomendó a Deanna que fuera a ver al doctor quiropráctico Dave Shiflet. Deanna estaba dispuesta a intentar lo que fuera y pidió de inmediato una cita.

Bajo el cuidado del doctor Shiflet, Deanna se sometió a una serie de ajustes, además de la terapia de láser en frío. Con la bendición de su doctor familiar, dejó de tomar todos los fármacos y, a cambio, comenzó a tomar suplementos naturales. Después del primer tratamiento, Deanna no sintió dolor en su cuello y pudo girarlo de un lado a otro por primera vez en nueve meses. Estaba perpleja de lo bien que se sentía. Siguió con sus tratamientos y les atribuyó haber recobrado su vida. Como le dijo al doctor Shiflet: "No creo que algún día entenderé por completo cómo funciona la terapia de láser y los ajustes, pero sé, sin lugar a dudas, que mi calidad de vida ha mejorado más de lo que creí posible. Es un milagro para mí y siempre lo será".

Sanación de una infección pertinaz

La terapia de láser en frío tiene otras aplicaciones. Tomemos el caso de Michelle: en sólo un día, una infección misteriosa y muy agresiva se materializó en la axila derecha de Michelle. La infección era dolorosa y estaba inflamada. En el lugar de la infección, la piel comenzó a ponerse ceniza. Técnicamente, esto significa necrosis o muerte del tejido.

Un cirujano extrajo cantidades excesivas de tejido muerto. En cuestión de días, la infección regresó y el cirujano repitió el procedimiento. Casi con la misma rapidez con que él extraía el tejido muerto, la infección regresaba con más fuerza.

El equipo médico que trataba a Michelle estaba desconcertado, pero no se rendían. Decidieron usar terapia de láser en frío en el lugar de la infección. Michelle recibió este tratamiento a diario por una semana. Para el final de la semana, la infección se había ido y jamás volvió a aparecer. La sanación fue total.

Sanación energética

La sanación energética se basa en el paradigma médico oriental de que todos tenemos una energía de fuerza vital. Si está fuera de equilibrio, nos enfermamos; si está en equilibrio, nos sanamos. Hay muchas técnicas diferentes usadas por los sanadores energéticos para restaurar este equilibrio. He listado algunas en la siguiente tabla.

Sin embargo, no es recomendable reemplazar la medicina tradicional con la sanación energética. Por ejemplo, si mi pulso cardiaco es irregular, debo ver a un cardiólogo. Pero una vez que se aplica la medicina tradicional, puedo buscar un sanador energético para ayudar a acelerar el proceso de sanación.

Métodos de medicina energética		
Tratamiento	**Cómo funciona**	**Cuando considerarlo**
Acupuntura	Agujas minúsculas insertadas en puntos específicos (acupunturales) a lo largo de una red de canales energéticos (meridianos) en el cuerpo. Los meridianos corresponden a órganos o sistemas de órganos específicos.	• Adicciones • Alergias • Artritis • Asma • Dolor de dientes • Fibromialgia • Problemas gastrointestinales • Síndrome de intestino irritable • Migrañas y otros dolores de cabeza • Náusea causada por quimioterapia • Control del dolor • Dolencias respiratorias • Trastornos de la articulación temporomandibular

Métodos de medicina energética		
Tratamiento	**Cómo funciona**	**Cuando considerarlo**
Aromaterapia	Usa el aroma de aceites esenciales de flores, hierbas y árboles para promover la salud y el bienestar. Los aceites pueden ser rociados en el aire, inhalados, o absorbidos a través de la piel por medio de masajes, baños calientes o compresas frías y calientes.	• Alergias • Artritis • Asma • Dolor de espalda • Depresión • Insomnio • Dolores musculares • Estrés
Homeopatía	Una disciplina sanadora fundada en la creencia de que así como una cantidad suficiente grande de una sustancia natural puede producir síntomas, dosis más pequeñas de esa misma sustancia pueden aliviar esos mismos síntomas. Se cree que el remedio promueve las defensas naturales del cuerpo contra cualquier cosa que esté causando la enfermedad. Los homeópatas creen que cuanto más diluido (débil) es un agente, más intenso es su poder sanador.	• Alergias • Dolor muscular retardado • Gripa • Migrañas • Cefalea tensional

Métodos de medicina energética		
Tratamiento	**Cómo funciona**	**Cuando considerarlo**
Terapia de campo magnético	Se colocan imanes sobre o cerca del cuerpo para reducir el dolor y la inflamación y acelerar la sanación. Al parecer, el campo magnético incrementa la circulación, mejora el suministro de oxígeno y extrae el desperdicio de las células del área. Además, se presume que el campo magnético bloquea las señales nerviosas que transmiten los mensajes de dolor al cerebro.	• Artritis • Dolores de cabeza • Dolor en las articulaciones • Dolor de espalda baja • Esguinces • Dolor de dientes
Reiki	El Reiki se basa en la idea de que hay una energía (fuente) universal que apoya las habilidades innatas de sanación del cuerpo. Los practicantes de Reiki colocan sus manos ligeramente sobre o justo por encima de la persona que está recibiendo el tratamiento; se cree que esta técnica mejora tu propia respuesta a la sanación.	• Ansiedad • Depresión • Reducción del dolor
Toque terapéutico	Esta técnica es una variación del antiguo método de sanación conocido como "imposición de manos". Se trata de tocar ligeramente o sostener las manos por encima del cuerpo con el fin de manipular el campo energético.	• Náusea • Dolor • Síndrome premenstrual • Problemas de la tiroides

Acceder a un poder interior

Uno de los métodos de sanación más fáciles de aprender que he conocido se llama Técnica de Liberación Emocional (EFT por sus siglas en inglés). El EFT es una modalidad de sanación energética diseñada para resolver muchos problemas físicos y emocionales, trabajando sencillamente con el cuerpo en ciertos puntos energéticos. Antes de explicar en detalle la técnica EFT, permíteme compartir contigo un testimonio bastante sorprendente de su poder.

Era el año 2008. Michael tenía casi cincuenta años de edad. Tenía una larga historia familiar de enfermedades coronarias, y cada vez que así es, hay un factor de riesgo de que otras personas en la familia desarrollen también enfermedades coronarias. Después de haber sido diagnosticado con colesterol alto a los veintiocho años, le prescribieron fármacos de por vida para bajar el colesterol.

Un día, a las 3:30 de la mañana, Michael se despertó con dolor agudo en el pecho. Le pidió a Dios que no fuera su corazón, y trató de calmarse pensando que seguro era algo mucho más benigno como una indigestión. Se tomó un antiácido de venta libre, esperando que el dolor disminuyera como había sucedido anteriormente, pero siguió igual. Tomó cinco antiácidos más y nada sucedió. El dolor se volvió tan severo que se tomó una tableta de nitroglicerina. El dolor desapareció en minutos, lo cual fue bueno, pero casi se muere del susto, porque la solución al dolor por medio de nitroglicerina era una señal clara de que se trataba de un problema del corazón y no de una indigestión.

Convencido de que estaba teniendo un infarto, Michael se fue de inmediato a urgencias donde el cardiólogo le sugirió una serie de exámenes.

El cardiólogo eventualmente entró a la habitación y le informó a Michael que en definitiva tenía varias oclusiones y requeriría de una angioplastia inmediata. Eran las 9:30 de la noche y su doctor había programado el procedimiento para las 7:30 de la mañana del día siguiente.

Michael le suplicó a su doctor que esperara hasta la siguiente semana y el doctor le informó que podría no seguir vivo si lo posponía. Entonces, aceptó que lo realizara.

El doctor quiropráctico Rick Wren, buen amigo de Michael, lo llamó después que el cardiólogo se fuera. Le hizo prometer que haría algo llamado Técnica de Liberación Emocional tantas veces como pudiera antes de llegar la mañana. El EFT es un tipo de acupuntura psicológica que emplea golpecitos en vez de agujas. Sencillamente, golpeas con las puntas de tus dedos ciertas áreas del cuerpo conocidas como meridianos con el fin de estimularlas. Sí, ya sé, ahora mismo esto puede sonar como puras tonterías, pero sigue leyendo.

Michael repitió el proceso EFT no menos de cincuenta veces antes de la siguiente mañana.

El equipo de la angioplastia vino por Michael cerca de las siete de la mañana. Allí yacía, en la sala de operaciones, sintiéndose abrumado y avergonzado de haberse puesto en esa situación.

Una hora después, terminó el procedimiento y el cardiólogo caminaba entre la gente empujando la camilla de Michael y enseñándole fotografías de sus arterias. Una de las oclusiones había desaparecido por completo. El cardiólogo estaba perplejo y sorprendido. Por supuesto, ¡Michael también lo estaba!

"No logro entender", dijo el cardiólogo. "No puedes salir del hospital hasta que me digas exactamente qué hiciste para que esto ocurriera". Michael le explicó que había hecho EFT.

"No tiene ningún sentido para mí", le respondió el cardiólogo, "pero no puedo discutir con los resultados".

Parece ser que el EFT desbloqueó las arterias de Michael en el transcurso de la noche, si esto no es un ejemplo milagroso de autosanación, ¡entonces no sé qué puede serlo!

¿Cómo funciona exactamente el EFT? Desarrollado en la década de los noventa, el EFT evolucionó de terapias basadas en los meridianos, tales como acupuntura y acupresión. Ambas atribuyen las enfermedades y las disfunciones emocionales a perturbaciones en el campo energético. Se cree que la energía fluye a través de nuestros cuerpos, junto a meridianos o rutas que se conectan entre sí y a nuestros órganos, de forma muy parecida a un circuito eléctrico.

Si estamos bajo cualquier tipo de estrés, ya sea emocional (como ansiedad) o físico (una intolerancia alimenticia), el meridiano de energía que más se afecta, se apaga o se bloquea. Los otros meridianos conectados tratan de compensar con el fin de permitir el flujo de energía. Pero, eventualmente, se sobrecargan y se bloquean. El resultado es dolor u otros síntomas.

Esos problemas a menudo se derivan de emociones negativas almacenadas en el cuerpo. El EFT utiliza golpes suaves en el cuerpo, ya que se cree que esos golpecitos abren centros energéticos para liberar esas emociones. De acuerdo a sus seguidores, el EFT puede ayudar a curar muchas dolencias, incluyendo desórdenes alimenticios, fobias, síndrome de estrés postraumático, dolor crónico, ansiedad y muchas enfermedades físicas graves.

Si te interesa el EFT, es mejor localizar un terapeuta calificado para que te guíe durante el proceso. Aprenderás dónde y cómo dar los golpecitos, y cómo emplear la respiración y las afirmaciones como parte de la terapia.

Masajes

El masaje no es una herramienta terapéutica exactamente nueva. En efecto, es el remedio medicinal más antiguo y natural. No obstante, no fue estudiado científicamente como remedio medicinal hasta hace unos diez años. Lo incluyo aquí, puesto que hay muchas investigaciones "nuevas" que han traído a la luz su reciente poder sanador. Por ejemplo:

Disminuye el dolor de espalda baja

Por desdicha, no existe una panacea que cure el dolor de espalda baja, aunque es un tema popular de debate. Hasta hace poco, leí que una de las mejores formas de ayudar a reducir el dolor es a través del masaje. En un estudio, veinticuatro personas fueron asignadas a recibir masajes o a un grupo de relajación muscular progresiva. Las sesiones eran de media hora, dos veces por semana, durante cinco semanas. El primer y el último día de las cinco semanas, los participantes llenaron cuestionarios, entregaron una muestra de orina y se les examinó el rango de movimiento.

Para el final del estudio, el grupo de masaje, comparado con el grupo de relajación, reportó menos dolor, depresión, ansiedad y mejoría en el sueño. También consiguieron más flexibilidad en su espalda (esto es fascinante, ya que recobrar el funcionamiento apropiado de la espalda no es nada fácil si tienes dolor crónico), y los niveles de serotonina y dopamina (las hormonas que te hacen sentir bien) eran más elevados. Me encanta leer este tipo de resultados: ¡lograr todo esto sin analgésicos!

Acelera la sanación

Si alguna vez has estado hospitalizado, terapias como el masaje pueden ayudar con tu sanación general. La recuperación de una cirugía del corazón es un buen ejemplo. Cualquier persona que haya estado sometida a largos procedimientos o cirugía de corazón está propensa a tener dolor de espalda y de hombros, ansiedad, y tensión muscular después del tratamiento. En un estudio, pacientes que se habían sometido a cirugía de bypass recibieron un masaje o participaron en una relajación (grupo de control). Las personas que recibieron el masaje sintieron significativamente menos dolor, ansiedad y tensión.

Mejora el embarazo

Hay pocos regalos tan preciosos como un buen parto de un bebé sano, razón por la cual quiero traer a colación este estudio. Con frecuencia, por razones desconocidas, las mujeres embarazadas sufren de depresión, sin embargo, las investigaciones han descubierto que el masaje puede ser útil. La razón radica en el hecho de que el masaje reduce el cortisol, una hormona del estrés relacionada con la depresión. Además, las futuras madres que reciben masajes tienden a dar a luz a bebés más sanos, según las investigaciones. Encuentro estos finales felices casi milagrosos.

Veamos algunos casos de milagros en la vida real:

Toque sanador

Mi amigo Jeff Kirstein es masajista licenciado en Plano, Texas. Compartió conmigo la historia del "Señor B", quien buscó la ayuda de Jeff debido a problemas digestivos serios. Unos cuantos años antes, el apéndice del señor B había estallado, literalmente. Esto había causado oclusiones intestinales que debían ser extraídas quirúrgicamente: un tratamiento doloroso y molesto.

Jeff comenzó a tratar al señor B con masaje profundo miofascial en su abdomen y de cuerpo entero. Mientras progresaba la terapia, Jeff descubrió que el señor B también sufría de desorden bipolar. ("Aquí es donde la historia se pone interesante", me dijo Jeff).

El señor B estaba tomando muchos fármacos que lo dejaban agotado y en una constante nebulosa. Entretanto, con el masaje regular, sus problemas digestivos comenzaron a sanar. Al funcionar mejor su digestión, comenzó a necesitar menos fármacos, probablemente porque el masaje incrementa los químicos inherentes del cuerpo que te hacen sentir bien (lo cual es lo que hacen los medicamentos para la salud mental). Bajo la supervisión de su médico, el señor B redujo a la mitad las dosis de sus fármacos; con esto, desaparecieron su niebla mental, cansancio e incapacidad de claridad en el raciocinio. El señor B se siente pleno de nuevo, todo esto con un masaje semanal. Jeff lo resume así: "Creo que nuestros cuerpos están diseñados para sanarse si les proporcionamos lo que necesitan. El señor B con su masaje semanal es un ejemplo perfecto de esto".

Exactamente, ¿cómo funciona el masaje para lograr estos milagros de autosanación? Para empezar, el ritmo hipnótico de cada golpe produce relajación. Como resultado, te sientes más calmado y más relajado. El masaje promueve la circulación de la sangre y linfas, y restaura la salud de músculos, tendones y ligamentos. Entonces, como mencioné, el masaje eleva naturalmente los químicos positivos del cerebro como la serotonina, que te hacen sentir menos estresado y más en paz. En definitiva, hay un factor que calma el cerebro en el masaje.

Formas de masaje

Existen muchos tipos diferentes de masajes. Elige aquel que pueda ayudarte más para tu problema particular.

Masaje	Cómo funciona
Tejido profundo	Esta forma de masaje es efectiva para la relajación total. Utiliza toques lentos, presión directa o fricción aplicada a través de la fibra de los músculos.
Liberación miofascial	El enfoque está en la fascia que envuelve los músculos. Si tienes una herida o inflamación, o has pasado por un trauma físico, la fascia se tensa ocasionando dolor y restringiendo el rango de movimiento. Este masaje te ayuda a relajar la fascia aplicando una presión muy suave en las áreas problemáticas.
Reflexología	Este método masajea los pies para brindar relajamiento, equilibrio y sanación al cuerpo. Trabaja con la teoría de que hay 70,000 terminaciones nerviosas en los pies, que se conectan con el resto del cuerpo a través de la médula espinal. Aplicar presión en esos nervios ayuda a sanar el órgano o la región correspondiente del cuerpo.

Formas de masaje	
Masaje	**Cómo funciona**
Shiatsu	Esta terapia japonesa de "presión con los dedos" funciona estimulando el flujo de energía del cuerpo para promover la salud. Los masajistas de Shiatsu usan sus pulgares, dedos, codos y hasta las rodillas y pies para aplicar presión a lo largo de las líneas energéticas del cuerpo, o sea los meridianos. La meta es estimular la circulación y el flujo del fluido linfático y ayudar a liberar toxinas y tensiones muy arraigadas en los músculos.
Masaje deportivo	Esta forma de masaje preventivo y terapéutico puede ayudar a mejorar la flexibilidad, el rango de movimiento y el desempeño deportivo.
Masaje sueco	Este es la modalidad más común de masaje. Se trata de una combinación de toques básicos que se concentra en los músculos y los tejidos conjuntivos para mejorar la circulación, relajación, alivio del dolor y bienestar general.

En estos primeros cinco capítulos, he ofrecido guía y herramientas sobre la autosanación física. Espero que te haya empoderado para tomar los pasos de acción necesarios. Recuerda que tu cuerpo tiene el poder para lidiar con lesiones y enfermedades. Así como puedes ayudar a tu cuerpo a sanarse físicamente con buena nutrición, descanso apropiado y ejercicio, también puedes aprender a tener acceso a tu poder natural de sanación emocional. Te enseñaré cómo recuperar este aspecto de tu potencial innato de sanación en la siguiente parte del libro.

Segunda parte

AUTOSANACIÓN EMOCIONAL

Cuando te conectas con tu ser interior y exploras tu paisaje interno, logras eliminar los bloqueos que se interponen en tu camino hacia la autosanación. Desbloquear tu ser emocional es más fácil de lo que te imaginas. Te enseñaré algunas formas sencillas para lograrlo y, en el proceso, llevar tu salud a un nuevo nivel mucho más lleno de vida.

CAPÍTULO SEIS

PIENSAS, LUEGO TE SANAS (O NO)

Trata este sencillo experimento: toma un vaso pequeño y llénalo de agua. Enseguida, toma o vacía la mitad del agua. Siéntate y observa el vaso.

Piensa durante un momento en el viejo adagio: el pesimista ve el vaso medio vacío y el optimista lo ve medio lleno. Luego piensa en ti, imagínate que tú eres como ese vaso, y el agua representa tu nivel de salud ¿Estás medio lleno de salud? ¿O medio vacío?

Yo soy una persona medio llena, un optimista, si el término está definido correctamente. El verdadero optimismo no es sinónimo del síndrome de Polyanna. No es imbecilidad ciega, como el borrachito que insiste que está lo "suficiente sobrio" como para conducir a casa. Si eres un verdadero optimista, crees que puedes controlar tu destino, cambiar lo negativo en positivo y encontrarle significado a una mala situación. Los optimistas raramente se dan por vencidos, y debido a esto, por lo general, tienen éxito.

En contraste, los pesimistas se sienten fuera de control. Hay muchas frases comunes que capturan la esencia del pesimismo: "Ver el vaso medio vacío" o "sentir que la tierra se abre bajo tus pies". Ambas frases expresan la creencia de que los problemas persistirán, y no hay solución que valga.

Optimismo y autosanación

Estoy seguro de que ya sabes a dónde quiero llegar con esto: pensar de forma optimista hace que te sientas más sano. Si eres optimista, sientes que puedes tomar las riendas e influenciar en tu salud para bien. Supongamos que un doctor te dice que debes comenzar a perder peso y a hacer ejercicio. El optimista diría: "El doctor tiene razón. He estado consumiendo demasiada comida chatarra. Debo comer más frutas y vegetales, y reducir mis calorías. Puedo empezar a ir al gimnasio por lo menos tres veces por semana".

Las mismas palabras de un doctor podrían llevar a tu mejor amigo pesimista a decir: "Oh, olvídalo. Es demasiado difícil, ¡nunca me mantendré en régimen!". Los pesimistas se sienten impotentes, por lo tanto nunca se sienten motivados a elegir opciones saludables. Los mensajes que se dicen se convierten en profecías negativas que se auto realizan.

Incluso la ciencia nos dice que el optimismo es autosanador. Hace unos cuantos años, psicólogos de Carnegie Mellon University en Pittsburgh siguieron un grupo grande de pacientes de bypass en el corazón y los clasificaron según una escala de optimismo. Descubrieron que los pacientes más optimistas estaban menos propensos a sufrir un infarto durante una cirugía (lo cual puede ocurrir), sufrían menos complicaciones y se recuperaban más rápido.

Considera también el famoso estudio con monjas: científicos leyeron los ensayos autobiográficos de ciento ochenta monjas residentes en los Estados Unidos escritos en la década de los treinta, cuando las mujeres eran jóvenes (el promedio de edad era veintidós años). Encontraron que las monjas que escribían con optimismo sobre sus vidas llegaron a vivir mucho más, un promedio de diez años más que las demás.

Más aún, considera el resultado de un estudio holandés sobre los efectos del optimismo y pesimismo en la salud de las personas de edad, publicado hace varios años en el *Archives of General Psychiatry:* los optimistas tenían un 55% menos de riesgo de muerte debido a cualquier motivo. Un estudio de la Clínica Mayo, conducido a lo largo de un periodo de cuarenta años, también concluyó que los optimistas viven más tiempo que los pesimistas. En el 2008, un estudio de la Duke University, informó que los pacientes cardiacos que se sentían pesimistas respecto a su resultado, estaban dos veces más propensos a morir antes que los optimistas. El pesimismo, para hablar claro, sencillamente no es sano. Una actitud enraizada en la enfermedad puede conllevar a la enfermedad. Puedes considerarte sano o enfermo ¡la elección es tuya!

El poder de un enfoque optimista

¡Sé optimista! De acuerdo con la Clínica Mayo, descubrirás un amplio rango de beneficios de salud, como:

- Bajos índices de enfermedades coronarias y cardiovasculares

- Mayor resistencia a la gripa y otras infecciones

- Un enfoque positivo para el futuro

- Mejores relaciones interpersonales

- Más amigos y relaciones más duraderas

- Menores niveles de estrés

Te presento a tres optimistas autosanadores

Curando lo incurable

El penúltimo año de la preparatoria de Scott fue el año más ocupado de su vida. Estaba tomando clases avanzadas, era entrenador, jugaba varios deportes y participaba en producciones teatrales. Le preocupaba no ser capaz de costearse la universidad y se había impuesto mucha presión para ganar dinero. Todo este estrés y preocupaciones... eventualmente hicieron mella.

Un día, Scott quedó postrado de dolor con cólicos severos abdominales. El dolor era tenaz y no daba tregua. Comenzó a perder peso rápido y a faltar mucho a la escuela. Sus cólicos se volvieron insoportables.

El doctor familiar de Scott lo refirió a un gastroenterólogo que lo diagnosticó con colitis ulcerosa, una enfermedad autoinmune del colon que ocasiona severo dolor abdominal, evacuaciones difícil de controlar y sangrado. Cuando te diagnostican esta enfermedad, supuestamente es de por vida, solo tienes una solución: extraer tu colon.

En el curso de los siguientes seis meses, los síntomas de Scott empeoraron. No respondió bien a tres de los cuatro fármacos convencionales prescritos. Se enfermaba cada vez más, pasando meses en casa, incapaz de consumir sólidos ni asistir a la escuela. No podía salir mucho porque temía estar lejos del baño.

En este punto, Scott había agotado las medicinas tradicionales y lo único que parecía funcionar eran los esteroides. Su médico comenzó a darle esteroides para calmar los síntomas, y eso funcionó. Los síntomas se apaciguaron por varios meses. Pero al cabo de poco tiempo, Scott comenzó a desarrollar otros problemas. Subió veinte libras, sus emociones estaban descontroladas y sentía mucha ira. Ambos son efectos secundarios comunes de los esteroides. Se sentía miserable, y hacía sentir miserables a todas las personas a su alrededor. Pero su médico insistía en que era la única forma de tratarlo.

La vida de Scott se convirtió en un patrón agotador y depresivo, pues nunca estaba bastante bien ni bastante enfermo. Fue cuando se sintió completamente saturado por su tratamiento. Nada había funcionado de verdad en el curso del último año, por el contrario, las cosas estaban empeorando, causando efectos secundarios peores que la misma enfermedad.

Nadie sabe en realidad lo que ocasiona la colitis ulcerosa, y su doctor le aseguró que nada que él hubiera hecho podía haberlo causado, pero con el tiempo, Scott descubrió lo contrario. Cuando decidió salir de esta "amenaza" de su vida, descubrió que la amenaza era él.

Scott comenzó a investigar con intensidad su enfermedad y descubrió que su estrés, la mala dieta y una actitud negativa estaban interponiéndose en su camino para recobrar la salud: todas las cosas que él sentía que estaban bajo su control. "Me extralimité", confesó, "creando más estrés del que mi cuerpo era capaz de soportar. Ese estilo de vida me llevó con rapidez a consumir comidas rápidas y desequilibradas, lo cual se reflejó en mi interior".

Para aliviar su estrés, Scott estudió meditación, relajación y técnicas de respiración, además de sanación energética. Cambió su dieta, se tomó tiempo para descansar y relajarse, llevando una agenda diaria más equilibrada. También dejó la negatividad que lo había estado reprimiendo. Durante el curso de su enfermedad, había llegado a creer que su condición era inalterable: una idea que limitaba su capacidad de sanación. Al poco tiempo, comenzó a cambiar sus pensamientos; dejó de pensar en su enfermedad como "inalterable". Decidió que no existía ninguna afección que él no pudiera transformar en algo mejor.

Al cabo de seis meses, trabajó en liberar sus pensamientos limitantes, abandonó los esteroides, implementó técnicas de meditación y relajación diarias, y cambió su dieta.

Lo que ocurrió fue poderoso y milagroso. Al poco tiempo, Scott estaba libre de su enfermedad, algo que raramente ocurre con la colitis ulcerosa.

"Creo que me voy a sanar"

Iniciando sus veinte años, un médico le dijo a Juan que tenía un tumor maligno creciendo en su esófago. Que si no lo trataba, lo mataría. Se requerían tratamientos agotadores, pero sin promesa de éxito. No obstante, Juan creyó en la habilidad de su cuerpo de sanarse y, lleno de valentía, decidió seguir un tratamiento holístico.

Por fortuna, el médico de Juan compartía sus creencias y apoyó su decisión de comenzar una jornada autosanadora.

Para Juan, esta jornada consistía principalmente en cambiar su estado mental, lo cual fue exactamente lo que hizo. Si se advertía teniendo alguna idea persistente de negativismo o limitación, la apartaba con suavidad y la reemplazaba por una idea motivadora. Aceptó la responsabilidad de su propia sanación, o con más exactitud, adoptó un sistema de creencias optimista que decía: *creo que puedo sanarme.*

No solo cambió su mentalidad, sino que también cambió su estilo de vida y sus hábitos alimenticios. Todo esto era parte de asumir la responsabilidad de su salud.

Juan siguió con determinación su propio "protocolo" durante un año. No estaba recibiendo ningún tratamiento médico convencional, simplemente un cambio en creencias, ideas y estilo de vida. Jamás dudó por un segundo del resultado de sus esfuerzos, y al cabo de un año, el tumor maligno había desaparecido. Hoy en día, Juan es un hombre sano y vibrante de cincuenta y tres años. Él te dirá como me dijo: "El proceso de sanación es lo único que puede regresarle a nuestros cuerpos la salud perfecta. En muchos casos, incluido el mío, es un estado mejor que el que teníamos antes de que nuestra salud se viera afectada".

Juan es prueba viviente de sus propias palabras.

Ella descubrió el verdadero bienestar

Hasta donde ella recordaba, la salud de Brandi había sido siempre precaria. Cuando niña, tenía anemia, y le daban un jarabe negro fortificado con hierro y de un sabor terrible. Siempre estaba muy baja de peso. A los nueve años, le extrajeron las amígdalas, y tuvo una hemorragia abundante porque su anemia no permitía que su sangre coagulara. Cuando Brandi salió de la anestesia general, su pulso escaló a un nivel alarmante antes de regresar a lo normal. Llamaron a su madre de inmediato a la sala de recuperación, pues los integrantes del personal del hospital pensaron que no sobreviviría.

Mientras cursaba la secundaria, sus enfermedades no cesaron. Sufrió de todo lo imaginable: gripa, resfriados, impétigo y síndrome de fatiga crónica. Perdía todos los exámenes físicos que tomaba y no podía ni siquiera hacer un ejercicio abdominal.

Para cuando cumplió los dieciséis, Brandi comenzó a notar grandes masas en su espalda baja. No se podía levantar en la mañana sin sentir rigidez y con intenso dolor. Su madre la llevó a un médico que le tomó una radiografía de la columna vertebral y descubrió que le faltaba una de las vértebras inferiores. Le dijo que no había nada que pudiera hacerse para remediar el problema, excepto tomar medicinas.

Desde una edad temprana, Brandi creyó que estar "enferma" era su estado natural. Al crecer, la mentalidad de víctima se afirmó. Cada vez que consultaba a un médico éste le preguntaba sobre su predisposición genética a las enfermedades, y cada vez que esa pregunta era formulada, Brandi se aferraba un poco más a su sistema de creencias sobre las enfermedades.

Como si las cosas no pudieran empeorarse, a los diecinueve, Brandi fue diagnosticada con cáncer del cuello uterino. A su debido tiempo, fue tratada con el protocolo estándar de cirugía, radiación y quimioterapia. Una vez que terminó todo esto, dijeron que Brandi estaba "en remisión".

Cuando cumplió veintiún años, su vejiga y riñones comenzaron a fallar. Incluso después de procedimientos de diagnóstico dolorosos e invasivos, no se pudo determinar la causa. Sus médicos decían que eran incapaces de encontrar algo "malo". Le recomendaron seguir tomando antiinflamatorios, inhibidores autoinmunes y antibióticos. Emocionalmente estaba exhausta y retraída, incapaz de involucrarse con plenitud en la vida.

Brandi se hallaba en un negro valle de enfermedades, duda y desesperación. Solo podía mirar hacia arriba... a la cima de la montaña, el lugar que nos inspira; y eso fue lo que hizo. Empezó a escalar con lentitud saliendo del valle infernal, buscando salud y sanación.

En vez de escuchar a las personas que solo hablaban de su enfermedad, Brandi acudió a un quiropráctico y escuchó su mensaje.

Aprendió algo profundo, algo que jamás había escuchado: que el cuerpo es una creación autosanadora, con la habilidad innata de sentirse bien. Este conocimiento encendió un interruptor en su mente. En sus propias palabras: "Comencé a rechazar mi aceptación previa de la enfermedad como un estado normal. Mi cuerpo ya no sería un depósito de enfermedades. Tomé la decisión consciente de rechazar los tres estresantes químicos que me estaban manteniendo en un estado constante de enfermedad: antibióticos, analgésicos y medicinas para la digestión".

Con muchas ganas de aprender, Brandi comenzó a asistir a charlas sobre la salud. Descubrió el rol vital que una actitud optimista, y un sistema nervioso en buen funcionamiento, representa en la regulación de la salud y bienestar. Con el tiempo, su salud comenzó a mejorar, aunque gradualmente. "Después de cambiar de actitud, todo lo demás comenzó a mejorar en perfecta armonía", dijo ella. "Comencé a ver la posibilidad de un futuro sano".

Al cumplir veintiocho años, Brandi comenzó a correr como ejercicio. No mucho tiempo después, pudo competir en un ultra maratón en las montañas. A la fecha, ¡ha corrido cuatro medios maratones! Ya no toma ningún fármaco y lleva más de siete años libre de medicamentos. En estos días, viaja alrededor del mundo y les enseña a los demás sobre su potencial de sanación. Ella dice: "Cada mañana, me levanto y me digo: *¿Qué puedo hacer hoy para apoyar y alimentar mi alma?* Cada día espero más de mi salud y más de mí misma. Ya no pienso en la enfermedad como un compañero constante. De hecho, la enfermedad y yo tomamos caminos separados, ¡para siempre!".

¡No dejes que nadie te diga nunca que los milagros no existen!

Tu sistema de creencias es vital porque o crees que fuiste creado para ser sano o crees que fuiste creado para estar enfermo. He tenido pacientes que han creído por muchos años que tener un dolor de cabeza diario y tomar un montón de aspirinas era normal. Más del 80% de los estadounidenses sufren de dolor de espalda baja, ¿es eso también "normal"? Que todo el mundo lo esté padeciendo, ¿lo hace aceptable? Cada vez que hay un virus en una escuela, muchos de los niños son enviados a casa porque pueden contagiarse rápidamente. No obstante, quedan algunos chicos en la misma clase, expuestos a los mismos virus, y sus sistemas inmunológicos funcionan lo suficiente bien para mantenerse sanos. ¿Por qué?

No es tanto cuestión de lo que ocurra en el exterior; más bien, se trata del interior. La creencia en enfermedades puede promover enfermedades, pero la creencia en la salud puede promover la salud.

Piensa bien, siéntete bien

Nadie nace optimista o pesimista. Ambas formas de pensar son aprendidas o desaprendidas. Es posible cambiar de mentalidad, igual que cambias tu ropa. *Puedes* aprender a reemplazar el pesimismo por optimismo. Trata estos pasos, y verás con más frecuencia, que, de hecho, el vaso está medio lleno.

Piensa con intención clara

Leyendo de nuevo las tres historias previas, una cosa salta a mi mente: Scott, Juan y Brandi tenían intenciones muy claras de que deseaban librarse de sus enfermedades. No dejaron que nada bloqueara el camino de esa claridad. Así que, primero que todo, aclara tus deseos. ¿Qué quieres? ¿Una vida más activa? ¿Más energía? ¿Recuperarte de una enfermedad? ¿Mejores hábitos alimenticios? ¿Perder peso?

Tu mente subconsciente es responsable del 95% de tus conductas y respuestas habituales, por lo que vale la pena aclarar tu intención, y establecer esa intención en tu mente como cemento concreto. Comienza a creer que tu cuerpo puede autosanarse, y comenzarás a atraer salud y sanación.

Tener una intención clara también significa estar libre de dudas. Anticipa la buena salud. Cree que ya es tuya, y actúa como si así fuera. Actúa como un optimista. ¡Espera buenas cosas y sueña en grande!

Recomendarte que pretendas ser optimista puede sonar como si te estuviera diciendo que actúes con falsedad. ¡Pero no es así! Cada vez que "actúas como si así fuera", y lo haces de corazón, algo fascinante ocurre. Esa falsedad que sientes se disuelve gradualmente, y el nuevo papel y la actitud que lo acompañan comienzan a ajustarse con la misma comodidad que un par de pantuflas viejas.

Enfócate con optimismo

Obsérvate como una persona sana, activa y vital. Siente las emociones conectadas con un cuerpo sano y libre de dolor. Entrégate con toda tu energía positiva, ¡y siéntete bien al respecto! Hay energía y vibraciones en todas tus emociones y sentimientos. Cada pensamiento que tienes, cuando es combinado con la emoción, se convierte en una vibración y atrae de regreso aquello en lo que te enfocas.

Detecta cualquier pensamiento negativo respecto a ti, a los demás, a lugares o situaciones, y destiérralo de tu mente. Remplázalo de inmediato con un pensamiento positivo. Por ejemplo, si te descubres diciendo: "Este es el peor día de mi vida; jamás saldré de este desastre", debes hacer una pausa y decir: "¡Espera un momento! ¿Realmente es el peor día de mi vida? He tenido días mejores, pero este no es el peor, encontraré una forma de resolver esta situación".

Claro que puedes experimentar momentos de desilusión, pero la persona optimista cambia rápidamente y es capaz de seguir con su vida productiva.

Las personas optimistas saben además que no tienen control sobre lo que está ocurriendo fuera de ellas: en el exterior. Lo único que pueden controlar es su respuesta a lo que esté ocurriendo en el exterior. Te daré un ejemplo de algo que nos ocurrió a mi esposa Alicia y a mí.

Cuando Alicia esperaba a nuestro primer hijo, pasamos por un procedimiento para determinar si el bebé tenía el síndrome de Down. Mientras esperábamos los resultados, nos mostraron una cinta de video para ayudarnos a comprender que si la prueba salía positiva, teníamos la posibilidad de terminar el embarazo. Mi esposa y yo, tratamos por primera vez un tema que nunca habíamos conversado. Nos sentamos y nos preguntamos: *Si resulta que este bebé tiene algún tipo de problema, si llegará a requerir de necesidades especiales, ¿lo amaríamos menos? ¿Desearíamos tener otro bebé? ¿Trataríamos de concebir de nuevo?* No sé si alguna vez has estado en una posición similar, pero, para nosotros, fue un momento decisivo. Reconocimos que el bebé era parte nuestra y sabíamos que un bebé con necesidades especiales sería una bendición. Esa fue la forma en que elegimos responder.

Mientras esperábamos, el doctor regresó y dijo: "Todo está bien. Felicitaciones por el nuevo bebé".

Un secreto de una vida autosanadora es decidir elegir lo positivo. Independiente de la situación, buena o mala, debemos encontrar algo bueno y deshacernos de todo pensamiento negativo. Confía en la expresión "aquí puede haber una bendición escondida", porque para los optimistas, ¡es cierto!

Convierte en acción tus pensamientos

Nuestras acciones hacen que nuestras ideas se conviertan en nuestra conducta. Puedes tener las ideas más grandiosas del mundo, pero si no las pones en acción, te limitas a nunca llegar a convertirte en algo o a lograr algo.

A continuación aprenderás una forma de convertir en acción tus pensamientos:

Toma una hoja de papel y traza una línea a lo largo, en el medio. En la columna de la izquierda, escribe tus tres ideas primordiales, las cosas ideales que deseas atraer, relacionadas con tu profesión, tus relaciones, tu salud, lo que sea que desees.

En la columna de la derecha, haz una lista aparte de todo lo que haces en un periodo de veinticuatro horas. Compara las dos listas. ¿Apoyan tus acciones tus ideas y deseos? Si no, debes cambiar tus acciones.

La primera vez que hice este ejercicio, me di cuenta que no estaba poniendo la suficiente prioridad en mi primer deseo: mejorar mi salud. Para empezar, no estaba haciendo suficiente ejercicio. Así que observé mi día. Mi agenda estaba tan llena que la única forma de hacer ejercicio diario era levantarme más temprano. Ahora hago que mi bienestar físico sea una prioridad, que forme parte de mi rutina de la mañana, todos los días. Al examinar mi lista, también me di cuenta que no estaba poniendo mucha atención a mi consumo nutricional.

Me estaba saltando el desayuno, mi almuerzo era bastante sano, pero la cena no era muy nutritiva, y con frecuencia, cenaba demasiado tarde.

Hora de cambiar. Le di prioridad a mi desayuno, haciendo hincapié en tomar un batido proteínico con todos los nutrientes esenciales que mi cuerpo requería. Enseguida, me aseguré de cenar antes de las seis de la tarde y no comer nada después de esa hora. Esas acciones cambiaron por completo mi forma de ser y de sentirme en lo relacionado a mi salud física.

La lección no es estancarte en la rutina o quejarte ante las vicisitudes de la vida. ¡Haz algunos cambios! La vida adquirirá un nuevo significado cuando la vivas con expectativas positivas.

Nuestras actitudes se van formando, poco a poco, según nuestros pensamientos. Si por alguna razón, sentimos que no podemos estar sanos, felices y prósperos, entonces, es esta actitud la que requiere de un cambio. La actitud *puede* cambiar, así como se formó en primer lugar, cambiando nuestros pensamientos.

Atrévete a cambiar tu forma de pensar. Alinéate con todas las cosas buenas teniendo nuevos pensamientos positivos, tu actitud cambiará, y tu vida también cambiará.

CAPÍTULO SIETE

EMOCIONES QUE SANAN, EMOCIONES QUE PERJUDICAN

De vez en cuando, alguien me pregunta cuál de las historias de sanación es la que más recuerdo, entonces hago un recuento relámpago por mi agenda mental de las miles de personas que se han cruzado en mi camino a lo largo de los años.

Recuerdo una historia reciente: Kara, una pequeña pelirroja llena de chispa, que a sus cuarenta y siete años fue diagnosticada con un tumor cerebral maligno. Sus doctores le ofrecían muy poca esperanza.

"En casi todos los casos, puedes tomar la decisión de reír o llorar", ella decía. "Yo estaba lidiando con algo muy grave, pero me negaba a considerarlo como el fin del mundo. Nunca he sido del tipo que se sienta a llorar, así que me la pasaba riéndome durante el proceso".

Kara se sometió a una cirugía para extraer el tumor. Después tuvo que padecer innumerables tratamientos de radiación en un periodo de diez semanas. A lo largo de todo el proceso, se las arregló para mantener su sentido del humor.

Lo que ocurrió a continuación fue una genuina sorpresa médica: un milagro. Sus doctores cambiaron su pronóstico original. Ahora creían que ella viviría. Y por supuesto, ¡así fue! La risa se había convertido en un remedio infalible.

La risa, la alegría, la esperanza y todas las emociones positivas son sanadoras. En contraste, emociones negativas como la tristeza, la preocupación o la ira hacen exactamente lo opuesto: bloquean las energías sanadoras del cuerpo. Las emociones tienen un efecto muy poderoso en nuestra salud; observemos con mayor detalle la razón de esto.

Nuestras emociones se convierten en química

La correlación entre las emociones y la sanación no es apenas un juego mental o un asunto de semántica. Existe en verdad una relación física entre tus emociones y el sistema nervioso, el sistema endocrinólogo y el sistema inmunológico. Lo que sientes se convierte en química, en biología y en inmunidad en tu cuerpo.

La mayoría de lo que ocurre en tu cuerpo está bajo el control de los *péptidos* y los *receptores*. Cuando te sientes feliz, tu cerebro produce péptidos felices; cuando estás triste, tu cerebro produce péptidos tristes. Los péptidos viajan a las células y entran en ellas a través de receptores similares a umbrales. Una vez dentro, tienen influencia sobre muchas de las acciones de las células. Por ejemplo, pueden hacer que tu rostro se ponga "blanco como una sábana" cuando tienes miedo o "rojo como un tomate" cuando sientes ira o vergüenza. Lo hacen regulando el flujo sanguíneo y enviando señales a los receptores de las paredes de las venas para contraerse o dilatarse.

Cada hora del día, ocurren millones de divisiones de células en tu cuerpo para reemplazar las células viejas que mueren. Si me siento triste apenas por una hora, ya he producido miles de millones de nuevas células más sensibles a los péptidos de la depresión. Todas esas nuevas células están creando un cuerpo más apto para sentir depresión que alegría.

Teniendo en cuenta que tu cuerpo se está rehaciendo de esta forma, ¿no tiene sentido producir más péptidos felices que tristes? ¡Por supuesto que sí! Puedes hacerlo creando la mejor salud emocional posible. Esto puede ser tan sencillo como sonreír o reír más. Estos pensamientos positivos se transforman en emociones positivas, produciendo péptidos más felices, los cuales penetran tus células para mantener a tu cuerpo en un estado de equilibrio emocional.

Se ha escrito e ilustrado mucho acerca del impacto de las emociones en el cuerpo. No es difícil, por ejemplo, notar los efectos de las emociones como frustración, envidia, venganza o miedo en tu bienestar físico. Es probable que puedas recordar un momento de tu propia vida en que la ira o el estrés te hayan ocasionado una enfermedad física. Tu estado mental y emocional influencian de manera significativa la frecuencia en que te enfermas, la rapidez con que te sanas, y en casos extremos, si vives o mueres.

Esto es lo que ocurre cuando tus emociones, como dicen, "se apoderan de ti".

Las disputas

Digamos que inicias una discusión con alguien y estás verdaderamente enojado. Bajo la superficie, están pasando muchas más cosas de las que podrías imaginar. Para comenzar, tu sistema endocrinólogo produce hormonas del estrés en forma masiva, hormonas como la epinedrina, la norepinefrina y el cortisol. Tu presión arterial se eleva repentinamente. Estas respuestas físicas no son prometedoras para tu cuerpo. Y si recuerdas la discusión una semana después —y la revives en tu mente— tu presión arterial se elevará de nuevo, según un estudio publicado en el *International Journal of Psychophysiology. ¡Esa es exactamente la razón por la que debes aprender a liberarte de toda clase de discrepancias y discusiones!*

Los conflictos en las relaciones románticas también son antisanadores. De hecho, si tú y tu cónyuge o pareja riñen con frecuencia, sus cuerpos pueden tomarse hasta el doble de tiempo en sanar. Científicos de la Ohio State University comprobaron esto en un experimento intrigante con parejas casadas. Los investigadores produjeron ampollas en los brazos de las parejas usando un equipo de succión. Luego les pidieron que revivieran disputas particularmente emocionales en su naturaleza. Esta situación ocasionó que las heridas se sanarán un 40% más lentamente que cuando las parejas estaban calmadas y en control de sus emociones. ¿Por qué ocurrió esto? Los investigadores lograron medir las moléculas llamadas citocinas en la sangre. La citocinas provocan inflamación: un proceso que puede retardar la sanación. Las citocinas eran más elevadas en la sangre de las parejas cuando revivían una disputa. Es evidente que cuando estás en un estado emocional negativo constante tu salud puede realmente afectarse.

Reprimir la ira

Con frecuencia nos recomiendan "dejar salir" o desahogar nuestra ira. En otras ocasiones, nos han dicho que debemos "reprimirla" o mantenerla dentro de nosotros. ¿Cual consejo es mejor? En realidad, ambas situaciones pueden interferir con la autosanación. Científicos de Michigan observaron los efectos a largo plazo en la salud al reprimir o desahogar la ira. Reunieron un grupo de mujeres quienes recibieron gritos sin motivo de figuras autoritarias, y luego estudiaron sus reacciones fisiológicas. Las mujeres que reprimían habitualmente la ira eran más propensas a morir de una enfermedad del corazón, un derrame o cáncer. Otras investigaciones observaron que desahogar la ira, incluso durante unos minutos, podía incrementar el riesgo de un infarto o un derrame hasta cinco veces más en las personas de cincuenta años en adelante.

Sin embargo, no tienes que ser mayor de cincuenta años para perjudicar tu corazón. En un estudio realizado en 1998, publicado en la revista *Psychosomatic Medicine,* investigadores de la Universidad de Pittsburgh descubrieron que las mujeres que eran hostiles, reprimían su ira o se sentían ansiosas en público, tenían más gruesas sus arterias carótidas (dos arterias muy grandes del cuello que suministran sangre al cerebro). El engrosamiento de las arterias carótidas es una señal temprana de aterosclerosis, la acumulación de placa en las paredes arteriales.

Todos nos enojamos de vez en cuando; es una reacción natural a una situación, y no siempre perjudica tu cuerpo. No obstante, cuando te enojas con frecuencia, o no lidias con tu ira de forma constructiva, es destructivo para tu salud. Si alguien acuchillara las llantas de mi automóvil, sería natural que yo sintiera ira. Pero si permanezco enojado durante semanas, pensando constantemente en el incidente y sintiendo hostilidad hacia el perpetrador, terminaría perjudicando *mi* salud.

Si albergas resentimientos sin resolver, aprende a reconocer esa conducta e intenta cambiarla a través de técnicas como la relajación, la meditación, o incluso clases para lidiar con la ira. Presta atención adicional si tienes factores de riesgo de enfermedades cardiacas, como inactividad física o colesterol elevado.

Melancolía y tristeza

Cuando cursaba mis estudios médicos a comienzos de la década de los ochenta, no había muchas enfermedades que la medicina relacionara con la depresión, y no nos enseñaron que tratar la depresión podría ayudar a las personas en su sanación. En la actualidad, sabemos que la depresión, no solamente puede agravar una enfermedad existente, sino también incrementar las posibilidades de desarrollar serios problemas de salud, desde ataques al corazón, hasta enfermedades del sistema inmunológico como el lupus y la artritis reumatoide.

No me refiero a la tristeza ocasional causada por una desilusión pasajera. Me refiero a la depresión que perdura más de dos semanas. Del tipo que no te puedes deshacer tan fácilmente, la que sufres de perturbaciones del sueño, entras en una racha de consumo excesivo de comida o bebida o te sientes crónicamente triste. Este tipo de depresión puede empeorar las enfermedades. Clara evidencia de esto lo demuestra un estudio de tres años de la Universidad de Washington con 4,154 pacientes con diabetes tipo II, donde los investigadores descubrieron que las personas que tenían diabetes y también sufrían de depresión tenían tasas de mortalidad significativamente más elevadas que las personas que solo tenían diabetes. Es un descubrimiento aterrador. Me indica que la depresión crónica puede ciertamente interferir con la autosanación. Esta es la razón por la cual la depresión debe ser tratada por medio de terapia, nutrición, quizá medicamentos o técnicas holísticas, con el fin de que pueda llevarse a cabo la autosanación.

¿Sufres de depresión?

La depresión entorpece la autosanación. Si estás deprimido, pregúntale a tu médico cuáles son tus opciones de tratamiento. Es muy posible que el tratamiento apropiado pueda hacerte sentir mejor física y mentalmente. Por supuesto, todo el mundo experimenta momentos breves de melancolía de vez en cuando, en especial durante eventos estresantes. Pero debes considerar ayuda profesional para tu depresión si dura más de dos semanas y se acompaña de algunos de los siguientes síntomas:

- Insomnio, privación del sueño en la madrugada o sueño excesivo

- Sentimientos persistentes de tristeza, vacío, desesperanza, culpa o inutilidad

- Sentimientos de desesperanza y pesimismo

- Pérdida de interés o placer hacia actividades que alguna vez disfrutabas, incluyendo el sexo

- Fatiga y disminución de energía

- Comer en exceso o pérdida del apetito

- Molestias y dolores, dolores de cabeza, cólicos o problemas digestivos que no se alivian con tratamiento

- Dificultad en la concentración, en la memoria o en la toma de decisiones

- Pensamientos de muerte o suicidio

- Nerviosismo o irritabilidad

Fuente: National Institute of Mental Health: **www.nimh.nih.gov.**

Estresado

Siento tener que usar la palabra *estrés* de nuevo, pero el estrés y la ansiedad también debilitan el sistema inmunológico. Las hormonas del estrés se disparan causando insomnio, agotamiento, incremento en la acidez estomacal e irritabilidad. Se ralentiza o suspende el proceso de recuperación y el sistema inmunológico se vuelve perezoso. Además, pierdes un poco la memoria. Tu tensión arterial se dispara, tu ritmo cardiaco se eleva y tu cuerpo inunda tus venas de colesterol. Ocurre una cascada de eventos que conllevan a las enfermedades y a la depresión.

Cuando estás estresado, estás más propenso a atrapar un resfriado o una gripa. Un estudio publicado en el Journal *of Health Psychology* demostró que las personas crónicamente solitarias, disgustadas, tristes o nerviosas, que estaban desempleadas o tenían problemas familiares, eran más propensas a atrapar una gripa que aquellas que tenían empleos seguros y relaciones familiares sólidas.

Sin embargo, la ironía es que un poquito de estrés, por otro lado, puede en realidad estimular tu inmunidad. Tu cuerpo percibe el estrés y fortifica su sistema de defensa para compensarlo, por lo menos temporalmente. Pero el estrés crónico debilita tu resistencia a las infecciones.

Es muy posible que tu respuesta al estrés sea muy diferente a la mía. Lo que para mí podría ser una catástrofe, para ti podría ser una banalidad. Si sientes a menudo estrés o ansiedad, debes tomar las medidas para lidiar con cualquier situación que lo esté provocando: desde un mal empleo hasta una mala relación, para que así el poder autosanador de tu cuerpo pueda operar a su máxima capacidad.

Cuando el estrés se introduce bajo tu piel (literalmente)

Poco tiempo después de una ruptura desgarradora con su prometida de seis años y de perder su hogar, Rocky desarrolló en todo su cuerpo unas abultadas, irritantes y tormentosas manchas rojas. Fue diagnosticado con urticaria y tomó antihistamínicos en la espera de un alivio rápido. Rocky había sido golfista profesional y en esa época estudiaba en la Universidad Parker.

Un ataque de urticaria es por lo general una respuesta corporal a un alérgeno alimenticio o a un fármaco; los agraviantes frecuentes son la soya, los mariscos, la aspirina y la penicilina. El alérgeno provoca que las células debajo de la piel produzcan en masa un químico llamado histamina, el cual provoca la urticaria. Las hormonas del estrés también juegan un papel al dilatar los vasos sanguíneos, lo cual incrementa el fluido sanguíneo en la piel. Algunas veces, el estrés puede provocar urticaria a los pocos minutos de la exposición al alérgeno.

Los antihistamínicos funcionan solo parcialmente. La urticaria desaparece por un día y luego regresa. Así fue la vida de Rocky por casi un año. Un día, se le olvidó llevar sus antihistamínicos a la universidad; y para la hora del almuerzo, su labio superior e inferior estaban muy inflamados y su respiración era dificultosa. Alarmado, Rocky acudió a toda prisa al médico del personal, quien lo atendió y lo envió a su casa.

Como estudiante de quiropráctica, Rocky reconoció que no estaba curando el problema principal, solo enmascarándolo al tratar de aliviar los síntomas. Los problemas persistentes de la piel a menudo tienen causas emocionales. Cuando la urticaria es crónica, como en este caso —presente durante semanas, meses e incluso años— por lo general también existe estrés crónico. Él sabía que no podía seguir tomando antihistamínicos sin trabajar también el estrés en su vida.

Los problemas dermatológicos tienen un componente definitivamente psicológico. Investigadores de la Escuela de Medicina de la Universidad de Pennsylvania descubrieron que una proteína llamada "sustancia P" es secretada por las fibras nerviosas de nuestros órganos en momentos de intensa ansiedad. Esta reacción parece obstruir con glóbulos blancos los diminutos vasos sanguíneos de la piel. El resultado es la inflamación.

Rocky pensaba que su afección tenía sus raíces en algún tipo de problema psicológico. Consultó a un terapeuta entrenado en un procedimiento llamado Técnica Neuroemocional (NET, por sus siglas en inglés), que también se usa para curar problemas físicos o de la conducta ocasionados por asuntos emocionales sin resolver. La terapia identifica bloqueos emocionales a través de pruebas musculares y una entrevista con el paciente. Tan pronto se localiza un bloqueo emocional en el cuerpo (por lo general relacionado con un órgano específico), el terapeuta NET le pide al paciente que se concentre en el problema emocional y coloque una mano en el área del órgano y la otra en la frente. Enseguida, el terapeuta golpea puntos específicos de acupuntura de la médula espinal, usando el borde de la mano o un aparato especial. Se hace de nuevo una prueba muscular para ver si el problema se eliminó o si se requiere más trabajo.

Rocky estaba escéptico al comienzo, pero siguió con su terapia. Poco a poco desaparecieron la coloración, la comezón y las protuberancias. También le ayudó a aprender a relajarse en forma más efectiva.

Rocky no creía que la terapia NET lo había curado. Seguía esperando una nueva erupción, lo cual nunca ocurrió. Actualización reciente: Rocky no ha vuelto a tener urticaria, ni siquiera la más remota sensación de que pueda volver.

"La terapia NET me ayudó a liberarme de la reacción fisiológica de mi cuerpo debido al estrés", dice. "No estoy diciendo que esta técnica puede curar al mundo, pero, ¡cambió mi vida!". Rocky encontró el coraje de actuar y hacer lo correcto: resolver el problema subyacente de su aflicción. La sanación depende en gran parte de tu voluntad de profundizar y desenterrar el dolor emocional que te mantiene enfermo. Pero debes saber algo alentador: la estabilidad emocional puede desarrollarse así como puede desarrollarse la fortaleza física.

Cómo lidiar con tus emociones

La salud emocional es una poderosa sanadora. El punto crucial es: las personas sanas emocionalmente tienden a enfermarse menos y sanar con mayor rapidez que las personas cuyas emociones negativas se apropian de ellas.

Quizá tú piensas que no puedes formar parte del primer grupo, que no puedes evitar alterarte con facilidad, o que no te es posible controlar tus emociones. Estás equivocado. No estás a la merced de tu estado de ánimo. Tienes el poder de controlar tus emociones y de establecer estándares emocionales a través de los cuales vives. A continuación encontrarás algunas técnicas para la mente y el cuerpo que te serán de mucha utilidad.

Controla tu ira

Casi nunca alguien gana una discusión emocional, y con mucha frecuencia, las disputas dañan las relaciones. Si te atrapas en una discusión acalorada e intensa, retírate y encuentra un lugar tranquilo. Respira profunda y lentamente veinte veces. Al mismo tiempo, asegúrate de tener bajo control tus emociones, y de que superarás lo que estás pasando. Estas acciones pueden reducir tu pulso cardiaco y tu presión arterial casi de inmediato. Regresa a la habitación para terminar la conversación. Si no puedes hacerlo, retírate de nuevo.

Detén de raíz las emociones negativas

Cuanto más tiempo permitas que las emociones negativas se apoderen de ti, más tiempo sufrirás, psicológica y físicamente. Puedes sentirte consumido por esas emociones, y aunque lo que sientas es ira hacia alguien más, a quien realmente estás perjudicando es a ti mismo. Te involucras tanto en tu doloroso pasado que no puedes disfrutar de tu presente. Aprende a dejar ir el pasado. Tu pasado no te define, pero sí te prepara.

Reduce tu estrés

Leyendo este consejo, puedes pensar: "No, ¿en serio?, ¡qué novedad!". Pero, debes hacerlo. Si te atormentan los plazos de entrega estrictos, tacha de tu lista algunas cosas por hacer. Practica la respiración profunda para ayudarte a relajarte y a liberarte de preocupaciones. Sigue una técnica de relajación: tensa y relaja cada músculo de tu cuerpo, uno por uno. Esto te ayuda a alcanzar paz y tranquilidad.

Por encima de todo, cambia la forma de ver las cosas para reducir tu estrés. No puedes controlar lo que está ocurriendo a tu alrededor, pero puedes controlar la forma en que reaccionas ante eso. Asume el control de tus pensamientos, de tus emociones y de tu forma de lidiar con los problemas. Quizá debes aprender a decir no con más frecuencia, o a evitar personas que te estresan. Quizá debes ver las cosas desde una nueva perspectiva. En lugar de echar chispas ante una llanta pinchada, pregúntate si realmente vale la pena molestarte por eso. ¿Hay una mejor forma de enfocar tu energía?

En la vida, habrá muchas circunstancias sobre las cuales no tengas control, pero siempre puedes controlar tu reacción. Observar las situaciones estresantes desde una posición más positiva y productiva es una de las diferencias principales entre las personas que se sanan efectivamente y aquellas que no lo hacen.

Vive tu vida con sinceridad y de una manera genuina

¿Tienes alguna herida emocional del pasado que no hayas sanado? Si estás atascado en algún tipo de dolor psicológico del pasado, busca una terapia que te ayude a liberarte. Puedes necesitar aclarar una confusión psicológica, liberarte del miedo, y obtener algún tipo de claridad que te lleve a una sensación de bienestar más sólida. Es cuestión de hacer las paces con el pasado.

Cuando logras hacerlo, sientes la libertad de levantarte cada día como un nuevo comienzo, sin importar lo que te haya pasado ayer. Recuperarás tu habilidad de confiar y amar. Te tomará más tiempo contar tus bendiciones y menos tiempo quejarte de algo que salió mal en tu vida.

"La risa y el buen humor, remedio infalible"

La risa y el buen humor se han considerado un remedio infalible: un ejercicio para el alma. Siento que esto es lo que me ocurre cuando río. Todo mi ser reacciona con sanación ante la risa. Es como si miles de millones de células en mi cuerpo estuvieran haciendo el mejor ejercicio físico.

Y de hecho, lo están haciendo: la risa quema calorías, ya que, cuando te ríes, puedes mover hasta cuatrocientos músculos. Algunos científicos estiman que reírse cien veces es equivalente a hacer quince minutos de ejercicio en una bicicleta estacionaria. Se aceleran los latidos de tu corazón y se incrementa el flujo sanguíneo del cerebro. De igual manera, ayudas a activar la liberación de endorfinas, químicos del bienestar que crean una euforia natural.

En su libro, *Anatomy of an Illness,* Norman Cousins acredita a la risa y el humor como las herramientas que él ha usado para combatir una serie de enfermedades vasculares relacionadas con el colágeno. Descubrió que reírse durante diez minutos le brindaba dos horas de sueño sin dolor.

Numerosos estudios han demostrado que la risa:

- Relaja la tensión muscular
- Reduce la producción de las hormonas que causan el estrés
- Reduce la presión arterial
- Ayuda al cuerpo a permanecer oxigenado
- Aleja la depresión y ayuda a las personas a sanarse emocionalmente
- Proporciona un escape para lidiar con el estrés indeseado

¡Conéctate con el poder sanador de la risa! Mira comedias o programas de televisión, o lee libros o revistas de dibujos animados. Rodéate de personas que te hagan reír a carcajadas. Todas estas acciones aligeran tu vida y promueven la autosanación.

Llora si sientes deseos de llorar

Llorar es sanador. Cuando lloras, liberas emociones negativas a través de tus lágrimas y hay prueba científica de esto. Un estudio, más bien fascinante, observó dos tipos diferentes de lágrimas: las lágrimas verdaderamente emocionales (del tipo que se libera cuando estás triste, deprimido o emocionalmente perturbado); y las lágrimas que brotan cuando pelas cebolla. Cuando se analizaron químicamente las lágrimas emocionales, los científicos descubrieron que estaban saturadas de químicos del estrés. Así que cuando lloras desde el corazón, literalmente, ¡te estás liberando del estrés! Las lágrimas relacionadas con la cebolla no contenían ninguno de estos químicos del estrés; estas lágrimas son apenas una reacción física a los irritantes de la cebolla. El mensaje que debes conservar de este estudio es que las lágrimas sirven como función sanadora al purificar el cuerpo de los químicos tan perjudiciales del estrés, así es que, ¡no reprimas tus lágrimas!

¡Relájate!

Cuando te sientes relajado, te sanas con mayor rapidez. Esto quedó comprobado, en parte, en un estudio conducido por la Escuela de Medicina de la Universidad de Massachusetts y publicado en la revista *Psychosomatic Medicine.* En este estudio, pacientes con psoriasis (una enfermedad crónica de la piel) aprendieron a relajarse. Escucharon cintas de relajación mientras recibían un tratamiento de luz ultravioleta suave, el tratamiento estándar para esta enfermedad. La tasa de sanación de la piel para las personas que escucharon las cintas fue casi ¡cuatro veces más rápida que las personas que solamente usaron el tratamiento ultravioleta!

Busca alguna técnica de relajación. Trata de tomar una clase de yoga, meditación, visualización guiada o respiración profunda. Estas actividades liberan las preocupaciones y aquietan tus nervios. Cuanto más las practiques, menos ansioso estarás.

Cada vez que te sientas tenso, trabaja en identificar qué pensamientos o emociones pueden estar causando esa tensión. Por ejemplo, podrías estar preocupado por algo, enfocado en las cosas malas que están ocurriendo o que podrían ocurrir en una situación particular. Corrige tus pensamientos y deja a un lado cualquier pensamiento o sentimiento que te cree tensión. Libérate de toda duda y cuestionamiento de tu mente. Deslígate de eso. Imagínate que colocas todas tus dudas y cuestionamientos en el interior de un globo que se aleja flotando hacia el cielo, lejos de tu visión. Practica este ejercicio con frecuencia y avanzarás en tu sendero hacia la liberación del estrés y la tensión.

El doctor Albert Schweitzer, el gran filósofo y médico, estaba en lo correcto cuando dijo: "Cada persona lleva en su interior su propio médico..., somos lo mejor que podemos ser cuando le damos la oportunidad de trabajar a este médico que reside en el interior de cada paciente". Y una de las muchas formas que podemos hacer esto es cultivando lo que llamo "el factor confianza", un concepto sanador poderoso que funciona contra los pronósticos más pesimistas. Esta es la siguiente parada en nuestra jornada de autosanación.

❖ ❖ ❖

CAPÍTULO OCHO

EL FACTOR CONFIANZA

Cuando tenía siete años, mi hijo Gianni se cayó de su bicicleta en la acera en frente de nuestra casa. No había señal visible de heridas, pero estaba llorando y se quejaba de que le dolía la rodilla. Le puse una curita de un superhéroe y le di un beso. De inmediato se sintió mejor —el dolor desapareció— solo con el efecto calmante de colocarle esa pequeña banda adhesiva en su rodilla, aunque no había razón médica alguna de que eso lo hiciera sentir mejor.

La expectativa de Gianni de que la curita lo haría sentir mejor fue poderosa. Y este es el tipo de expectativa que vemos en funcionamiento en todos los niveles de sanación. Cuanto más crees que algo te va a beneficiar, y confías en eso, más probable es que experimentes su beneficio. Es el poder de tu creencia y de tus expectativas lo que hace que tu salud mejore.

Todavía nadie ha llegado a comprender la razón de esto. Este "factor confianza" puede activar las capacidades de autosanación del cuerpo o interactuar de alguna manera con los medicamentos o cirugías. Algunos científicos dicen que la confianza de una persona en una terapia hace que el cuerpo produzca endorfinas en grandes cantidades, las cuales actúan como analgésicos naturales. Esto calma el dolor y alivia la molestia. En otras palabras, creer en la sanación puede hacer, literalmente, que ocurra.

Existen tres niveles de confianza: confianza en tu tratamiento, confianza en tu terapeuta y confianza en la habilidad de tu cuerpo para autosanarse. Las repercusiones de cada uno de estos niveles son extremadamente poderosas.

Confianza en tu tratamiento

Si crees que un tratamiento funcionará, tus expectativas positivas harán que este tratamiento sea más efectivo.

Esta es una historia que ilustra a lo que me refiero: La señora Mitchell decidió por ella misma que tenía muy poco que perder al visitar a uno de mis colegas, el quiropráctico Gil Ramirez. Con una manta de lana, que cubría por completo sus piernas, la señora Mitchell entró en su silla de ruedas a su consultorio y anunció: "Quiero que me arregle esto". En ese momento, se quitó la manta revelando sus pies hinchados e inflamados con pus saliendo de sus uñas y sus pies ennegrecidos hasta arriba de los tobillos.

Al ver la pobre condición de esta mujer, Gil le dijo: "Creo que está en el lugar equivocado. Debería estar en un hospital".

Ella miró fijamente a Gil y le respondió: "No, ya estuve en el hospital y no pueden ayudarme. Quieren amputarme".

Luego tomó la mano del doctor Gil y le dijo en un tono de voz un poco más suave: "Yo sé que usted puede ayudarme. Confío en usted".

Gil quedó perplejo. Pensó: *Esta mujer, una completa extraña con gangrena hasta las rodillas, ¡dice que tiene fe en que puedo ayudarla! Pues bien, ¡ella tiene más fe que yo! Pero luego comprendió que ella tenía fe en el tratamiento y no en él.*

Gil y la señora Mitchell continuaron conversando y él trató de disuadirla, pero antes de darse cuenta, ella lo había convencido de que hiciera algo..., y no solo que tratara de ayudarla, ¡sino que la sanara!

Después de un intento corto pero inútil tratando de explicar la filosofía quiropráctica, Gil escribió una carta de exención de responsabilidad indicando que ella insistía en recibir tratamiento, a pesar de sus protestas, y que ella no lo hacía responsable. Gil en verdad no creía que hubiera la más remota posibilidad de que se sanara, pero la señora Mitchell firmó el documento y comenzaron el tratamiento.

Gil le tomó una serie de radiografías desde tres perspectivas diferentes de su cuello y le pidió que se recostara sobre la mesa de tratamiento para su primera sesión. Le recomendó que regresara dos días después para otro ajuste. Así continuaron por aproximadamente un mes.

La señora Mitchell seguía alentando a Gil, mientras él continuaba con el tratamiento, y un día, apareció un poco de piel rosácea donde antes todo era negro. Con el paso del tiempo, mejoraba consistentemente. Después de cinco meses, la señora Mitchell llegó al consultorio del doctor Gil anunciando que se sentía bien y que ya no necesitaba más ajustes.

Su experiencia fue, en palabras de Gil, el encuentro más hermoso con un ser humano. Gil le había entregado todo su conocimiento y comprensión. Por parte de ella, obtuvo su confianza absoluta.

Si una persona confía en que cierto tratamiento la va a ayudar, ya sea quimioterapia o una píldora, es muy probable que así sea, y el caso de la señora Mitchell es prueba contundente de esto.

El mensaje que un terapeuta brinda con su tratamiento también puede afectar la rapidez con que comienza a funcionar. Esta premisa fue estudiada en un grupo de treinta personas que se sometieron a un tratamiento de relajación para ayudar a reducir su presión arterial. La mitad del grupo recibió el mensaje de que su presión comenzaría a descender inmediatamente después de la primera sesión, la otra mitad recibió el mensaje de que la respuesta a su presión arterial comenzaría hasta por lo menos después de la tercera sesión. Los pacientes que esperaban la respuesta inmediata demostraron una reducción siete veces mayor de presión arterial que aquellos que esperaban la respuesta tardía.

Hay un poder increíble de sanación en funcionamiento cuando crees en el tratamiento. ¿Cómo puedes adquirir este tipo de mentalidad? Pues bien, puedes comenzar por investigar varios tratamientos y costos, encontrar un buen especialista, e insistir en recibir las mejores opciones para tu diagnóstico. A continuación, encontrarás algunas preguntas que puedes formular para ayudarte a adquirir confianza en tu tratamiento:

- ¿Cuál es la meta de mi tratamiento?

- ¿Cuáles son mis opciones de tratamientos?

- ¿Qué tan efectivos son?

- ¿Debería considerar tratamientos complementarios?

- ¿Cuál es su experiencia en el uso de este tratamiento?

- ¿Puedo hablar con otros pacientes que hayan recibido este tratamiento?

Las respuestas satisfactorias a estas preguntas te ayudarán a afianzar tu confianza en el tratamiento que estás buscando.

Confianza en tu terapeuta

Uno de mis colegas, el quiropráctico Richard J. Parenti, quedó consternado cuando Cindy, su recepcionista, le dijo que no podía tener hijos. Ella y su esposo habían intentado ser padres durante cuatro años y habían visitado a muchos médicos, incluyendo especialistas en fertilidad. Todos les decían que, aunque no sabían lo que andaba mal, la pareja jamás tendría hijos.

"Desde que puedo recordar, lo que más he anhelado es ser madre y tener muchos bebés", decía Cindy, llena de tristeza. "Veo padres con sus bebés y me pregunto si algún día sentiré el placer de tener mi propio hijo".

El doctor Parenti sospechaba que su problema se derivaba en parte de la creencia en lo que los doctores le habían dicho, y que si ella no creía en su habilidad de concebir, era muy probable que jamás lograran tener hijos.

Unos meses después, el esposo de Cindy llegó a recogerla una noche después del trabajo. El doctor Parenti los persuadió de permitir que les examinara sus columnas vertebrales. Encontró una interferencia nerviosa en la parte baja de la columna de Cindy, el área donde salen los nervios que alimentan a sus ovarios. En su esposo, encontró interferencia en el primer nervio del cuello.

"Estaba bastante seguro de que su interferencia, junto con la creencia de Cindy de que no podían tener hijos, eran las fuentes del problema", me confió el doctor Parenti. "No les dije esto porque no pensé que me creyeran, especialmente teniendo en cuenta que yo era un joven médico recién graduado. Solamente les pedí que me permitieran corregir las interferencias nerviosas que había encontrado".

Cindy y su esposo estuvieron de acuerdo. Tres veces por semana, el doctor Parenti los llevó a una sala de tratamientos y ajustó sus columnas. Al retirar las restricciones (desajustes), él sentía que podía liberar la fuerza del bienestar, dejarla fluir, y proveerle a sus cuerpos la expresión plena de salud.

Un día, Cindy llamó diciendo que no podía ir a trabajar porque se sentía enferma. Dijo que tenía un resfriado. Al día siguiente, llamó de nuevo diciendo que no sabía muy bien qué era lo que le pasaba. Que había comenzado a sentirse mejor a la víspera, pero que luego se había enfermado de nuevo en la mañana. El doctor Parenti le dijo que se hiciera un examen de embarazo casero, y después le dijo por qué pensaba que ella no había podido quedar embarazada antes.

Más tarde, cuando Cindy llamó de nuevo ese día, estaba llorando. "Todos los doctores me habían dicho que jamás tendría una familia", dijo.

"Todos, excepto uno", respondió el doctor Parenti. "Siempre supe que podrías".

"¡Es un milagro!", dijo llorando.

Nueve meses después, Cindy dio a luz a un bebé sano de ocho libras, quien tiene seis años en la actualidad.

Uno de los elementos esenciales en el proceso de sanación es la relación que tienes con tu terapeuta. Debe estar basada en la confianza: una creencia firme de que tu terapeuta es honesto y no te hará daño. Una vez convencido, te sentirás más cómodo confiando en tu terapeuta y pidiéndole consejos. Una relación implica una interacción constante entre dos partes que se respetan mutuamente. En presencia de este lazo afectivo, la sanación tiene más posibilidades de ocurrir.

En contraste, si vas a ver a un terapeuta en quien no confías, tienes menos probabilidades de aceptar sus opiniones sobre lo que debes hacer, y hay menos probabilidades de que creas que te vas a sanar.

Debes llegar a un nivel de confianza, y esto comienza encontrando el terapeuta o médico apropiado para ti, sabiendo que la tecnología es la mejor que existe, y con la sensación de que "esto es bueno para mí". No obstante, encontrar un terapeuta en quien confíes puede ser todo un reto en el confuso mundo de la medicina actual.

La elección del terapeuta

Cada uno de nosotros desea tener el derecho de elegir sus propios médicos, pero la elección está supeditada en gran parte a los planes médicos o a los proveedores de nuestro seguro médico. Deseo sentir que los médicos con los que desarrolle una relación se interesan en mí.

Si tu seguro médico cambia, ¿debes cambiar de médico? Quizá sea buena idea conservar el seguro, pero, ¿optar por una póliza más costosa que te permita más opciones? No se trata solo de una decisión económica. También es emocional, pues confías en un médico que te ha seguido durante un embarazo de alto riesgo, que logró descifrar tus confusos síntomas para darte un diagnóstico, o que te ofreció apoyo moral durante una cirugía de corazón abierto.

¡Imagínate estar en una de estas situaciones y que te obliguen a cambiar de médico en medio de tu tratamiento!

Algunas familias pueden permitirse el costo de seguir con sus médicos, pero muchas otras no pueden darse ese lujo. No tienen el dinero para copagos más elevados o para costear la cobertura de médicos fuera de la red de su póliza. Cuando estás enfermo, lo último por lo que quieres preocuparte es por la cuenta.

Cuando no te sientes bien y vas a ver a un doctor nuevo, también te sientes vulnerable, débil y, en cierta medida, impotente. Te está pasando algo que no puedes controlar. Con frecuencia, tienes que explicar toda la historia de tu vida, cuando preferirías ir donde alguien que hayas visitado los últimos diez años y que ya conoce todo tu historial de salud. Preferirías llegar y decir: "Doctor, aquí estoy y me siento mal". Y que entonces, el doctor te prescribiera un tratamiento efectivo, pues él conoce tu historial médico. Cuando pierdes un médico que realmente te conoce, pierdes recuerdos importantes de tu caso.

Con los cambios catastróficos que están ocurriendo en la industria del cuidado de la salud, es muy probable que en algún punto tengas que buscar nuevos proveedores. ¿Cómo puedes sacarle el mejor provecho a la situación y encontrar terapeutas confiables?

La mayoría encontramos nuestros médicos incidentalmente, y, con suerte, terminamos con un terapeuta en quien confiamos. Si no es el caso, nos culpamos del fracaso por no haber investigado bien como cuando vamos de compras en busca de una televisión o de un automóvil nuevo. También les pedimos recomendaciones a nuestros familiares y amigos, pero ese no siempre es el método más confiable, puesto que con mucha frecuencia juzgamos a los médicos por su buen o mal tacto con los enfermos, más que por sus habilidades de diagnóstico.

También debemos ser ligeramente escépticos ante las referencias de otros médicos. Puede haber un poco de favoritismo al desear favorecer a sus amigos, personas con las mismas afiliaciones hospitalarias o médicos que también les envían pacientes.

Pienso que la mejor fuente de referencia proviene de una persona del mismo gremio. Intenta encontrar una enfermera, un asistente médico o un doctor amigo en quien confíes y que pueda decirte con toda honestidad quién es competente y quién no lo es. Estas personas a menudo son más confiables, porque sienten menos lealtad y han trabajado o han observado a muchos profesionales en acción.

Una vez que tienes una recomendación sólida, ¿qué debes hacer a continuación? Primero, comprueba las credenciales. La certificación oficial es un requisito mínimo en estos días. Más importante que la institución médica donde el doctor cursó sus estudios, es el lugar donde hizo su programa de pasantía como interno residente. Esta información puede con frecuencia verificarse con las instituciones médicas estatales o con las sociedades médicas.

Primera visita a un terapeuta

Una vez que has elegido tentativamente a un médico, pide una cita para una entrevista. Pregunta a los doctores la filosofía de su práctica médica. ¿Cree en la mínima intervención? ¿En el cuidado preventivo? ¿Cuál es su posición respecto a la medicina alternativa? ¿Qué tanto confía en los procedimientos de alta tecnología? ¿Puedes tener acceso fácil al médico en caso de emergencia o en una visita sin cita previa? ¿Está el doctor disponible por teléfono cuando tengas una pregunta o inquietud?

Mi elección es un médico que se mantiene actualizado con los últimos tratamientos, que me preste atención cuando hablo, comprenda mis necesidades y, si la causa del problema no es obvia, busque con tenacidad el diagnóstico. No quiero un médico que trate rápidamente mis síntomas sin suficiente conocimiento de lo que me está ocurriendo.

El entrenamiento y la experiencia también son importantes. Si tuviera un infarto, me gustaría que me viera el mejor cardiólogo. Luego me gustaría visitar a un naturópata, a un quiropráctico y a un médico general que estén abiertos a otras formas de sanación. El verdadero trabajo de sanación y de mantener a los pacientes sanos está en la previsión, y ese es un punto débil de la medicina convencional. Nuestro sistema médico actual está fascinado con "las medidas curativas temporales", pero eso ya no funciona tan bien. Deseamos profesionales médicos que nos enseñen qué hacer para prevenir las enfermedades y a crear nuestras propias medidas de autosanación.

¿Qué tanto apoyo me brindará el doctor? La sanación es más difícil sin un doctor que te apoye. Un doctor comprensivo te alentará a que busques una segunda opinión y apreciará que estés bien informado y te sientas satisfecho. Debes sentir que le importas.

Observa también las señales sutiles del consultorio. ¿Es el perso-nal cariñoso y servicial? ¿Es exhaustivo y completo el primer examen? ¿Te explica el médico lo que está haciendo durante el examen? ¿Te hace preguntas que pueden influenciar tu historial médico, como tu empleo, relaciones, vida familiar o preferencias sexuales?

Descubre cómo se siente el doctor respecto a que busques otra opinión. Los buenos médicos no se sienten amenazados si tú deseas consultar con alguien más, ni tampoco se irritan si haces más pre-guntas acerca de tu condición. Además, te escuchan cuando estás describiendo tus síntomas o haciendo preguntas de tu enfermedad. De hecho, mi médico ideal es alguien que me escucha, me explica mi afección claramente, y valora todos mis síntomas, como el dolor que estoy padeciendo.

Una vez que confías en tus terapeutas, por lo general comienzas a creer en lo que te dicen. Si te explican que algo te hará sentir mejor —y confías en ellos— eso afectará positivamente el resultado. Hubo ocasiones en mi propia práctica en que algunos pacientes estaban perfectamente bien, pero no se sentían así. Les recomendaba vita-minas para lo que ellos imaginaban que era su problema. Todo está en la mente. Mis pacientes las tomaban y debido a su confianza en mí, pueden actuar como placebo. Van a casa sintiéndose positivos y al día siguiente se levantaban sintiéndose bien. También se cree que una relación basada en la confianza entre el terapeuta y el paciente tiene un efecto de placebo positivo en sí misma y puede, en definitiva, mejorar la salud.

Pero no te recomiendo la confianza ciega en tu médico o en cual-quier otro terapeuta. ¿Esta persona está eligiendo el tratamiento co-rrecto para tu afección? ¿Considera que algunas terapias alternativas pueden ser más efectivas? Muchas personas confían en sus médicos o terapeutas pero su efectividad es equivalente al grado de conocimien-to que poseen. Los médicos, como cualquier consejero confiable, no siempre están en lo correcto. A propósito, todas mis recomendacio-nes aplican a cualquier terapeuta: naturópata, quiropráctico, psicólo-go, terapeuta de rehabilitación, etcétera.

A fin de cuentas, elegir un médico es como elegir un amigo o la persona con quien te vas a casar. No puedes esperar la perfección.

Creo que debes empoderarte aprendiendo todo lo posible sobre tu dolencia médica: sus causas, opciones de tratamiento y los índices de discapacidad. Cuanto más aprendas sobre el cuidado de tu salud, mejor será la atención que recibas.

Cómo pedir una segunda (o tercera) opinión

Te sugiero con énfasis que si no tienes suficiente confianza en un médico o, sencillamente, si te sientes inseguro sobre tu diagnóstico o las opciones de tratamiento, obtengas una segunda, e inclusive, una tercera opinión. A continuación, te ofrezco algunas sugerencias para hacerlo:

— *Pide una referencia.* Pídele a tu médico que te recomiende a otro especialista para obtener una segunda opinión. Se trata de ti y de tu vida, ¡no te preocupes por herir los sentimientos de un médico! La mayoría de los doctores aprueban que pidas una segunda opinión, en especial cuando se está considerando una cirugía o un tratamiento a largo plazo.

— *Busca un doctor distinto.* Si no te sientes cómodo pidiéndole a tu doctor una recomendación, contacta a otro médico en quien confíes. Llama a los hospitales y sociedades médicas universitarias en tu área y pide nombres de médicos. Puedes encontrar esta información en el Internet.

— *Habla con tu seguro médico.* Comprueba siempre que tu póliza cubra el costo de una segunda opinión. Muchos lo hacen.

— *Recopila todos tus antecedentes médicos.* El doctor que visites para una segunda opinión necesita toda la información posible sobre tu caso, así que arréglatelas para enviarle tus antecedentes médicos. Esto puede ayudarte a no tener que repetir algún examen y a preparar a tu médico para tu visita. Además, asegúrate de obtener copias para tus archivos.

— Visita al doctor que te va a dar la segunda opinión. Para obtener una segunda opinión competente, el doctor debe hacerte un examen físico y revisar por completo tus antecedentes médicos. Pídele al doctor que envíe un informe escrito a tu doctor principal y obtén una copia para tus archivos.

Confianza en la habilidad de tu cuerpo para autosanarse

Es evidente que el tratamiento y la habilidad del terapeuta son los que parecen movilizar los mecanismos poderosos de autosanación en tu cuerpo, pero hay algo más: realmente debes creer que es posible que te sanes.

Deseo compartir contigo dos historias que ilustran el poder que tiene esta creencia.

De la silla de ruedas a caminar sin ayuda

Joshua era un chico de dieciocho años que practicaba con pasión y audacia el esquí sobre nieve. Una tarde, intentó dar un salto en el Buller Ski Resort, unas pocas horas al noreste de Melbourne, Australia. Joshua se golpeó contra la rampa de lanzamiento congelada y fue lanzado por el aire. Unos momentos después, quedó boca abajo. Cuando estaba en pleno aire, se dio cuenta que no iba a llegar a la siguiente rampa, y justo antes de caer por tierra, se cubrió la cabeza tratando de dar un salto mortal al estilo del ejército para evitar una contusión y destrozarse el cráneo.

En el impacto, su quijada quedó enterrada en su pecho. Cuando rebotó, su cabeza se hizo para atrás con fuerza y su casco golpeó el espacio entre sus omoplatos. Escuchó un sonido masivo, como la descarga muy cercana de una ametralladora. Supo que se había roto el cuello.

Joshua fue transportado vía aérea a un hospital prominente de Melbourne especializado en la columna vertebral. Le comunicaron a sus padres que si sobrevivía, quedaría cuadripléjico. El pronóstico era sombrío.

Un día después que Joshua entrara al hospital, un cirujano le explicó al pie de su lecho, con mucho cuidado y con certeza paternalista, que Joshua tenía que enfrentar la realidad: "Eres un cuadripléjico; nunca volverás a hacer esquí sobre nieve. Vas a pasar el resto de tu vida en una silla de ruedas".

La madre de Joshua lo escuchó de lejos y se enfureció. Le gritó: "Doctor, somos personas positivas. Si no tiene nada positivo que decir, ¡no diga nada! ¿He sido lo suficientemente clara?".

En su búsqueda incansable por una opinión positiva, la madre de Joshua envió los exámenes de resonancia magnética a amigos cercanos de la familia en California. Ellos los enviaron a un cirujano de columna vertebral muy renombrado en el Centro Médico Cedars-Sinai, en Los Ángeles, pero su pronóstico fue el mismo: Joshua jamás volvería a caminar.

Sin inmutarse, su madre veía durante horas videos de Josh montando su motocicleta y haciendo esquí sobre nieve. Le llevó el casco de su motocicleta y el equipo de esquí y los puso todos bajo su nariz para que él pudiera oler el cuero, la tierra y el sudor. Rodeó su cama de fotografías de Joshua practicando deportes extremos. Hizo todo lo posible para evitar que su hijo se ajustara mentalmente a la vida de un cuadripléjico. Su objetivo, y el de Joshua, era visualizar el regreso de todo lo que había sido previamente significativo en su vida.

Animado por la creencia de su madre en la habilidad del cuerpo de sanarse a sí mismo, Joshua se mantuvo visualizando movimientos en sus miembros. Después de aproximadamente una semana de concentración intensa, su arduo trabajo, en combinación con otras terapias, comenzó a producir frutos. Antes de que pasara mucho tiempo, logró mover ligeramente el dedo de su pie izquierdo. Fue un logro emocionante.

Del hospital, Joshua fue transferido al centro de rehabilitación donde se encontró con más negatividad de parte del establecimiento médico. Los fisioterapeutas creían que su labor era ayudarlo a ajustarse a la vida en una silla de ruedas, pero Joshua seguía repitiéndose que podría salir de ese lugar por sus propios medios. Y unos días antes de cumplir diecinueve años, finalmente estuvo listo para ser dado de alta. Hizo rodar su silla de ruedas un poco más de un metro, y luego le puso los frenos. Se levantó sin ayuda, aceptó las muletas que su novia le entregó, y caminó tres metros bajo el sol de Melbourne.

Estos eventos ocurrieron hace diez años. Hoy en día, aunque Joshua cojea —y con la ayuda de una abrazadera en el tobillo derecho y un bastón— monta su Harley, conduce un automóvil y, de vez en cuando, hace esquí sobre nieve. Ante la perplejidad de la institución médica, el examen de resonancia magnética de Joshua sigue indicando que el 90% de su columna vertebral no funciona. Técnicamente, es un cuadripléjico. Joshua afirma que es la creencia en la inteligencia innata de su cuerpo para sanarse lo que lo ha ayudado de forma tan milagrosa.

La creencia férrea de un terapeuta en su autosanación

El doctor quiropráctico Arno Burnier es mi amigo y colega. Un día cálido del verano de 1983, Arno y su esposa, Jane, estaban a punto de dar un paseo en motocicleta cuando decidieron entrar a un parque estatal en Flemington, Nueva Jersey, para que Jane aprendiera a conducir. Puesto que él solía correr en motocicletas de competencia, sabía mucho sobre su funcionamiento. Hacía mucho calor y humedad, por lo que decidieron quitarse sus chaquetas de cuero y sus cascos. Después de todo, ¿qué podía salir mal en un estacionamiento casi vacío?

Jane montó a horcajadas la Kawasaki, y Arno se sentó detrás de ella. Le enseñó cómo funcionaban el acelerador, el embrague, el freno frontal y el freno trasero. Le dijo que acelerara ligeramente, pero antes de darse cuenta, estaban con las llantas delanteras en el aire, mientras ella tenía la mano congelada en el manubrio y Arno era incapaz de alcanzar los frenos. Corrieron como una ráfaga por todo el estacionamiento y esquivaron un automóvil por pocos centímetros. Un choque les hubiera arrancado sus piernas derechas. La motocicleta siguió volando sobre el asfalto hasta que llegó al terraplén de la acera. La rueda trasera golpeó contra el terraplén y salieron volando por el aire. Jane cayó al frente de la motocicleta sobre el prado, y Arno cayó encima de la motocicleta.

Arno enderezó la motocicleta y examinó los daños. Una vez que se apagó el motor, fue rápido a ver si Jane estaba bien. Aparentemente, no tenía ningún daño. Cuando trató de reponerse y regresar donde estaba la motocicleta, Jane gritó: "¡Dios mío, mira tu brazo!".

Arno sintió en ese momento una ráfaga de dolor muy agudo. Su brazo estaba destrozado desde el hombro hasta el codo. La herida era muy grande y estaba llena de arena, tierra y pedazos de goma. Su brazo había actuado como un freno para la llanta trasera. La llanta, en su giro, había dejado una marca en su brazo, llevándose la piel, los tejidos subcutáneos y la capa de grasa. Arno se quedó mirando su brazo totalmente atónito, con los músculos expuestos a la vista.

Lo primero que se le ocurrió fue limpiar de inmediato la herida. Caminó hasta una pequeña colina donde había un diminuto baño en el parque, con la intención de lavar su profunda herida. No obstante, mientras se acercaba a la llave de agua, sintió como todo su sistema nervioso y sus entrañas le advertían que no lo hiciera. Arno no lograba verse lavando la herida. Más bien, escuchó su intuición, se dio la vuelta, y comenzó a subir la colina de regreso.

Pensarías que Arno habría llamado al 911 o por lo menos habría corrido hasta la sala de urgencias más cercana. Pero se trata de alguien que cree con firmeza que el cuerpo tiene la capacidad de sanarse y restaurarse, por lo que decidió dejar que la inteligencia innata de su cuerpo hiciera su propio trabajo de sanación.

Arno vio entonces prueba inmediata de esto. Observó de nuevo la herida y notó que la llaga estaba comenzando a inundarse de una capa espesa de fluido seroso, significando que las células inmunológicas habían acudido de inmediato al área, sellando la herida de lado a lado.

Jane y Arno se subieron de nuevo a la motocicleta y condujeron las treinta millas de regreso a su casa. Al intentar bajarse de la motocicleta, percibieron todo el daño que se habían hecho. Ambos tenían torceduras en la pelvis, lo que probablemente se había ocasionado al levantarse la motocicleta entre sus piernas cuando fueron lanzados por el impacto. El cuello de Jane estaba rígido, y Arno sospechaba un traumatismo cervical lateral. Arno también estaba seguro de haberse fracturado su mandíbula inferior. Ambos se fueron a dormir agotados y conmocionados por el accidente.

Tan pronto comenzó a quedarse dormido, Arno sintió un dolor tan intenso que movió un poco su brazo. El movimiento le proporcionó un poco de alivio, entonces se pasó la noche moviendo su brazo de adelante hacia atrás con movimientos lentos repetidos. El movimiento constante mantuvo el flujo que cubría la herida flexible y suave mientras se secaba durante la noche. A la mañana siguiente, la herida se había sellado.

Arno comenzó a preguntarse: *¿Qué habría ocurrido si hubiera limpiado, lavado y vendado la herida; si luego hubiera tomado una pastilla para dormir, un analgésico y antibióticos? Es posible que hubiera dormido profundamente. Pero estoy seguro de que a la mañana siguiente, al momento de levantarme, el primer movimiento del brazo habría estirado la herida, haciéndola sangrar.*

Puesto que Arno sentía que tenía que mantener su brazo en movimiento, se fue a su consultorio a continuar con sus labores normales. Cortó la manga izquierda de su camisa para mantener la herida expuesta. Apenas si podía caminar, sin embargo, moverse le proporcionaba alivio al dolor de su pelvis. Al ver su brazo, la mayoría de sus pacientes se aterrorizaron. Le dijeron que estaba totalmente loco y que debía ir al hospital a que le aplicaran una inyección antitetánica, le limpiaran la herida y le hicieran un injerto de piel.

Arno me dijo: "En mi mente, estaba en paz, y en verdad deseaba ver lo que mi cuerpo era capaz de hacer. Creía que si mi cuerpo había creado mi brazo desde cero en primer lugar, también podía reparar el daño. La fe y la confianza eran mis aliados".

Pero para entonces, Arno apenas si podía hablar; su mandíbula estaba casi hermética. Durante todo el día, murmuraba a través de su boca.

Dos días después, Arno dictó un seminario que tenía programado en su consultorio, pero todavía le costaba mucho trabajo hablar. Entre las treinta y tantas personas que asistieron a la charla, estaba el presidente del hospital Hamilton de Nueva Jersey. Se acercó a Arno al final de la charla y le dijo: "No pude entender una palabra de lo que dijiste, pero viéndote aquí con tu brazo colgando, tu mandíbula congelada y tu aparente dolor, creo que tú tienes algo que yo quiero". Durante muchos años, a partir de ese momento, Arno se convirtió en el médico personal de este hombre.

La herida continuó secándose y pronto formó una gruesa costra. En un período de meses, la costra comenzó a hacerse más fina y a deshacerse del hombro hacia abajo. Algunas personas le sugirieron que se la quitara, pero él se rehusó.

Luego la parte de arriba de la costra comenzó a colgar grotescamente. Algunas personas le sugirieron que por lo menos cortara parte de la costra que caía, sin embargo, Arno la dejó quieta. Eventualmente, la costra entera se desintegró y se cayó. Se llevó consigo arena, tierra y trozos de goma. Al principio, la capa de piel debajo de la costra lucía fina, rosácea y fea, pero pronto comenzó a mejorar. Hoy en día, Arno no tiene ni siquiera una cicatriz o ningún tipo de decoloración de la piel. Su pelvis también se sanó con el tiempo sin consecuencia alguna.

Sin embargo, a partir del momento del accidente, Arno empezó a tener dolores de cabeza frecuentes debido a la ruptura de su mandíbula. Muchos meses después del accidente, estaba sentado al aire libre leyendo un libro y tomando el sol. Mientras la calidez de los rayos solares daba en su rostro, sintió un chasquido repentino. Su quijada se desplazó por sí sola, realineándose. Los dolores de cabeza desaparecieron y jamás regresaron. Su cuerpo se sanó plenamente por sí mismo y de una forma sorprendente.

Tras estas maravillosas historias de autosanación yace una gran verdad: la creencia genuina es el activo más poderoso que puedes poseer. Busca a tu alrededor, lee y escucha sobre las personas que también tienen historias milagrosas que contar, o que como Joshua o Arno, llevaron a cabo su propio plan de vida sanador.

Cuando crees en tu terapeuta, en tu tratamiento, y en tu propia habilidad autosanadora, nada es imposible.

La última parte del paradigma de la autosanación es la espiritual. La historia nos demuestra que las personas más inspiradoras de nuestros tiempos creían en un fundamento espiritual que les otorgaba la fortaleza, el bienestar, la paz, la alegría y la confianza para lograr grandes hazañas. Encontrar tu fuente espiritual es una manera poderosa de autosanación, y es de lo que hablaremos enseguida.

Tercera parte

AUTOSANACIÓN ESPIRITUAL

Un sistema sólido espiritual de creencias es de gran ventaja para la autosanación. Sin importar la preferencia, la fe en un poder supremo o las prácticas espirituales parecen fortalecer nuestra fuerza sanadora. La oración diaria y la meditación mejoran el contacto consciente con este poder espiritual. Así lo hacen también la creatividad, y la tríada espiritual sanadora: el perdón, la gratitud y el amor.

CAPÍTULO NUEVE

FUERZAS CREATIVAS

Stacy, auxiliar de vuelo de treinta y siete años, ha pasado por todo, es decir, todo tipo de diagnóstico y tratamiento por el que pueda pasar un paciente. Stacy padecía migrañas agudas que trataba solo con analgésicos. Fue a todo tipo de clínicas especializadas en migrañas y dolores de cabeza, a dos o tres clínicas universitarias y a herbolarios. Sus migrañas eran tan terribles que algunas veces quedaba postrada en cama durante veinticuatro horas tratando de dormir hasta que la migraña desapareciera.

Stacy acudió a mi consultorio en principio por la rigidez en su cuello, pero durante el curso del examen, me preguntó tímidamente si había algo que yo pudiera hacer por sus migrañas. Puesto que ella nunca había recibido tratamiento quiropráctico, y debido a que mi examen indicaba que su dolor de cabeza se empeoraba cuando le presionaba la nuca, supe que era muy probable que respondiera positivamente a mis cuidados.

Sufrir de migrañas puede hacer que la vida sea casi insoportable. Por lo general, se sienten punzadas muy dolorosas en uno o ambos lados de la cabeza o incluso alrededor de los ojos. El paciente puede experimentar otros efectos como náusea, vómito y alta sensibilidad al ruido y a la luz brillante. Casi treinta millones de estadounidenses, tres veces más hombres que mujeres, sufren de estos dolorosos ataques, de acuerdo con la National Headache Foundation. Un episodio típico dura cuatro horas, pero puede continuar hasta tres días.

Aunque las migrañas tienden a aparecer en las familias, se desconoce su causa. Sin embargo, hay algunas teorías. Una es una inflamación del cerebro causada por neuronas demasiado activas que estimulan en exceso las venas. Otra teoría es que las migrañas se activan por bajos niveles de serotonina, un químico cerebral que regula la percepción del dolor. Bajos niveles de magnesio en el cerebro también pueden ocasionar migrañas, razón por la cual los pacientes reaccionan bien cuando se prescribe magnesio como suplemento. Además, en las mujeres, las fluctuaciones en los niveles de estrógeno y progesterona parecen ocasionar migrañas.

Pasé una hora formulándole preguntas a Stacy sobre sus migrañas: qué parecía activarlas, con qué frecuencia las tenía, cuánto duraban, dónde comenzaban, cómo progresaban, y si había alguna causa ambiental posible. También hablamos de su vida: sus alegrías y preocupaciones, ya que ambas cosas pueden provocar dolores de cabeza.

Cuando atiendo pacientes que padecen de dolor, les pregunto qué es lo que esperan. La mayoría desea el tratamiento apropiado para hacer desaparecer el dolor, que era lo que Stacy deseaba. Otros desean que su dolor sea menos intenso. Quieren ser capaces de realizar sus actividades diarias como cuidar a sus hijos, trabajar, salir a caminar o hacer planes para el fin de semana.

Por lo general, les explico a los pacientes que si un analgésico en particular le ha funcionado es probable que no haga que el dolor desaparezca del todo, pero puede mejorar la calidad de su vida. Si un médico te prescribe un analgésico, de ordinario, este reducirá la intensidad del dolor en una tercera parte o más, y eso es útil para la mayoría de las personas. Puede ser que tu alivio sea mayor, pero es muy poco usual que el dolor desaparezca por completo.

Sospechaba que uno de los problemas de Stacy era que estaba tomando demasiados fármacos. En muchos casos, los analgésicos hacen que las personas se sientan peor. Irónicamente, si usas analgésicos con frecuencia (incluso analgésicos sin prescripción), experimentarás hasta más dolor crónico. Y conforme más tiempo los uses, más persistirá tu dolor crónico, ya que es muy probable que el dolor crónico se incremente con el uso diario de analgésicos. Se ha comprobado en estudios, que personas que tomaron analgésicos diarios durante seis meses o más, eran veinte veces más propensas a tener migrañas crónicas, casi diez veces más propensas a experimentar otros tipos de dolores de cabeza crónicos, y tres veces y medio más propensas a tener dolor de cuello o dolor de espalda baja. Aun así, se sigue tratando el dolor en su mayoría con píldoras. ¡Es una locura!

Creo que el dolor —incluyendo el dolor de migraña— se trata mejor a través de enfoques múltiples, lo que significa tratar diferentes tipos de tratamiento en conjunto con otros: suplementos nutricionales, técnicas de relajación, ajustes quiroprácticos, masaje y otros. La sanación se trata de mucho más que del tipo de píldora que tomas.

Le sugerí a Stacy que trabajáramos con su médico para ir reduciendo los analgésicos, que continuáramos con los tratamientos quiroprácticos y que intentara algunas de las técnicas para el dolor como relajación y visualización.

Un evento fortuito ocurrió durante ese tiempo, en la forma de una invitación casual de una amiga. Fue la primera de una serie de cambios radicales en la salud de Stacy. Su amiga la había invitado a una tienda donde uno pinta sus propias obras de cerámica, funde piezas en vidrio o aprende a usar el torno de alfarería. Stacy se sentía atraída; descubrió que era muy satisfactorio crear de la nada piezas de cerámica o arcilla. Fascinada, diseñó todos sus regalos de Navidad en ese lugar. Fue cuando algunas piezas que ella había donado a subastas de caridad comenzaron a alcanzar la suma de quinientos dólares que Stacy comprendió que podría estar creando piezas con valor real para la gente.

"La cerámica me hizo recobrar mi cordura", me dijo más tarde. "Distraje mi enfoque del dolor y lo puse en mis obras de cerámica.

Cuando te conectas con tu creatividad de esa forma, puede ser una experiencia plena y sanadora".

Siempre me emociona escuchar las cosas que la ciencia médica hace posible. Éxitos farmacéuticos, equipos médicos de alta tecnología, tratamientos milagrosos para el cáncer que ocupan titulares; y el optimismo se justifica por lo menos de alguna forma. Pero, ¿trabajar con cerámica? Stacy había encontrado por casualidad una cura insólita: el poder sanador de la creatividad.

La creatividad y la autosanación

La noción de que la cerámica había ayudado a Stacy a lidiar con su dolor físico no es tan absurda como podría parecer. La relación entre el arte y la sanación ha existido desde siempre, incluso se ha documentado en la Biblia y en otros textos sagrados. Por ejemplo, en la mayoría de las culturas, a través de la historia, la música, el baile, los tambores rítmicos y el canto han sido parte esencial de los rituales de sanación. En un contexto más moderno, la terapia de arte y música se usa en hospitales y clínicas debido a que los servicios de seguro médico han comprendido que la creatividad es sanadora y mejora la calidad de vida.

Uno de los estudios más fascinantes en esta área, fue patrocinado por el gobierno federal en el 2006 sobre la creatividad y el envejecimiento. Insinúa que participar en programas artísticos podía otorgar beneficios bastante asombrosos en la salud, especialmente con las personas de edad. El estudio fue conducido por científicos en el Center on Aging, Health & Humanities del George Washington University. En el 2002, reclutaron unas trescientas personas de sesenta y cinco a ciento tres años. La mitad participó en programas de arte que incluían canto, redacción creativa, poesía, pintura o fabricación de joyas; y la otra mitad no participó en ningún tipo de actividad artística.

Después de dos años, las personas que estaban en el grupo de arte informaron que se sentían mucho mejor de salud y necesitaban menos visitas médicas que los demás. También sufrieron menos caídas, menos depresión y soledad. El uso de fármacos se incrementó con la edad en ambos grupos, pero el grupo de las artes pasó de usar un promedio de 6.1 a solo 7, mientras que el grupo de control pasó de usar 5.7 a 8.3. El programa de arte también hizo que los participantes se sintieran más independientes y con menos riesgo de requerir atención a largo plazo. Yo diría que esto es bastante sorprendente.

Obviamente, la creatividad nos hace sentir más sanos, pero, ¿cómo?

Neurólogos, no relacionados con este estudio, afirman que la expresión artística estimula el crecimiento de nuevas neuronas: un proceso fascinante llamado *neurogénesis.* No obstante, cuando yo estudiaba medicina en la década de los ochenta, el dogma era que cuando una neurona moría desaparecía para siempre. Pero ahora sabemos que no es cierto. Tu cerebro continúa produciendo nuevas neuronas con las mejoras correspondientes en el desempeño, siempre y cuando te involucres en actividades creativas, hagas ejercicio físico y mental (como crucigramas). Así que no te preocupes: puede ser que hayas matado algunas neuronas el fin de semana pasado, pero se crearán otras, siempre y cuando uses la cabeza literalmente hablando.

La creatividad y el estrés

Cuando tu cuerpo está bajo estrés, evoca el fenómeno llamado *respuesta de ataque o huida,* y se liberan las hormonas de estrés. Esta reacción eleva tu presión arterial, tu ritmo respiratorio, metabolismo y tensión muscular. Si se elevan de forma crónica, estas hormonas pueden anular tu sistema inmunológico, lo cual puede conllevar a problemas de salud y dolor.

Haz algo creativo y romperás el ciclo del estrés. La creatividad aquieta tu mente. Es lo opuesto a la respuesta de ataque o huida. Las investigaciones indican que un estado mental en calma y enfocado alivia el dolor y estimula el sistema inmunológico. Ser creativo también estimula las endorfinas, los analgésicos naturales de tu cuerpo, de la misma forma que el ejercicio. Una vez que comienzas a dejarte fluir, comienzas a desear que esa endorfina entre en tu cuerpo de la misma forma que disfrutas la sensación del ejercicio. En el caso de Stacy, ella sabía que se sentía más relajada y en paz cuando trabajaba con su cerámica. Y mantenerse relajada distrajo la atención de su migraña.

El poder de la expresión creativa

A lo largo de la historia de la humanidad se han usado todas las formas de arte como medios de comunicación: música, drama, arte y danza. A través del arte, puedes aprender a expresar tus emociones de forma que no necesites de palabras. Si por ejemplo le entregas a un paciente de cáncer un lienzo y colores, surgirá una pintura, una pintura que inevitablemente tendrá relación con sus propios sentimientos.

La razón por la cual la terapia del arte se ha convertido en algo tan importante en medicina es que nos permite expresar lo que no podemos, o no queremos expresar verbalmente, por medio de la pintura, la escultura, la escritura o el drama. Nos ayuda a liberar emociones negativas y a llegar al núcleo de la sanación.

Siempre me siento conmovido ante la famosa historia de Alfred Kantor, sobreviviente del holocausto. Él usó el arte como una actividad para aliviar el estrés y las emociones durante su confinamiento en los campos de concentración, y en el proceso dejó uno de los pocos registros visuales de ese horrible período de la historia. Para evitar ser detectado, Kantor dibujaba y pintaba cuando nadie estuviera mirando, sobre todo de noche, y escondía su libro de dibujo bajo el piso. Sus pinturas revelaron los abominables horrores cometidos por los nazis: mujeres desnudas siendo clasificadas en el grupo que vivirían o en el grupo que morirían; cadáveres extraídos de las cámaras de gas y lanzados en camiones; las llamas nocturnas de los hornos crematorios; y depravados agentes de la fuerza especial de policías de los nazis.

Su obra fue publicada en 1971 por McGraw-Hill como *The Book of Alfred Kantor*. Él dijo que su arte lo ayudó a sobrevivir y a lidiar con los horrores inimaginables que experimentó. Creo que la expresión creativa mantuvo vivo su espíritu.

También pienso que la creatividad puede trabajar de forma similar para todos. Un buen ejemplo es la depresión. Cuando estamos deprimidos, tenemos la tendencia a retraernos y nos perdemos en nuestra tristeza. Pero si nos involucramos en alguna actividad artística, nos alejamos de la tristeza y nos enfocamos en una actividad con el potencial de brindarnos placer.

Mientras realizaba investigaciones para este libro, leí un estudio fascinante llamado "Lidiando con la depresión por medio de actividades creativas de bordado". Se trataba de una mujer de edad adulta que había comenzado a bordar y a hacer tapices para aliviar el estrés y superar el duelo. La doctora Frances Reynolds, autora del estudio, observó que las mujeres encontraban que bordar les ayudaba a relajarse, las distraía de la ansiedad, y las hacía creer que habían logrado algo. También dijeron que su autoestima había mejorado y les brindaba una sensación de estar en control en situaciones con frecuencia incontrolables. Otro beneficio fue el desarrollo de nuevas relaciones con otras mujeres que actuaban como sistema de apoyo.

El arte tiene un enorme potencial de sanación y es muy efectivo para tratar traumas. Los terapeutas del arte han tratado a veteranos de guerra con desorden de estrés postraumático, y a víctimas del 11 de septiembre y del huracán Katrina.

Eso no es todo. Investigadores del Thomas Jefferson University en Filadelfia descubrieron que las mujeres con cáncer que trabajaban en escultura o dibujo experimentaban menos dolor, insomnio y estrés general durante su tratamiento. Científicos del Hospital Northwestern Memorial de Chicago descubrieron que la terapia por medio del arte redujo la fatiga y el dolor, y mejoró el apetito de un grupo de cincuenta pacientes de cáncer.

La música también es un poderoso instrumento de sanación, estudiada extensamente por sus beneficios. La terapia musical:

- Reduce la intensidad del dolor en varios tipos de dolor crónico, incluyendo fibromialgia
- Controla el dolor de espalda baja
- Distrae a los pacientes de su dolor y de otros síntomas de enfermedades

- Mejora el estado de ánimo
- Alivia el estrés

Se ha descubierto que uno de los efectos más poderosos de la terapia musical se encuentra en el tratamiento de los pacientes con Alzheimer. Científicos del Dartmouth College descubrieron que una parte del cerebro llamada corteza prefrontal rostromedial respondía a notas específicas en una melodía. Esta parte del cerebro también nos ayuda a recuperar recuerdos y las emociones conectadas con esos recuerdos. Cuando un terapeuta musical ejecuta una canción reconocible para un paciente de Alzheimer, se forja una conexión emocional. El paciente es capaz de recuperar recuerdos, organizar mejor sus ideas y conectarse con el presente. Estudios adicionales sugieren que cuando los pacientes de Alzheimer toman parte en una terapia musical, los niveles de melatonina en la sangre comienzan a incrementarse. La melatonina es un químico calmante del cuerpo. Al incrementarse este químico natural, los pacientes se tornan menos agresivos y nerviosos.

Otra forma poderosa de promover la autosanación es bailar hasta olvidarse de todo. La terapia de baile ayuda a los niños que no pueden expresar verbalmente sus emociones. Es fabulosa para los adultos que deben salir de sus conchas; así como para hombres y mujeres de edad avanzada que se sienten solos, deprimidos o desorientados al hablar. He visto a personas fortalecer sus manos aprendiendo a tocar la guitarra, y a una persona que tenía una pierna más corta, la vi aprendiendo a caminar con gracia después de tomar clases de baile. Hay muchos más milagros sanadores como estos. Los hogares para ancianos, hospitales, clínicas y escuelas para niños con necesidades especiales, incorporan terapia de baile como parte de su terapia establecida.

Mientras disfrutas de la música o del baile, también subes tu autoestima, un aspecto vital en la sanación. Conéctate con tu propia creatividad, y crearás autosanación profunda en tu vida.

Genera grandes ideas:
las cuatro etapas del proceso creativo

En 1926, el psicólogo educativo Graham Wallace estudió casos de científicos e innovadores famosos y descubrió que ellos típicamente seguían cuatro pasos distinguibles en su proceso creativo:

1. *El período de preparación.* Consiste en formular el problema, estudiar trabajos previos al respecto, y reflexionar intensamente sobre el tema.

2. *El periodo de incubación.* Sigue un periodo de germinación donde te alejas del problema y te involucras en algún tipo de actividad no relacionada con el asunto que estás tratando de resolver. ¿Te has dado cuenta que con frecuencia te llegan las ideas cuando estás haciendo algo diferente? Pues bien, esto no es accidental. Cuando sientes mucha presión, es muy difícil realizar tu proceso creativo. En este periodo, no hay trabajo activo del problema; tu subconsciente está trabajando en eso.

3. *El periodo de iluminación.* En este periodo obtienes revelaciones importantes. Con frecuencia, te llega como un destello o una idea repentina que cruza tu mente, a menudo mientras estás haciendo algo distinto.

4. *El período de verificación.* Debes examinar y evaluar tu idea para determinar su validez. Por ejemplo, debes calificar una composición musical o comprobar una fórmula matemática.

Cualquier persona puede aplicar estos pasos. Por ejemplo, investiga en el Internet o pídeles ideas a tus colegas (preparación). Entrégale el problema o el desafío a tu mente subconsciente, "consúltalo con la almohada", toma un descanso, trabaja en labores no relacionadas, o haz algo que estimule tu imaginación y tus emociones (incubación). Cuando menos lo esperes, aparece la idea, el destello de luz (iluminación). Finalmente, sujétalo a críticas, evalúalo, compruébalo, refínalo e impleméntalo (verificación). Si no funciona, repite el proceso.

Encuentra tu escape creativo

Con toda la evidencia que te he presentado de que la creatividad sana, me gustaría que te volvieras más creativo. Sé que puedes estar pensando: *No soy artístico... ni siquiera sé dibujar, cantar... ni bailar. No tengo coordinación ni talento.* Comprendo por qué dices esto, pero no tienes que ser artístico en el sentido tradicional. Recuerdo los dibujos escolares de mis hijos. Eran hermosos. No los hacían para los críticos, sino para ellos mismos.

Los niños expresan su destreza artística desde la primera vez que toman en sus manos un lápiz de color. Pero la mayoría de nosotros perdemos la confianza en nuestra habilidad de crear arte cuando crecemos. Nos han enseñado (de forma equivocada) que tenemos que ser en extremo talentosos para participar en las artes, en vez de sencillamente enfocarnos en el placer personal de expresarnos. Quiero restaurar el "niño" en ti, ¡de forma creativa!

Todos podemos ser creativos. A Stacy le encantaba trabajar la cerámica. Tú puedes tratar de escribir poemas, hacer un álbum de recortes, pintar, coser, tomar clases de baile, participar en obras de teatro, tomar fotografías, cualquier cosa que disfrutes. ¿Quizá te gusta trabajar con tus manos? ¿Por qué no intentas la jardinería o los arreglos de flores? Incluso actividades diarias como cocinar son formas de creatividad. Si te encanta la buena mesa, ¡toma clases de cocina!

Te pido encarecidamente que lo intentes. Una amiga mía, que nunca había tenido un pincel en sus manos, tomó una clase de pintura para principiantes. Estaba pasando por el duelo de haber perdido a su esposo por leucemia y necesitaba un escape para expresarse y una forma de sentir alivio en su depresión. La clase de pintura no solo restauró su salud mental, sino que, de paso, descubrió que era en verdad ¡buena pintora! La hizo sentir viva y con sentido de propósito. Así es que sal de los límites de tu zona de confort; ¡nunca sabes lo que puede ocurrir!

Puedes incluso usar la creatividad para resolver problemas en tu empleo: ¡siempre hay problemas en el trabajo! Usa el proceso creativo para generar nuevas y mejores soluciones, y enfoca todo esto con un marco mental positivo. Confía en mí: descubrirás rápidamente una solución viable.

Creo que el elemento más importante de todo esto es no juzgarte o preocuparte por lo que los demás opinen de tu obra creativa. Estás haciendo esto porque quieres, porque deseas tener una vida autosanadora, no para complacer a otros.

Enciende la llama de tu creatividad

He descubierto que la clave para sentirse más creativo es confiar menos en tu hemisferio izquierdo, el centro de la lógica, y activar tu hemisferio derecho, el centro de las emociones y la creatividad. A continuación encontrarás algunas técnicas que te ayudarán a lograrlo:

— *Escribe.* Si te atrae escribir, siéntate cada mañana y escribe lo que te llegue a la mente. No revises lo que escribes; solo deja que las palabras fluyan. ¿De qué deberías escribir? Te sugiero que si estás lidiando con ansiedad, trauma o depresión (o inclusive con una gran alegría), escribas sobre estas emociones. Liberarás emociones contenidas, incluyendo culpa, tristeza, o ira: emociones que pueden bloquear la habilidad de tu cuerpo para sanarse. Escribir reduce los niveles de cortisol, la hormona del estrés, cuyo exceso puede perjudicar tu sistema inmune, y numerosos estudios han demostrado que escribir reduce la presión arterial.

También es importante darle un giro positivo a tus escritos. Describe los beneficios posibles de tu situación, ya sea algún tipo de sabiduría nueva que has adquirido, una lección importante que has aprendido o algo por lo que te sientes agradecido.

— *Usa tu mano no dominante.* Esta técnica te puede hacer sentir un poco incómodo, pero es altamente recomendada por los expertos en creatividad. Cierra tus ojos, toma un lapicero o un lápiz, y dibuja con tu mano no dominante sobre un pedazo de papel durante varios minutos. Este proceso ayuda a activar el hemisferio derecho de tu cerebro.

— *Sal a caminar.* Einstein, uno de los pensadores creativos más grandiosos de todos los tiempos, solía pasear con frecuencia para encontrar la solución a sus problemas. Y con razón, caminar es un ejercicio suave y meditativo que ayuda a calmar tu hemisferio izquierdo. Además incrementa y promueve el flujo de oxígeno al cerebro, revitalizando las neuronas para un desempeño mental más preciso. Algunos científicos creen que el ejercicio en general activa la liberación de varios químicos del cerebro que estimulan la creatividad.

— *Sueña despierto.* Henry Ford empleó en una ocasión a un experto en eficiencia para evaluar la productividad de su compañía. El informe del experto fue favorable, aunque expresó ciertas dudas sobre un empleado. "Es ese hombre al final del pasillo", anunció el experto. "Cada vez que paso por su oficina, está sentado con los pies sobre el escritorio. Está desperdiciando su dinero".

"Ese hombre", respondió Ford, "tuvo una vez una idea que nos ahorró millones de dólares. En ese momento, creo que sus pies estaban plantados exactamente donde están ahora".

Ya sea que estés tratando de encontrar la forma de resolver un problema en tu empleo, generando una idea nueva para una novela que deseas escribir, relájate, cierra tus ojos y deja que tu mente divague libremente. No juzgues tus pensamientos. Te sorprenderás ante las ideas creativas que llegan a tu mente.

— *Cree en tu poder creativo.* Si tuviera que dejarte un solo consejo, sería este: ¡Cree que eres creativo! Los psicólogos han estudiado las características de las personas creativas: ¿Su conclusión? Su actitud. Las personas creativas simplemente creen que son creativas. Así es que, ¡ten fe en tus capacidades creativas!

¿Qué te encanta hacer? ¿Qué hace que tu espíritu se remonte por los aires? ¿Bailar, cantar, o tocar un instrumento? ¿Qué tal dibujar, pintar, esculpir la madera, comenzar un nuevo negocio o inventar algo? La creatividad tiene muchas formas. Cualquiera que sea la actividad, añádela a tu rutina diaria o semanal. La creatividad eleva tu espíritu, te brinda autosanación y revitaliza tu vida.

Cuando realizaba mis estudios de quiropráctica, mis instructores me decían con frecuencia que muchos de nuestros pacientes vendrían a nosotros, no porque estuvieran enfermos o sintieran dolor, sino porque estaban solos y necesitaban un sitio adónde ir. Descubrí que era cierto. Lo que le hacía falta a la vida de aquellos pacientes era algo que yo llamo la "tríada de la sanación", un trío de sentimientos espirituales que, cuando son restaurados en tu vida, trazan tu camino hacia la flexibilidad, la felicidad, la autoestima y la esperanza. La tríada de la sanación es el tema de nuestro siguiente capítulo.

CAPÍTULO DIEZ

LA TRÍADA DE LA SANACIÓN

He pasado por épocas en mi vida en que me he sentido alegre y feliz, y también he tenido que soportar momentos difíciles y dolorosos. A través de las pérdidas y el sufrimiento, o incluso los triunfos que he logrado, he tratado al máximo de practicar el *perdón,* mostrar *gratitud* y expresar *amor.* Cada una de estas acciones conforma lo que denomino la "tríada de la sanación", un sendero poderoso hacia la autosanación. Cuando estas emociones interconectadas trabajan en tu vida, alivian los problemas que enfrentas, te quitan tus ansias y honran tu salud. Comencemos con el perdón.

El perdón

El perdón es medicinal, y a menos que no lo veas como tal, permitirás que sentimientos de ira, venganza y odio te carcoman y dominen tu vida. Los estudios han demostrado que el resentimiento arraigado puede tener serios efectos en la salud, incluyendo alta presión arterial, enfermedades coronarias y hasta cáncer. Investigaciones de la University of Wisconsin–Madison descubrieron que las personas que albergaban resentimientos tenían más problemas coronarios que las personas que perdonaban.

Las personas que no pueden perdonar también pueden tomarse más tiempo en sanar una enfermedad o herida. Esta respuesta fue demostrada en un estudio conducido por investigadores del Institute of HeartMath en Boulder Creek, California. Les pidieron a los participantes del estudio que pensaran durante cinco minutos en una situación que les provocara odio, frustración y resentimiento. Los niveles de inmunoglobulina A (un anticuerpo que ayuda a combatir infecciones como gripa y resfriados) en sus cuerpos descendieron significativamente como resultado, el efecto duró hasta cinco horas. Cuando se les pidió a los voluntarios que sintieran compasión hacia una persona o situación durante la misma cantidad de tiempo, los niveles de inmunoglobulina A se elevaron.

A todos nos ha ofendido alguien en alguna circunstancia. Quizá tu mejor amigo te robó algo o te mintió sobre algo importante. Es comprensible que sintieras ira, hostilidad y resentimiento. Incluso puedes haber sentido deseos de vengarte. Sin lugar a dudas, esas emociones pueden quedar atrás. Puedes perdonar a esa persona o simplemente alejarte de ella.

Sin excepción, las personas que perdonan sienten menos ira y resentimiento, se sienten más llenas de esperanza y menos ansiosas, y por supuesto, más sanas. Ablandar tu corazón, aunque sea un poco, puede significar una gran diferencia en tu salud.

Un regalo que te haces a ti mismo

La mayoría de la gente no entiende bien el concepto del perdón. Si perdonas a alguien, no significa que tienes que mantener la relación con la persona que te ofendió. Algunas personas son tan malas que pueden no cambiar nunca. Si el acto fue criminal, puedes perdonar, aún así, demanda legalmente a la persona y haz todo lo posible para que pague por su acción. También puedes perdonar a alguien y no volverlo a ver nunca más.

Yo considero el perdón como un regalo que te haces a ti mismo, no algo que haces para los demás. Te ayuda a sanarte, física, emocional y espiritualmente, liberando cualquier dolor, ira y resentimiento que puedas sentir. Y nadie tiene que estar al tanto de tu decisión de perdonar.

Aprende a perdonar. Hace que dejes atrás las experiencias dolorosas para que puedas concentrarte en cosas positivas, un enfoque que puede llevarte a una vida mucho más sana y satisfactoria. El perdón es como salir de una cárcel emocional. Es dejar libres las emociones perjudiciales. Con el perdón, tienes paz mental y sanación en tu vida. El perdón es verdaderamente autosanador.

Gratitud

Descubrirás que la gratitud es una enseñanza fundamental en la mayoría de las religiones y disciplinas espirituales. Desde un punto de vista científico, las investigaciones indican que también tienen beneficios importantes para la salud, incluyendo un sueño más plácido, reducción de las enfermedades y mayor resistencia ante el estrés.

Robert Emmons, profesor y psicólogo de la Universidad de California, ha estudiado extensamente la relación entre la gratitud y la salud mental y física. En el 2003, condujo una serie de estudios donde descubrió que las personas que mantuvieron un diario semanal de gratitud dormían mejor, hacían ejercicio con regularidad y eran más felices comparados con quienes solo registraban sus quejas. Muchos estudios similares han descubierto que la práctica de la gratitud te brinda un sentido más pleno de bienestar en la vida. Las siguientes historias hacen que estos descubrimientos cobren vida.

Volvió a caminar

Era una mañana clara y hermosa de marzo. Morris fue al hangar de su aeroplano, abrió la puerta y preparó su Cessna 172 para un placentero viaje: un viaje que cambiaría su vida para siempre.

Después de verificar con cuidado todos los detalles del vuelo, despegó, dejando abajo tierra firme y elevándose por los aires como un águila. El escenario a sus pies era imponente: ríos y ensenadas, árboles y campos de cultivo, y el vasto océano Atlántico oculto por hermosas barreras de islas.

Después de volar por una hora, Morris se dirigió hacia su hogar. Cuando se preparaba para el aterrizaje, redujo a la velocidad obligada de setenta y cinco millas por hora debido a que la pista de aterrizaje era muy corta. Estaba bastante por encima de los cables de energía y electricidad que todos los aeroplanos evitan en su descenso.

De repente, sin advertencia, su motor perdió potencia. El Cessna comenzó a descender en picada. El avión chocó contra cables de alta tensión y fue lanzado a tierra, chocando primero de cabeza y quedando al revés. Lo último que Morris pudo recordar fue el metal en ruinas que había sido su aeroplano, mientras los paramédicos trabajaban en su cuerpo destrozado.

La ambulancia lo llevó a toda prisa al hospital, justo a tiempo para salvar su vida. Mientras un equipo de médicos se apiñaba sobre él, su familia recibió la terrible noticia.

El cuello de Morris estaba roto en la primera y la segunda vértebra cervical, y su columna vertebral estaba destrozada. Había perdido el reflejo de deglución y no tenía capacidad para comer o beber. Su diafragma estaba gravemente herido por lo que había perdido su capacidad de respirar. Casi todos los huesos en su rostro y en su cráneo estaban rotos. No funcionaban sus intestinos, vejiga ni riñones. Los nervios que controlaban el pulso, la respiración y la presión arterial estaban lesionados. Casi todos los músculos de su cuerpo estaban heridos y no tenía control voluntario de un solo músculo excepto sus párpados. Morris solo podía parpadear. Durante mucho tiempo, fue la única forma de comunicación con el mundo exterior: un parpadeo para decir *sí* y dos para decir *no.*

La única esperanza que los médicos le daban era que un día pudiera sentarse en una silla de ruedas y parpadear.

Un día, Morris se despertó y sus ojos encontraron la luz del sol de la mañana, entonces recordó que, sin importar lo que le estuviera pasando, seguía siendo una bendición estar vivo y ver el sol.

Cada mañana después de eso, Morris comenzaba su día reconociendo la lista de cosas por las cuales sentía gratitud. Agradecía sus bendiciones, aun en medio de su sufrimiento. Era un ritual poderoso y liberador. Lo empoderaba para lidiar y, eventualmente, superar la serie de retos que enfrentaba. Con todo esto en mente, Morris comenzó a formular su plan de sanación. Todos los días le pedía a Dios la fortaleza y el coraje necesarios para la larga y dura batalla. Y en cada ocasión, le agradecía a Dios por haber salvado su vida.

Morris comenzó a intentar respirar por sí mismo. Trabajó en respirar profundamente cientos de veces con un respirador, aunque cada aliento le producía un dolor agudo en extremo. No renunció. Una noche, sus oraciones fueron respondidas. Respiró profundamente trescientas veces y descansó. De repente, respiró por sí solo tres veces. Al cabo de unos meses, Morris logró respirar sin ningún tipo de ayuda. Los doctores descubrieron que había fortalecido lo suficiente los músculos de su estómago para reemplazar la necesidad de su diafragma. ¡Esto no había ocurrido jamás!

Su siguiente meta era hablar. Después de cientos de horas de terapia del habla, Morris finalmente aprendió a decir dos palabras: *no* y *mamá*. Luego dos palabras más y, por último, frases enteras.

Su tercer reto importante era comer por sí solo, sin el uso de una alimentadora. Logró esa meta, con una dicha increíble, sabiendo que por fin era capaz de alimentarse solo.

Su reto final —y el más ambicioso— era caminar. Cuando Morris les informó a sus médicos que tenía planes de salir caminando del hospital, se rieron de él. Lleno de determinación, Morris atacó su terapia como un poseído. Se las arregló para que sus enfermeros lo despertaran a las 5:30 de la mañana y así llegar a la terapia a las 7:30, una hora y media antes de que llegaran los demás. Lo sostenían sobre las barras paralelas y Morris luchaba por levantarse. Día tras día, la batalla se convirtió en acción, y milagrosamente, Morris salió caminando del hospital cinco meses después.

Las investigaciones médicas están comenzando a demostrar lo que ilustra la historia de Morris: un factor clave en la batalla contra los problemas de salud es prestar atención a todo lo bueno en tu vida.

Encontró sentido a su tragedia

Una vez tuve una paciente —la llamaré Lauren— una exitosa mujer de treinta y un años, soltera y ejecutiva de una compañía de la lista Fortune 500. Vivía sola y le gustaba trotar. Un día salió a trotar, regresó a casa y decidió tomar una ducha antes de ir a trabajar. De repente, escuchó un ruido. Un hombre había entrado en su casa y la violó ferozmente en el baño. "No grites o te mato", la amenazó. La rabia repentina en sus ojos convenció a Lauren de que hablaba en serio. Le suplicó que no la matara: "Por favor, por favor, no me mate", se escuchaba diciendo ella misma. "Haré lo que sea". Lauren resolvió hacer lo que fuera para sobrevivir. Separó su mente de su cuerpo. Era como si la violación le estuviera ocurriendo a otra persona, en otro sitio, no a ella.

El hombre se fue. Una vez que se aseguró que se había ido, dio vueltas por su casa llena de estupor, tratando de entender cómo había entrado el atacante y preguntándose qué debía hacer. Sola en el silencio, tomó el teléfono y marcó el 911.

Más tarde, ese día, vino a mi consultorio. Era evidente que algo terrible le había ocurrido. Estaba desaliñada, despeinada y totalmente apesadumbrada. Le pregunté de inmediato: "¿Qué ocurrió?". Rompió en llanto.

"Oh, me siento tan abochornada, tan vulnerable y ultrajada. Siento que no tengo idea de qué hacer, me siento terrible".

A pesar de que ella estaba compartiendo conmigo lo que le había pasado, yo no tenía idea de qué decir. ¿Cómo podría alguien comprender en realidad la tragedia por la que ella había pasado?

Dije pausadamente: "Yo sé que esto tiene que ser una de las cosas más duras que has pasado en tu vida. Pero te prometo que un día, serás capaz de ver esta experiencia desde una perspectiva diferente. Lograrás entender que te permitió crecer a un nivel al que la mayoría de las personas no llegan nunca; tu capacidad de resistencia está siendo probada más allá de los límites normales. Y si superas esto, será uno de tus mayores logros en tu vida".

Lauren me escuchaba y sentí que confiaba en mis palabras

Más tarde, la policía arrestó al violador. Lauren sentía pavor ante la idea de testificar en el juicio, sabiendo que sería interrogada por el abogado de la defensa y tendría que revivir toda la experiencia. Pero logró hacerlo y el violador fue sentenciado a prisión. Lauren pudo respirar de nuevo.

Había sobrevivido el ataque físico. Ahora venía la parte más difícil: confrontar la vida como víctima de una violación. Sin embargo, Lauren, no intentó ocultar lo que le había ocurrido. Para sanarse, fue a sesiones de terapia en grupo de personas que también habían sido violadas. Eventualmente, le pidieron que fuera la líder del grupo. Con el tiempo, se convirtió en defensora nacional y conferencista sobre los derechos de las víctimas. Recuperó su sentido del poder ayudando a los demás. La vi recientemente y me actualizó sobre su vida. Estaba casada y embarazada, pero la jornada había sido muy dura. Durante mucho tiempo, luchó para salir del abatimiento causado por el asalto. No podía tener una cita amorosa. Sentía terror de que un hombre la tocara. Tenía pesadillas horribles.

Pero poco a poco, empezó a encontrar significado en la violación. "Me obligó a evaluar lo que valoro en mi vida. Recordaba sus palabras y eso me seguía inspirando para reconocer que aunque fuera muy difícil, un día sentiría gratitud. Solo quiero decirle que me siento agradecida. La violación me permitió encontrarme y atraer lo que realmente deseaba en mi vida: una relación maravillosa".

Es preciso saber que no crecemos cuando todo está bien. Crecemos ante los problemas. Y a menudo, aunque es difícil, debemos aceptar, acoger y agradecer esos problemas.

La actitud de gratitud

La vida no es siempre como la deseamos. Pero si reflexionas, la vida está llena de bendiciones: libertad, relaciones positivas, oportunidades y muchas cosas que sencillamente damos por sentadas. La próxima vez que te sientas abrumado, frustrado, ansioso o deprimido, detente y evalúa las cosas buenas de tu vida. Luego da las gracias por la naturaleza, tus amigos y familiares, tus dones y talentos y, esperemos, tu buena salud. Permite que estas bendiciones guíen tu felicidad: ellas le dan verdadero significado a tu vida.

Hazlo a diario, en especial cuando estés pasando por épocas difíciles, y te elevarás por encima de toda negatividad. Comienza a contar tus bendiciones a diario. Esta sencilla práctica puede atraer sanación a tu cuerpo y espíritu.

Amor

El doctor en medicina Ricardo Fujikawa llevaba la vida relativamente ordinaria de un joven doctor. Practicaba de día y disfrutaba de su familia los fines de semana cuando renunció a las comodidades de su vida para servir como médico voluntario de huérfanos en Kenia. Muchos bebés en Kenia están infectados con el virus VIH y por esta causa son abandonados por sus padres. La pandemia del sida sigue dejando su huella mortal a lo largo de Kenia y del resto del continente. (Casi treinta millones de africanos son VIH positivos, de acuerdo con la Organización Mundial de la Salud). Ricardo estaba muy al tanto de que lo que iba a experimentar tendría un impacto muy profundo en su vida.

Un día le llevaron una niña para su cuidado. Su familia se había estado ocultando en los matorrales, y su madre era VIH positiva. Hacía un par de semanas que solo alimentaba a su hija con cenizas y agua. La niña estaba al borde de un frágil precipicio entre la vida y la muerte. Estaba abatida por la neumonía y carecía de fuerzas para sentarse recta. Su respiración era superficial y rápida, lo que demostraba que la neumonía había afectado sus pulmones. Irónicamente, el nombre de esta niña significaba en español "piedad".

La necesidad inmediata de la niña era un tratamiento con antibióticos, pero los medicamentos no llegarían por lo menos antes de veinticuatro horas. Ricardo estaba muy preocupado pensando que la niña no pasaría de la noche. Lo único que podía hacer era sostenerla en sus brazos y darle amor. Y eso fue lo que hizo.

Al día siguiente, Ricardo compró antibióticos en la aldea más cercana y se los dio a la niña. Ya había ocurrido un milagro. La niña saltó de los brazos de su madre y se lanzó hacia Ricardo. Una sonrisa irreprimible había reemplazado gran parte de la infección devastadora en su rostro.

Ricardo recuerda: "Esta experiencia me enseñó más que mis seis años en la universidad. Comprendí que la medicina era mucho más que cortar y coser a la gente. No importa qué tan enfermos estén, estos niños son seres humanos, y al igual que todos, merecen amor y compasión; se nutren de eso. A menudo, cuando una vida está destrozada, solo puede ser reconstruida por otro ser humano cariñoso y compasivo".

Cuanto más amor, conexión y relaciones sociales tenemos en nuestras vidas, más sanos estamos. ¿Por qué? Una razón es que nuestro sistema inmunológico mejora. Todos tenemos en nuestros cuerpos las llamadas células destructoras naturales. Son como súper soldados de un ejército poderoso, capaces de engullir invasores sin perjudicarse. Algo sorprendente ocurre con estas células cuando el amor entra en nuestras vidas y la soledad sale por la puerta: estas células destructoras naturales se vuelven más activas.

Es probable que esto explique por qué las redes de apoyo social nos hacen sentir más sanos. Sabemos, por ejemplo, que ciertas enfermedades tienden a ser más comunes en personas sin muchos amigos ni familia cercana: depresión clínica, infarto, presión arterial alta, virus e incluso cáncer. Tener lazos profundos con otros seres humanos ciertamente es una ruta para la autosanación.

Y en cuanto al amor, ¿qué es exactamente? El amor es la aceptación completa e incondicional de nosotros mismos, para que seamos capaces de aceptar completa e incondicionalmente a los demás. Así es como defino al amor en mi vida, y todo el amor comienza en mi interior. Si puedo aceptarme de forma incondicional, tengo la oportunidad de aceptar incondicionalmente a los demás.

Sé que debo sentir amor y amistad hacia los demás para recibir lo mismo. Cuando mi hijo estaba en el primer grado, me dijo: "Papi, nadie quiere ser mi amigo".

Le hice una sencilla pregunta: "Pues bien, cariño, ¿de cuántas personas eres amigo?".

Me miró asombrado: "¿Qué?".

"¿A cuántos niños en tu clase te has tomado el tiempo de conocer y descubrir qué tienen en común contigo? ¿A cuántos niños te les has acercado y les has dicho 'quiero ser tu amigo'? ¿A cuántos?".

"A ninguno".

"Pues bien, ¿qué te hace pensar que ellos quieren hacer eso por ti cuando tú no les has ofrecido primero tu amistad?".

Mi hijo entendió lo que le estaba diciendo: que para tener un amigo, debes ser un amigo. Y antes de que pasara mucho tiempo, se convirtió en el niño más popular y amistoso de su clase.

Sé que el amor puede ser diferente para muchas personas. Sé también que muchos solo piensan en el amor como algo solamente físico. Pero el amor al que me refiero, el amor incondicional, no tiene expectativas. Es un deseo de amar exclusivamente por el placer de amar.

Este es el tipo de amor que encuentras en familias sólidas y unidas, como la siguiente familia.

Amor verdadero y sanador

Benny comenzó a trabajar desde que era adolescente colocando rieles de ferrocarril para la compañía NY Ontario & Western Railroad, lo cual era un trabajo físicamente muy arduo. Era un ejemplar físico verdaderamente extraordinario: fuerte como un buey y brazos musculosos. Lo ascendieron hasta llegar a ser controlador de señales del ferrocarril, operaba su propio vehículo y daba mantenimiento a los cables, subiéndose a los postes de teléfono en todo tipo de clima, y asegurándose de que todas las compuertas de señales funcionaran bien. Ganaba un salario mísero.

Por desdicha, a comienzos de la década de los cuarenta, Benny quedó gravemente afectado con una enfermedad rara e incurable: anemia aplástica, la cual se inicia cuando el cuerpo deja de producir suficientes células sanguíneas nuevas. La anemia aplástica deja a la persona agotada y con un riesgo elevado de infecciones y de sangrado incontrolado. Puede llevar a una muerte rápida.

Benny pasaba los días en el hospital y no pudo trabajar durante casi un año. Sin trabajo, no había salario, y no tenían seguro médico ni bienestar social. Cuando le dijeron que moriría, Frances, la esposa de Benny, comenzó a visitarlo fiel y amorosamente dos veces al día. No tenían automóvil, así que Frances caminaba al hospital al mediodía, regresaba a casa para preparar la cena, y luego caminaba de regreso al hospital en la noche, un total de casi cinco millas diarias. Ella era parte crítica del cuidado de la salud de su esposo en el hospital.

Mientras estuvo en el hospital, Benny requirió de muchas transfusiones sanguíneas, las cuales él no podía pagar, pero sus amigos italianos del ferrocarril vinieron a su rescate en numerosas ocasiones a donar sangre. Benny decía a menudo con sarcasmo que ahora era "mitad italiano".

En las noches, Frances llevaba con ella a su hija de cinco años. Mientras caminaba al hospital, Frances le explicó a la niña: "Los médicos dicen que papi va a morir, pero Dios decide cuando una persona muere, así que nosotros no hablamos así. Los médicos están haciendo todo lo que pueden, y nosotros vamos a rezar".

Muchas noches, los médicos le dijeron a Frances que era muy probable que su esposo no pasara la noche. No obstante, noche tras noche, de alguna manera, sobrevivía. Luego quedó en coma y casi muere. Lo dejaron en una sala especial al lado de la sección de enfermeras. Estuvo en esa habitación durante noventa y seis días. El doctor dijo: "Hemos tratado todo y nada funciona. Va a morir".

Pero Benny vivió. Salió de su coma y una vez que estuvo estable, los doctores lo dejaron ir a casa. Benny y Frances le agradecieron al doctor, pero él admitió: "No fue nada que nosotros hiciéramos". Frances no estaba segura, aunque sospechaba que habían enviado a su esposo a morir en la casa. Pero ella jamás, nunca creyó que moriría.

La sanación de Benny en su casa fue larga y dura. Frances se convirtió en su enfermera, aplicándole dolorosas inyecciones para el hígado y cuidándolo con todo cariño para devolverle la salud con su amor. Pasaron varios meses. El hombre con su impresionante aspecto físico se había deteriorado hasta convertirse en una sombra de sí mismo, pesaba solo cien libras. Necesitaba un bastón para ponerse de pie y caminar. La fe, la amistad, el amor y las oraciones de muchas personas serían la respuesta a su lucha.

Con el tiempo, Benny se recuperó de su enfermedad "incurable" y llevó una vida plena. Vivió hasta los ochenta y cinco años.

Sus médicos dijeron que era un milagro. En verdad fue un milagro, puesto que la anemia aplástica sigue siendo hoy en día una enfermedad incurable.

Creo que había un amor profundo, perdurable e incondicional entre Benny y Frances, y fue un factor enorme en la sanación de Benny. He dicho que las emociones negativas y el estrés crónico pueden tener efectos devastadores en nuestra salud, anular nuestro sistema inmunológico e incrementar la susceptibilidad a infecciones, cáncer, tumores y desórdenes inflamatorios. *Pero el amor cura.* No al estilo de una tarjeta de felicitaciones, sino a un nivel celular que puede, en verdad, ayudar a que nuestros cuerpos se recuperen.

Una razón primordial es que el amor es en gran parte un evento químico del cerebro. Cuando amas, y eres amado, se liberan químicos sanadores. Dos de estos químicos, los denominados químicos del cariño, la vasopresina y la oxitocina, estimulan los lazos afectivos; te incitan a formar parte de una pareja comprometida. Esta reacción, a la vez, produce DHEA, una hormona anti envejecimiento y anti estrés que promueve la reparación celular del cuerpo. La oxitocina también reduce el estrés calmando el sistema nervioso. Además, inunda de oxígeno los tejidos, y al incrementarse la oxigenación, también lo hace la sanación.

Las actividades placenteras —incluyendo enamorarse— liberan más dopamina. La dopamina es un "químico gratificante", que induce el mismo placer que sientes ante la comida, el alcohol o las drogas. La sensación gratificante explica por qué deseas repetir las actividades placenteras... una... y otra vez. Otro químico que puede crear amor intensamente enfocado es la serotonina: un químico que te hace sentir bien y que secreta el cerebro cuando te sientes amado o conectado. El amor, en resumen, es una emoción muy sanadora.

La importancia de un abrazo

Todos los días, mi cuerpo recibe un gran refuerzo de resistencia a las enfermedades. Toda dolencia —física o mental— que trate de afectarme, tiene muy pocas oportunidades de éxito. Todo en mi cuerpo y mi mente se siente en un estado elevado de regeneración.

¿Qué estimula este incremento en mi fortaleza interior? Un abrazo. En este mundo de inteligencia altamente desarrollada y de súper teorías de todo aquello que nos marca, he descubierto que en mi caso, la forma más efectiva de conexión con otra persona se remonta al comienzo de los tiempos. Con frecuencia me preguntan por qué voy por la vida abrazando a la gente como si los conociera de siempre. Pues bien, me crié con una madre colombiana y un padre de ascendencia italiana. ¡Creo que eso lo explica todo! Nos abrazábamos y nos besábamos todo el tiempo. Mis abuelos me abrazaban siempre, al igual que mis tíos y tías. Los abrazos son totalmente naturales e instintivos para mí.

Cuando iba a la universidad, mi mamá me envió una tarjeta del tamaño de la billetera que describía los beneficios de un abrazo: confianza en los demás, sanación, amor, franqueza, comunicación y mucho más. Me lo entregó como recordatorio de que somos una familia que se abraza, y aunque nos separara una gran distancia, yo debería continuar la tradición familiar con mis nuevos amigos.

Su gesto me hizo reconocer que los abrazos no eran solo para mí, porque me hacían sentir bien y conectado con los demás, sino que en realidad el propósito era para hacer que los demás también se sientan conectados.

En estos días, todo el mundo se envía mensajes de texto, correos electrónicos y se llaman por teléfono. ¡El abrazo parece obsoleto igual que la vieja videocasetera! Así es que la tecnología, como nuestro ritmo acelerado de vida, nos han llevado en dirección opuesta al tradicional y beneficioso abrazo. En vez de descubrir una conexión física, emocional y espiritual más intensa, cada día nos retraemos más y más del mundo exterior.

Beneficios de un abrazo

El sencillo acto de abrazarnos logra muchas cosas que quizá nunca has considerado. Por ejemplo, un abrazo:

- Te hace sentir bien

- Disipa la soledad

- Te ayuda a superar el miedo

- Abre las puertas a las emociones

- Aumenta la autoestima

- Fomenta el altruismo

- Desacelera el envejecimiento (las personas que se abrazan permanecen jóvenes más tiempo)

- Ayuda a controlar el apetito (comemos menos cuando nos alimentamos de abrazos y cuando nuestros brazos están ocupados abrazando a los demás)

- Alivia la tensión

- Combate el insomnio

- Mantiene en forma los músculos de brazos y hombros

- Si eres de baja estatura, hace que te estires

- Si eres de alta estatura, hace que te inclines

- Ofrece una perfecta alternativa a la promiscuidad

- Ofrece una alternativa sana y segura al alcohol y al abuso de otras drogas (¡mejor abrazos que drogas!)

- Afirma el ser físico

- Es democrático (¡es apto para todos!)

Mis instrucciones para "dar un abrazo"

Cuando de relaciones se trata, por lo general digo que el primer ejercicio es sonreír, pues una sonrisa brinda la oportunidad de que alguien sienta que eres accesible; que se pueden comunicar contigo. Una vez que te sientes cómodo con esto, llega el momento del abrazo. Puede ser un medio abrazo, un abrazo completo, o un apretón de doble mano. Así que empieza por ahí: una sonrisa, un apretón de manos, dos apretones de manos, un medio abrazo o un abrazo completo.

Un abrazo es un instrumento poderoso. Lleva una relación a un nivel más profundo, pues debes entender que es imposible dar o recibir un abrazo sin un sentimiento de "quiero estar en el espacio de esta persona". Así que una vez que cruzas ese espacio, estás automáticamente conectado de una forma más profunda con ese individuo. Soy el presidente de una universidad, quizá estoy siendo un poco fanfarrón, pero en la actualidad recibo un promedio de ochenta y dos abrazos al día. Por supuesto, al mismo tiempo, estoy entregando la misma cantidad de afecto. Llevo haciendo eso los últimos quince años o más. Y al estar tan cercano a las personas, especialmente a todo tipo de personas, sean o no influyentes o poderosas (para mí, todo el mundo es importante), ¿quién podría entonces negar que quizá mi voluntad de abrazar es mi ejercicio más importante? ¿Quién podría decir que algo que me ha permitido conectarme con tal fuerza con los demás no me ha permitido también lograr el nivel de sanación y éxito que he conseguido?

Asisto a reuniones donde la mayoría de las personas que vienen son educadores de alto nivel, de cincuenta años y más, y soy la única persona en la habitación que ellos abrazan, pero no se abrazan entre sí. Me pasa todo el tiempo. Voy a una fiesta o una reunión donde apenas se estrechan la mano, hombres y mujeres se dan un fuerte apretón de manos, pero yo de inmediato me presto a un abrazo, y el 90% del tiempo la gente responde de igual manera. Muchas veces, solo doy un apretón de manos cuando saludo, pero cuando me despido, me siento bastante cómodo dando un abrazo.

Los abrazos son productivos. Demuestran que hay suficiente humanidad y cariño como para hacer contacto. Estas son cosas que todos deseamos sentir. Nos hacen comprender que no estamos solos en el mundo. Deseamos sentirnos validados. Deseamos sentirnos conectados. Deseamos sentir que las otras personas valoran la razón por la que estamos en el mundo. No importa de quién se trate.

La tríada de la sanación del perdón, la gratitud y el amor nos permiten vivir en el presente. El perdón nos libera de los arrepentimientos pasados profundos y consumidores que agobian nuestra salud. Cuando nos sentimos agradecidos, dejamos de enfocarnos en las cosas que deseamos, lo cual nos abre al amor.

¿Puedes ver cómo estas tres cosas —perdón, gratitud y amor— fluyen juntas de forma natural? Como dice el antiguo proverbio: "No mires el pasado con ira, el futuro con miedo, más bien observa tu alrededor de forma consciente". Cuando llevas el proceso, a menudo caótico, de tu vida a un espacio de calma sanadora, reposas plenamente en cada momento. Traes lo mejor de tu vida al *presente,* sin arrepentimiento por el pasado ni preocupaciones por el futuro. Este es el poder de la tríada de la sanación funcionando en tu vida.

Para la autosanación, es absolutamente vital mantener una práctica espiritual regular en tu vida, ya sea formal o informal, religiosa o no religiosa. La espiritualidad es crítica para el proceso de sanación, y en el siguiente capítulo, conocerás la razón.

❖   ❖   ❖

CAPÍTULO ONCE

EL ESPÍRITU SANADOR

Si se descubriera un nuevo tratamiento de salud que extendiera la calidad y la longevidad de nuestras vidas, previniera el abuso de drogas y alcohol, mejorara el tratamiento para la depresión, redujera el tiempo de recuperación de una cirugía y realzara nuestra sensación de bienestar, ¿no estaríamos todos desesperados por probarlo?

Este tratamiento médico hipotético realmente existe, pero no es un nuevo fármaco, es la espiritualidad. Según mi forma de pensar, la espiritualidad implica quiénes somos en relación con nuestra percepción de la divinidad y cómo encontrar significado en el mundo. La religión, por otro lado, es un grupo de ideas formales que definen la comprensión de la divinidad. También creo que una persona puede ser espiritual sin ser religiosa. Una de las mejores distinciones que he escuchado al respecto es una cita de George Bernard Shaw: "Solamente hay una religión, aunque hay cientos de versiones de la misma".

La sanación está tan ligada a la vida espiritual que los primeros consejeros profesionales de la salud en las culturas antiguas fueron doctores sacerdotes. La sanación ha formado parte de nosotros a lo largo de la historia religiosa. Por ejemplo, la Biblia está llena de historias de curas milagrosas. Durante la Edad Media, los monjes de Europa fundaron muchos de los primeros hospitales, y las místicas usaban yerbas y alimentos medicinales en su ministerio para sanar a la gente. Muchos grupos religiosos participan hoy en día en una tradición activa de sanación, a través de la imposición de manos, de la unción de los enfermos y de las oraciones por la salud.

Algunas personas en las comunidades científicas y médicas han expresado públicamente durante años que la religión y la espiritualidad no tienen importancia, sin embargo, cuando exploré con mayor profundidad las investigaciones empíricas disponibles sobre la relación entre la espiritualidad y la salud, los descubrimientos fueron en su inmensa mayoría positivos, y compartiré aquí gran parte de esto.

La religión, la fe y la espiritualidad representan un papel vital en la salud, en las medidas preventivas, en la superación de las enfermedades y en la calidad del cuidado. Son parte del tratamiento íntegro de la persona: cuerpo, mente y, sí, inclusive el espíritu.

La ciencia detrás de la sanación espiritual

Montones de estudios que abarcan las últimas décadas revelan que si tienes algún tipo de disciplina espiritual en tu vida, desde asistencia a servicios religiosos hasta la oración y la meditación, por lo general, tienes una mejor salud. Aquí vemos algunos ejemplos de la literatura científica:

Las personas que asisten regularmente al templo, tienen un 25% de reducción en mortandad —es decir, viven más tiempo— que las personas que no asisten a templos. Las personas que oran tienden a enfermarse menos.

Los beneficios de una práctica espiritual regular en la salud son tan profundos que los científicos han estudiado las diferencias de salud entre creyentes y no creyentes. Los encefalogramas revelan que la meditación y la oración pueden cambiar la actividad cerebral y mejorar la respuesta inmunológica; otros estudios han demostrado que también pueden reducir la frecuencia cardiaca y la presión arterial, los cuales reducen la respuesta del cuerpo al estrés.

Los pacientes hospitalizados que nunca asistían a templos permanecían más tiempo (hasta tres veces más) en promedio que los que asistían regularmente a templos. Los pacientes de corazón que habían tenido cirugías eran menos propensos a sufrir de complicaciones si estaban involucrados en algún tipo de práctica religiosa habitual.

¿Cuál es el punto en común aquí? Algún tipo de práctica espiritual conlleva a un estilo de vida más sano y a una vida más sana. Y no se trata de que sea una práctica o un proceso espiritual específico, sino un enfoque espiritual en general. Descubrimientos como estos me han convencido de que hay un poder sanador en la espiritualidad.

Espiritualidad y salud mental

La espiritualidad mejora nuestra salud mental, y la cantidad de pruebas es asombrosa. Para empezar, según las estadísticas, hay menos suicidios entre las personas religiosas. Un estudio descubrió que los no devotos eran cuatro veces más propensos a suicidarse que los devotos.

¿Cuál podría ser la razón? Por un lado, varias investigaciones enfatizan que las personas religiosas piensan que el suicidio es malo, creen en una responsabilidad moral con Dios y que si se suicidan, pueden quedar condenadas por la eternidad.

La religión también representa un papel en la disminución de otras conductas autodestructivas como el abuso de las drogas. Las personas creyentes tienden a consumir menos alcohol, fumar menos y a no abusar de las drogas. Como dato interesante, una encuesta nacional de 14,000 adolescentes descubrió que los adolescentes conservadores devotos eran menos propensos a usar alcohol y drogas. Yo diría, en el caso de los adolescentes, que viven en una sociedad con una tasa elevada de abuso de drogas, ¡que la religión, después de todo, no es tan mala!

Aún más: no solo la religión previene la conducta autodestructiva, sino que además promueve experiencias positivas de vida como buenos matrimonios, relaciones de familias unidas y bienestar personal. Así es que si te sientes espiritualmente conectado y pleno, serás más feliz en casi todas las áreas de tu vida: matrimonio, familia, profesión y más. Hay mucho poder en la fe y en la espiritualidad: un poder autosanador.

El poder de la oración

A los sesenta y tres años, James comenzó a sentir un leve dolor en el pecho. Tenía la esperanza de que si lo ignoraba, su "molestia" desaparecería. Después de seis meses de negación, y alentado por su esposa, James se hizo un examen.

Los médicos le dijeron que tenía un tipo de "insuficiencia coronaria", pero no estaban seguros de qué se trataba. Exámenes adicionales revelaron que su colesterol, presión arterial y peso estaban bien. Una tomografía computarizada del tórax reveló que no había nada concluyente. Pero el dolor persistía.

Entonces, un especialista en arterias coronarias sugirió una serie de diagnósticos, incluyendo una prueba de esfuerzo con talio. Le aplicaron una inyección intravenosa con una solución ligeramente radiactiva de talio y luego lo pusieron a trotar en la máquina corredora estática. Solo le tomó diez minutos a toda velocidad para que su pulso cardiaco se elevara al nivel requerido: estaba en perfecta forma física. Luego, James se acostó sobre su espalda mientras una cámara especial fotografiaba su corazón para determinar cómo se llenaban las diferentes cavidades.

El examen reveló que su insuficiencia cardiaca estaba en el ventrículo izquierdo, particularmente la arteria izquierda descendente anterior del ventrículo izquierdo. Esta arteria izquierda descendente anterior, también llamada "fabricante de viudas" debido a que su total bloqueo, sin excepción, da como resultado un infarto fatal, tenía una deformación de 90°. En apariencia, su problema era congénito. Los doctores le dijeron que si no hubiera sido por su excelente salud, era muy probable que hubiera muerto a sus cincuenta y tantos años.

El siguiente paso era instalar un stent para eliminar el potencial bloqueo de la arteria izquierda descendente anterior. El stent mantiene abierta la arteria para que pueda fluir la sangre. No obstante, en el caso de James, durante el procedimiento se descubrió que el ángulo de su arteria izquierda descendente anterior era tan extremo que la expansión del stent podría causar una ruptura en la arteria. El procedimiento fue abortado. Pero el fabricante potencial de viudas seguía acechando.

El siguiente paso era una cirugía de bypass coronario. Con anestesia general, y el apoyo de una máquina cardiaca y respiratoria, le abrieron por completo las costillas usando un "espaciador vertebral" para tener acceso a su arteria izquierda descendente anterior. Enseguida, el cirujano usó su arteria mamaria para realizar el bypass de la arteria izquierda descendente anterior.

Después de la cirugía, James continuó su régimen regular de ejercicio diario, suplementos de alimentos integrales y ajustes semanales. Todo iba bien hasta que seis meses después, durante un juego de golf, James se sintió muy cansado y débil.

Fue a urgencias y descubrió que tenía neumonía; el doctor le ordenó una tomografía computarizada. Fue cuando descubrió una infiltración de sangre en el tórax —en la "pleura", o bolsa donde se encuentran los pulmones— debido a una complicación de la cirugía. El doctor le explicó que aunque la infiltración era minúscula, "tarde o temprano, una llave goteando puede llenar la tina del baño".

James pasó los siguientes cinco meses tratando de recuperarse con métodos naturales. Luego tuvo neumonía por segunda vez. No podía dar ni cincuenta pasos y perdió su capacidad respiratoria. Fue a la Cleveland Clinic en busca de ayuda.

Los médicos diagnosticaron el problema como "derrame de la pleura loculado": una masa fibrótica. La masa ocupaba el 35% de su pulmón izquierdo.

Los médicos, tanto de la Cleveland Clinic como de Brigham and Women's Hospital en Boston, recomendaron extraer la masa, aunque no había garantía de que el procedimiento resolviera sus problemas respiratorios.

Durante todo el tiempo que llevaba con sus problemas médicos, James y Donna, quien había sido su esposa durante cuarenta y cuatro años, les pidieron a todos sus amigos y familiares del país que rezaran por él.

Mientras tanto, James había aceptado que un cirujano del Brigham and Women's Hospital le extrajera la masa. Antes de la cirugía, James pasó las fiestas navideñas en los amorosos brazos de su esposa y de sus cuatro hijos adultos con sus cónyuges. Todos oraron en familia y continuaron pidiendo apoyo de oraciones de parte de sus amigos en todo el país.

Para cuando llegó el Año Nuevo, James ya había disfrutado de unos cuantos meses de descanso, ejercicio suave, suplementos de alimentos integrales a diario y ajustes semanales. James se sentía muy bien. Su cardiólogo le sugirió que se hiciera otra tomografía computarizada antes de programar la cirugía, y así lo hizo.

Los resultados de la tomografía revelaron que la masa se había reducido por sí sola a menos del 10%, aunque la tomografía previa había registrado el 35%. El cirujano echó otro vistazo a la tomografía y anunció que no había razón para una cirugía. De alguna manera, el cuerpo de James había reabsorbido la mayoría de la masa: un fenómeno muy raro de acuerdo con el cirujano, teniendo en cuenta que este tipo de masa particular es de material fibroso.

James y Donna rompieron en lágrimas de alivio. "El milagro de todo esto es que había tantas personas orando por mí. También creo en los métodos naturales", dijo. "Si le das al cuerpo suficiente tiempo para sanarse, a veces puede superar las enfermedades más difíciles. Sé que el cuerpo posee la habilidad de sanarse a sí mismo. Y puesto que Dios creó el cuerpo humano, le otorgo a Dios todo el crédito por su hermoso diseño. Por Su gracia, sigo aquí".

Sanación con luz blanca

Robin fue llevada al hospital en ambulancia cerca de las nueve de la noche. Una tomografía axial computarizada de su cerebro fue enviada por correo electrónico a un neurocirujano. El médico solo tuvo que verla una vez para salir corriendo al hospital.

"No estoy seguro de que haya algo que podamos hacer", le dijo el neurocirujano a la familia de Robin. "De todas maneras voy a proseguir con la cirugía, porque eso es lo que hacemos. Pero deben comprender que hay muy pocas esperanzas de que Robin sobreviva al procedimiento". Inició la cirugía a las 10:30 de la noche.

La familia y los amigos de Robin se reunieron para escuchar la terrible realidad de que la vida de su adorada esposa, madre y directora de una clínica quiropráctica estaba suspendida de un hilo.

A pesar de que estaban extremadamente impresionados, sus familiares y amigos se sentaron en el piso y se tomaron de las manos. Se enfocaron en enviarle luz blanca al neurocirujano y a Robin, y oraron en grupo.

El neurocirujano entró en la sala donde ellos se encontraban, se sentó y se quitó el gorro quirúrgico. Todos se reunieron a su alrededor, asustados y temerosos de lo que él les diría.

"No puedo explicar cómo sobrevivió a la cirugía. Había cantidades masivas de sangre en el cerebro, lo cual no es nada bueno. Se supone que la sangre fluya a través del cerebro, no que esté en el cerebro, ya que esto es muy perjudicial para el equilibrio químico. Sacamos tanta sangre como pudimos. Si sobrevive las siguientes veinticuatro horas, será un milagro".

Continuó diciendo: "Creo que tiene una malformación arteriovenosa congénita. Es como una bomba de tiempo. Nunca sabes que la tienes. No saldría en una tomografía computarizada ni en una resonancia magnética. Si alguna vez se hubiera realizado un estudio con pigmentos, eso podría haberla matado, pues el pigmento habría ido a esa sección del cerebro. Su centro del habla y todo su lado derecho quedarán afectados, y eso siempre y cuando quede con vida. He hecho todo lo posible. El resto depende de Robin. La van a traer en unos cuantos minutos para que puedan verla, pero por favor ningún tipo de estimulación".

El neurocirujano fue inflexible en que nadie podía tocarla ni hablarle. Esto podría enviarle estimulación neurológica a su cerebro, y ella no estaba lo suficiente estable debido a la extensión de la hemorragia cerebral.

La cabeza de Robin estaba envuelta en vendas blancas, parecía una momia. Tenía conectados un tubo respiratorio, tubos para drenar y cantidades masivas de máquinas. Lo único que se podía hacer era seguir bañándola con la luz blanca de las oraciones.

Robin seguía viva cada día.

Su nombre fue añadido a los cientos de cadenas de oración que abarcan el globo y que cubren todas las religiones. Veinticuatro días después de su operación, la víspera del Día de las Madres, Robin abrió sus ojos por primera vez. Sus hijos sabían que ella estaba ahí. Lo sabían, lo vieron y lo sintieron.

Las oraciones continuaron.

Mientras escribo estas líneas, Robin sigue con vida, progresando poco a poco cada día. Incluso ya ha expresado sus primeras palabras. Esta historia es para mí solo otra prueba de que la oración sana.

Cuando mis amigos me describen los beneficios de la oración, dicen que les brinda una sensación de bienestar y que, como resultado, han sentido progresos maravillosos en su sanación. Por supuesto, nada de esto significa que las prácticas espirituales son un sustituto de la medicina tradicional, ni que la oración garantiza una salud perfecta. Lo que relatan estas historias es que revelan lo vital que la oración puede ser en nuestras vidas.

La oración y la autosanación

La oración viene en muchas formas. Puede ser intercesora o contemplativa (reflexiva). Esta última es una conexión personal o una comunicación directa con la divinidad. La oración intercesora (a menudo llamada sanación a distancia) es una solicitud a Dios o a un ser espiritual en beneficio de un enfermo o para lograr una meta deseada (es decir, para sanar una persona, para que recobre su salud, para que se recupere pronto y asuntos por el estilo).

La mayoría de los estudios científicos se han enfocado en la oración intercesora, porque de alguna manera es más fácil de medir. Este tipo de investigaciones ha demostrado que la oración puede acelerar y mejorar el proceso de sanación. El estudio, probablemente más famoso, sobre la oración fue conducido en el San Francisco General Hospital en 1988. Participaron trescientos noventa y tres pacientes del corazón. Un grupo cristiano oró por la mitad de los pacientes, aunque ellos desconocían este hecho. Nadie oraba por la otra mitad (el grupo de control).

Lo que ocurrió a continuación fue bastante sorprendente. Los sujetos del primer grupo, por el que oraban, se sanaron mucho más rápido y requirieron de menos intervenciones médicas que el grupo de control. En contraste, el grupo de control requirió de mayor asistencia de ventiladores, antibióticos y diuréticos que el primer grupo. Los científicos que condujeron este estudio concluyeron que la oración era terapéutica para los pacientes del corazón. En breve, la oración parecía ser tan poderosa que incluso podía ayudar a las personas que no tenían conocimiento de que estaban orando por ellas.

Otro estudio, conducido por el Duke University Medical Center, encontró que las personas que oraban semanalmente tenían el 40% menos de probabilidades de sufrir de presión arterial alta que las personas que no oraban con regularidad. Y un estudio de científicos italianos descubrió que rezar el rosario —repetir el Ave María— o incluso recitar un mantra de yoga mejoraba la salud del corazón.

Según otro estudio, la oración ayudó a los residentes de un hogar para ancianos que sufrían de demencia y nerviosismo. Bajo la guía de un investigador, los residentes del hogar oraron durante cinco minutos, cinco días a la semana, durante cuatro semanas consecutivas; también había un grupo de control que no oraba. Para el ejercicio de la oración, los residentes elegían su propia oración o el investigador le suministraba una o dos oraciones que no pertenecían a ninguna religión específica. Las personas que estaban en el grupo de oración se volvieron más verbales y alegres, y se familiarizaron más con su medioambiente y con las personas. En definitiva, la oración tuvo su efecto.

En otro estudio, cristianos, judíos, budistas, indios nativo americanos y otros sanadores espirituales oraron durante una hora al día por cuarenta pacientes con sida. Después de seis meses, los pacientes por quienes habían orado tuvieron resultados médicos significativamente mejores que los de un grupo de control por quienes nadie había orado. Estos resultados médicos incluyeron menos enfermedades nuevas asociadas con el sida, menos visitas al médico y mejor estado de ánimo.

Sin lugar a dudas, existen pruebas contundentes de que la oración ayuda, y solo he tratado este tema muy superficialmente. Además, creo que esta evidencia sugiere fuertemente que la divinidad, a quien dirigimos la oración, es real y no ficción. Creo que la mayoría lo sabemos, pero muchas personas solo acuden a la divinidad como último recurso.

Mi consejo es que ores, en especial si piensas que la oración te va a ayudar a ti o a un ser querido. Siempre me han enseñado a orar y a confiar en que, en última instancia, todo saldrá bien.

Cómo orar

"Papi", me dijo uno de mis hijos un día después de la escuela. "Descubrí cómo orar. Pongo mi cabeza hacia abajo, mis manos así, cierro mis ojos y hablo con Dios. Al final digo: 'Amén'".

Esa es la mejor descripción de la oración que he escuchado.

Siempre había tenido la impresión de que la oración estaba reservada para ciertos momentos y bajo ciertas circunstancias, como una hora en particular antes de dormir o en la iglesia. No se me había ocurrido que la oración podía ser como una conversación, que comience espontáneamente y dure el tiempo que uno desee, tal como me enseñó mi hijo.

Así es que oro con regularidad y cada vez que siento deseos. La oración no solo me consuela, sino que también me empodera. Sé que la oración tiene un efecto terapéutico en mí. Siento que estoy haciendo de un modo activo algo directamente relacionado con mi propia vida, y que eso me brinda cierto bienestar.

Oro con mis amigos enfermos, pidiendo sanación y una firme recuperación. Creo en la oración. Creo en el poder divino de la sanación. Oro para ver más allá de mi ser, para ubicarme y comprender cualquier problema que esté enfrentando. Oro para expresar gratitud por las innumerables bendiciones en mi vida.

Para orar, cierra tus ojos para evitar las distracciones. Olvida tus creencias personales, tus dudas sobre la oración o si existe o no Dios. Solo comienza a hablar, como cuando llamas a un amigo por teléfono. Pide lo que desees o expresa gratitud por lo que tienes.

Basado en la evidencia a favor de la oración y la espiritualidad, creo que es vital mantener una práctica espiritual regular, ya sea formal o informal, religiosa o no religiosa. Hay formas de comenzar una jornada así, sin importar tus creencias. Por ejemplo:

Reconéctate con algo más grande

Reconéctate con tu fe si la has abandonado o regresa a la religión de tu juventud. Si ahora mismo, la espiritualidad para ti es en verdad una religión, entonces intenta explorar esa religión con mayor profundidad para comprender mejor sus lecciones interiores. Si no deseas practicar una religión o pertenecer a una comunidad espiritual, busca algunas prácticas disciplinadas para seguirlas "religiosamente". Puede ser yoga o taichí, meditación o como voluntario en una causa que apoyes.

Una de las cosas más efectivas que he descubierto es ejercitar en verdad lo que yo llamo "un momento de silencio". Aunque sea solo diez minutos en la mañana tan pronto te despiertas, es tu momento de estar en calma, de no hablar o permitir que las distracciones diarias inunden tus pensamientos. Escucha la fascinante comunicación que emerge desde tu interior. Recuerda que, ¡todo aquello que alimenta tu espíritu, fortalece tu cuerpo!

Promueve la armonía espiritual

La espiritualidad es más que orar y adorar a Dios o a un poder superior. Puede abarcar disciplinas como yoga, taichí, ejercicios de respiración, visualización o pensamientos positivos: todo aquello que promueva la armonía entre el cuerpo, la mente y el espíritu. Mi amiga Monica Wofford, autora del libro *Contagious Leadership*, me compartió que en una ocasión su padre había sido diagnosticado con la amenaza de una diabetes inminente, pero, milagrosamente, se había sanado por sí mismo. Cuando le pregunté cómo había logrado atravesar su crisis, Mónica me describió la espiritualidad particular que su padre seguía: una combinación de taichí, dieta sana, sueño adecuado, meditación, y el seguimiento de la filosofía y el estilo oriental de vida. Su padre no tiene ahora ningún síntoma ni amenaza de diabetes. Mónica dice que tiene sesenta y cuatro años, pero parece de cuarenta y cinco. Él ha creado su propio método espiritual en el mundo y eso ha transformado su salud. Tú puedes hacer lo mismo.

Explora la naturaleza

Creo que una de las formas más fáciles de conectarte con tu espiritualidad es pasar más tiempo en la naturaleza. Subir una montaña, nadar plácidamente en el mar o en un lago, disfrutar de tus mascotas, una gloriosa puesta de sol, una mariposa que se posa en tu pierna son regalos que nutren el alma, podríamos llamarlos un tipo de energía divina.

La naturaleza es lo que nos rodea y nos conecta con el momento. Por ejemplo, si estás caminando en un parque, tómate tiempo de observar las hermosas flores. Observa su textura, sus colores vibrantes y el diseño que las convierte en flores. Quizá ves un árbol muy grande. Es muy viejo, y comienzas a preguntarte cuánto tiempo llevará ahí, de cuántas cosas habrá sido testigo. O quizá observas un hermoso atardecer o amanecer y dices: "¿Cómo puede ser esto posible? ¿Qué inteligencia conduce todo con tal consistencia, belleza y poder?". Si eres como yo, sentirás fascinación ante el patrón eterno de la naturaleza que nos brinda esperanza, cambio y vida.

Cuando me sumerjo en la naturaleza, siempre recibo una nueva inspiración. Veo mis propios problemas como retos y no como cargas. Me veo como parte de este universo perfecto y entro en relación más cercana con la divinidad y con todas las cosas vivientes. Cuando estoy en la naturaleza, recuerdo que no estoy solo en el mundo. El doctor Wayne Dyer, uno de mis mentores y amigos, me enseñó que: "No somos seres humanos teniendo una experiencia espiritual, sino seres espirituales teniendo una experiencia humana".

Conéctate con tu intuición

Tu intuición es la sabiduría espiritual que llevas en tu interior. Puede manifestarse como un momento de lucidez plena, un presentimiento, una sensación extraña o una corazonada, y es muy poderosa, si solo la escuchas con más frecuencia. Cuando sigues tu intuición, tomas decisiones apropiadas para ti, y aprendes a expresar tu verdadero ser.

La intuición se convierte en algo de suprema importancia cuando se trata de tu salud personal. Algunas veces solo "sabes" que algo no está bien, porque estás escuchando a tu doctor interior. Si todavía no lo estás haciendo, intenta algunas de estas técnicas:

— *Medita.* Intenta quedarte en calma total, liberándote de toda ansiedad e indecisión y aclarando todas tus ideas y emociones de inseguridad. Presta atención a cualquier mensaje de dolor, molestia, fatiga o ansiedad. Imagínate inhalando energía sanadora y exhalando estas condiciones negativas fuera de tu cuerpo. Sigue meditando de esta manera por lo menos durante diez minutos. Si no te atrae la posición sentada, camina en la naturaleza. Caminar puede ser "meditación en movimiento" y es muy efectiva.

— *Toma decisiones intuitivas.* Escucha con más frecuencia tus presentimientos y corazonadas, más allá de cualquier hecho. ¿Presientes que debes ver un médico, terminar una relación, cambiar de empleo o cancelar una cita? Confía en lo que escuchas en tu interior, sin analizar profundamente tus decisiones diarias. Algunas veces puede ser difícil confiar en tu intuición, porque puede significar salir de tu zona de confort, pero no tienes que hacer un cambio de forma abrupta siempre. Si, por ejemplo, sientes que es hora de cambiar de empleo, da un paso a la vez: actualiza tu hoja de vida, entrevista algunas agencias de empleo y busca en el mercado de empleos antes de renunciar al actual.

— *Consúltalo con la almohada.* Esta es mi forma favorita de acceder a mi intuición. Antes de acostarme, me hago una pregunta sencilla cuya respuesta sea sí o no respecto a qué camino tomar, qué decisión tomar o cómo lidiar con un contratiempo. Durante el sueño, mi mente inconsciente trabaja en la respuesta. Cuando me despierto, sin falta, tengo una respuesta clara. Este ritual nocturno no es lo mismo que preocuparse o cavilar en un reto o problema, es exactamente lo contrario. Sencillamente, pido una respuesta y se la entrego a mi subconsciente, o a Dios, para que me la responda.

Se dice que solo miramos hacia arriba cuando la vida nos golpea. La razón es que abajo no hay nada que mirar. *Pero hay algo allá arriba, y en nuestro interior.* Es la inteligencia innata que creó nuestros cuerpos y la inteligencia innata que tiene el poder de sanar nuestros cuerpos. Sea cual sea el camino espiritual que seleccionemos, ocurre un cambio en nosotros cuando confiamos en nuestro camino, lo seguimos y creemos en él. Cosas maravillosas ocurren con nuestra salud. Nuestro sistema inmunológico se fortalece, el cerebro libera químicos que sirven como medicinas naturales, se reduce la presión arterial, el estrés y la ansiedad. Dormimos mejor y nos sentimos mejor. No queda duda, nos sanamos.

Ahora me gustaría presentarte la guía y las herramientas para transformar todo lo que he cubierto hasta ahora en cambios de vida sustentables, y en un sentido renovado de salud y bienestar. En la última parte de este libro, te ofrezco un programa de veintiún días para que des los pasos necesarios para activar la autosanación en tu propia vida.

Cuarta parte

21 DÍAS HACIA LA AUTOSANACIÓN

Comienza hoy a transformarte de la enfermedad a la sanación. Comienza a elevar tus expectativas y a descubrir el potencial de tu salud. Es algo que puedes comenzar a llevar a cabo en apenas veintiún días: el período de tiempo que se toma psicológicamente en formar nuevos hábitos. Cuando te comprometes a un estilo de vida sanador, toda acción genera esperanza. Los últimos tres capítulos te ayudarán a establecer un plan de autosanación para tu vida que incluye todos los temas tratados en este libro.

CAPÍTULO DOCE

PRIMERA SEMANA: LIBERA TU POTENCIAL SANADOR

Antes de comenzar este programa de veintiún días, me gustaría que llevaras un diario de tus progresos. Llevar un diario no solo hace que seas honesto, también se convierte en un punto de referencia para ver qué tan bien estás trabajando todas las áreas. Puedes mirar atrás y observar tus fortalezas y tus debilidades, y luego realizar los ajustes necesarios. Es una herramienta poderosa y primordial en tu jornada hacia al autosanación.

Comienza por establecer algunas de tus metas positivas. Este es un punto de partida importante si deseas vivir a plenitud una vida de autosanación. Después de todo, ¿cómo puedes cambiar, emprender una nueva ruta, o lograr algo si no tienes una idea clara de tu propósito?

Reflexiona en lo que deseas en concreto para ti y escríbelo en tu diario, ya se trate de perder peso, dejar de sentirte cansado todo el tiempo, comer más sano, o sanar una dolencia que te está perturbando. Inclúyelo todo, desde las metas fácilmente accesibles —por ejemplo, comenzar a hacer yoga— hasta las cosas que por ahora parecen sueños muy lejanos. Pueden ser asuntos que ni siquiera te has atrevido a expresar como: "Quiero dejar mi empleo y viajar a un país en el extranjero como voluntario en una organización caritativa".

Sé positivo cuando escribas tus metas. Por ejemplo, en vez de escribir algo negativo como: "Nunca volveré a comer pastel de queso", escribe: "Hoy comeré fruta de merienda, en vez de chocolate".

Enseguida, para que tus metas sean más fáciles de conseguir, elige una de las más pequeñas y comienza a establecer un plan detallado de acción, cuanto más específico seas, mejor. Incluso las pequeñas metas se componen de otras muchas más pequeñas. Así que concéntrate en lograr una meta factible y hazlo en un marco de tiempo aceptable. Los pequeños éxitos te hacen sentir que eres capaz de lograr éxitos mayores.

Si, por ejemplo, una de tus metas es estar en forma, puedes escribir: "Mañana, voy a llamar a los gimnasios de mi localidad y averiguar cuánto cuesta la membresía"; o "el sábado iré a comprar zapatos para hacer deporte"; o "voy a caminar los lunes y los miércoles". Lograr una pequeña meta es el mayor incentivo para trabajar hacia la siguiente, una más grande, y es el mejor refuerzo para la autoestima y el progreso.

Ahora, con tus metas firmemente plantadas en tu mente, ¡comencemos!

El programa de 21 días

Mi programa de veintiún días te brinda el marco de referencia para una autosanación profunda. Cada día te ofrezco:

- Sugerencias de un menú con lo que vas a comer
- Consejos sobre los suplementos que debes tomar al comienzo, y los que debes añadir, en caso necesario
- Un plan de ejercicios
- Un pensamiento autosanador: un mantra o afirmación para enfocar tus pensamientos y emociones en la dirección espiritual apropiada

Conforme progresas en el programa cada semana, te enseñaré a añadir varios elementos útiles de sanación emocional y espiritual. Es un proceso realmente sencillo. Si lo sigues, funcionará para ti, como ha funcionado para tantas personas, incluyéndome.

¡El día 1 comienza ahora!

Día 1

Come para sanarte

Algo fascinante ocurre cuando comienzas a consumir alimentos sanadores y le das a tu cuerpo un descanso de comida chatarra, grasas malas, harina refinada y azúcar. Tu cuerpo puede liberarse de hasta diez libras de peso excesivo en agua, y tu energía se incrementa. Tu digestión comienza a funcionar bien de nuevo, dejas de sentirte tan inflamado y congestionado, y maximizas tu potencial autosanador.

Este es el primer día de mi Dieta autosanadora de veintiún días. Incorpora los principios nutricionales tratados en el capítulo tres. Al comenzar este plan, asegúrate de consumir los mejores alimentos para sanar tu cuerpo, incluyendo mis veinticinco alimentos autosanadores esenciales, muchas frutas y vegetales, proteínas magras y grasas sanas. Bebe mínimo ocho vasos de agua al día para mantener tu diligente cuerpo hidratado y lleno de energía. Si no te gustan algunos de los alimentos que recomiendo, no te esfuerces en consumirlos. Más bien, sustitúyelos por otros alimentos sanos que disfrutes. Siéntete libre de adaptar el plan a tus preferencias. Este plan es solamente una guía.

Día	Desayuno	Almuerzo	Merienda	Cena
1	½ taza de cereal integral con 8 onzas de leche de almendras y 1 taza de frutos rojos	1 taza de sopa de lentejas con 2 tazas de vegetales al vapor	Hummus con pepino rebanado; 1 fruta fresca	1 taza de pasta sin gluten con trozos de calabacín, cebolla, pimiento morrón y champiñones portobello salteados, salsa de tomate sin azúcar y queso rallado bajo en grasa; ensalada con 1 cucharada de aderezo de vinagreta

Suplementos esenciales sanadores

Considero que un multivitamínico con minerales es la base de un programa de suplementos. Los multivitamínicos complementan las deficiencias nutricionales aunque tu dieta sea bastante sana. Busca un producto con todas las vitaminas y minerales esenciales, así como los nutrientes antioxidantes para preservar el bienestar y protegerte de los radicales libres tan perjudiciales para la salud. Toma tu multivitamínico con las comidas. De esta manera, el cuerpo absorbe los nutrientes con mayor efectividad.

Dosis: A pesar de su conveniencia, y a diferencia de la creencia popular, la mejor fórmula no es la variedad de una dosis diaria. Compra un multivitamínico que recomiende dosis a lo largo del día con tus comidas.

Vitamina D: Otro sanador esencial es la vitamina D. Consulta con tu médico la dosis apropiada para ti. Por lo general, las personas toman hasta un total de 800 IU de vitamina D al día.

Extractos de plantas

Un extracto de plantas es un concentrado en polvo de vegetales y frutas, por consiguiente está lleno de antioxidantes y fitoquímicos.

Este extracto puede mezclarse con agua, batidos o malteadas para obtener una rápida dosis de "nutrición líquida". (Para repasar los beneficios de este suplemento, lee el capítulo 5.)

Dosis: Sigue las instrucciones del producto.

Muévete para restaurarte

Hoy haz un poco de entrenamiento de resistencia, ya que es de importancia crítica incluir el entrenamiento de pesas en un programa de ejercicios autosanador. En primer lugar, la salud muscular provee inmunidad a todo el cuerpo por razones que los científicos están apenas comenzando a entender. En segundo lugar, al envejecer pierdes masa muscular, por lo que debes trabajar más para desarrollar tus músculos. Además, el desarrollo muscular acelera el metabolismo de tu cuerpo, lo que significa que quemas más calorías. Otro beneficio de fortificarte es que se define mejor tu silueta. El entrenamiento de resistencia tonifica tu cuerpo y hace que te veas mejor en tu ropa.

Si nunca has levantado pesas, comienza un programa con un entrenador personal para asegurarte de que la postura y colocación de tu cuerpo sea la correcta. Además, un entrenador calificado te ayudará a lograr mejores resultados y a evitar lesiones. Si no te sientes cómodo levantando pesas, o no deseas incurrir en el gasto de consultar un entrenador, trata de matricularte en una clase de tonificación muscular. Por lo general, usan tubos de goma y resistencia corporal para el fortalecimiento de los músculos.

Haz una o dos series de ocho movimientos que trabajen todo tu cuerpo. Intenta de ocho a doce repeticiones. Usa un peso que sea difícil de levantar cuando llegues a la última repetición.

Practica hoy treinta minutos de entrenamiento de resistencia.

Pensamiento autosanador del día

Nutrir tu cuerpo es sencillo y fácil. Lo único que tienes que hacer es brindarle las cantidades apropiadas de alimento y algunos suplementos. Nutre a diario tu cuerpo con esto; y sé consciente de que este tipo de nutrición te devuelve todo aquello que necesitas para vivir a plenitud.

Día 2

Come para sanarte

Sigue retirando de tu dieta productos caloríficos, cargados de azúcar y grasa. Reemplázalos con vegetales y frutas frescos, y alimentos altos en fibra. Reducirás el riesgo de enfermedades y te sentirás más lleno de energía.

Día	Desayuno	Almuerzo	Merienda	Cena
2	6 onzas de yogur griego y 1 porción de fruta fresca; 1 rebanada de pan integral o 1 tostada de granos germinados	4 onzas de salmón frío o caliente servidos sobre 2 o 3 tazas de mezcla de lechugas y 1 o 2 cucharadas de vinagreta	1 huevo duro con sal de mar; 1 puñado de almendras	1 taza de chili vegetariano; 1 fruta fresca de postre

Suplementos

Continúa tomando tus suplementos esenciales: multivitamínico, extracto a base de plantas y vitamina D.

Muévete para restaurarte

Trabaja hoy en tu flexibilidad. Es decir, la habilidad de mover tus extremidades en un amplio rango de movimientos sin sentir demasiada rigidez. La flexibilidad es importante pues reduce el riesgo de tensión en tu espalda, piernas y brazos. A nadie le agrada la idea de lesionarse un ligamento al caminar, y aumentar la flexibilidad es una forma de evitarlo.

Además, cualquier tipo de ejercicio que incluya giros y estiramiento —yoga, estiramiento básico, pilates, taichí— es bueno para la sanación porque impulsa fluido linfático —el cual elimina el desperdicio de tus células— a través de tu sistema en formas que otras actividades no pueden. Un buen flujo linfático significa mayor energía y fortaleci-miento del sistema inmunológico. Te agrade o no la idea del ejercicio de flexibilidad, es imposible negar que te hace sentir más sano, más relajado y revitalizado: especialmente después de un día estresante. Una de las mejores formas de adquirir flexibilidad (y reducir el estrés) es participar en una clase de yoga que enseñe estas disciplinas. (Para evitar lesiones, te recomiendo que asistas a clases de flexibilidad dic-tadas por un profesional).

Haz hoy treinta minutos de ejercicios de flexibilidad.

Pensamiento autosanador del día

¡Eres vital y estás lleno de vida! Con el ejercicio autosanador, te ayu-das a permanecer sano y a mejorar aún más tu salud. Con actividades que incrementan tu frecuencia cardiaca, te sientes más ágil, y revitalizas tu sistema inmunológico despertando tu mente y tu cuerpo.

Día 3

Come para sanarte

Continúa con tu dieta autosanadora. Recuerda que puedes se-guirla al pie de la letra, improvisar un poco, o usar las sugerencias de desayuno, almuerzo, merienda y cena de otros menús diarios.

Día	Desayuno	Almuerzo	Merienda	Cena
3	Batido: 8 onzas de leche de almendras, melocotones frescos o congelados, ¼ de taza de avena y 1 puñado de espinacas	Hamburguesa vegetariana con pan integral, acompañada de ensalada y 1 cucharada de vinagreta	6 onzas de yogur griego con 1 taza de frutas rojas frescas	Vegetales salteados en el wok con 4 onzas de pechuga de pollo; y ½ taza de arroz integral

Suplementos

Toma tus suplementos: multivitamínico, extracto de plantas y vitamina D.

Muévete para restaurarte

Trabaja hoy en tu sistema cardiovascular. Haz que fluyan tu ritmo cardiaco y tu sangre con actividades aeróbicas como caminar, correr, montar en bicicleta, nadar y saltar. Conforme más rápido, o más tiempo lo hagas, más calorías quemas. Un concepto erróneo del ejercicio cardiovascular es que debes trabajar a cierto ritmo para cosechar los beneficios de la quema de calorías. Esto no es cierto. Si te mueves, quemas calorías y ayudas a tu corazón. Ejercitarte en exceso solo da como resultado lesiones y agotamiento. Para saber si te estás excediendo, haz la "prueba del habla". Trata de hablar mientras haces ejercicio; si no puedes, es hora de bajar el ritmo. La actividad cardiovascular de alta intensidad, y por mucho tiempo, puede desgarrar tus músculos y, de hecho, ocasionar más flacidez.

Para evitar el agotamiento, progresa gradual, pero consistentemente: debes hacer lo más que puedas e incrementar el tiempo y la intensidad a diario. Lo más fascinante del ejercicio cardiovascular es que hay opciones para todos los gustos. Si te agrada el aire libre, puedes caminar, correr o montar en bicicleta. Si prefieres la comodidad del hogar, usa una caminadora estática mientras ves televisión o un video de aeróbicos. Si te gusta el gimnasio, hay toda suerte de clases cardiovasculares: aeróbicos de plataforma, kickboxing y aeróbicos de bajo impacto. Si no te atrae nada de lo anterior, trata algo nada convencional como la Zumba.

Haz por lo menos treinta minutos de ejercicio cardiovascular hoy. Con el tiempo, incrementa la velocidad, la intensidad (nivel de esfuerzo) y el tiempo conforme se fortalece tu sistema cardiovascular.

Pensamiento autosanador del día

Tu rutina diaria depende de ti. Puede variar. Un día puedes elegir una caminata rápida y otro día puedes optar por una clase de aeróbicos. Un día claro y tranquilo puedes decidir trabajar en tu jardín. Con el ejercicio constante, ¡te sientes renovado! Tu plan de ejercicio funciona mano a mano con tu deseo de autosanación.

Día 4

Come para sanarte

Día	Desayuno	Almuerzo	Merienda	Cena
4	Revuelto de verduras: 2 claras de huevo, trocitos de cebolla, champiñones, tomate y pimiento morrón verde; 1 rebanada de pan integral o 1 tostada de granos germinados; 1 naranja	1 taza de sopa de verduras; ensalada de lechuga y berros y 1 cucharada de vinagreta	2 onzas de queso cheddar bajo en grasa; 1 pera	4 onzas de camarones al vapor; 1 papa asada cubierta con 3 cucharadas de salsa y 1 cucharada de crema agria descremada; 3 tazas de col rizada al vapor

Suplementos

Continúa tomando tus sanadores esenciales.

Muévete para restaurarte

Hoy haz treinta minutos de ejercicios de flexibilidad.

Pensamiento autosanador del día

Decir "estoy enfermo" te conecta con esa condición. Conforme repites esas palabras, se fija más esa condición en ti. Desecha entonces esos pensamientos por completo. La sanación depende en gran parte de tu disposición a liberar tu conciencia de la creencia en las enfermedades. Ten fe en que puedes sanarte y regenerarte. Considera que nada, excepto la autosanación, es tu realidad.

Día 5

Come para sanarte

Día	Desayuno	Almuerzo	Merienda	Cena
5	½ taza de queso cottage sin grasa y 4 rodajas de piña	Atún (3 onzas de atún en agua) en pan árabe integral; 1 cucharada de mayonesa baja en grasa; 1 cucharada de apio y 1 de cebolla; ensalada de lechuga con 1 cucharada de vinagreta	4 higos secos; 8 onzas de leche de almendras o de arroz	4 onzas de lomo de cerdo asado; 1 taza de puré de calabaza horneada con 1 pizca de canela; 2 o 3 tazas de mezcla de lechugas con 2 cucharadas de aderezo sin grasa

Suplementos

Continúa tomando tus sanadores esenciales.

Muévete para restaurarte

Hoy, haz entrenamiento de resistencia durante treinta minutos: una o dos series de ocho movimientos que trabajen todo tu cuerpo. Intenta de ocho a doce repeticiones. Usa un peso que sea difícil de levantar para cuando llegues a la última repetición.

Pensamiento autosanador del día

Puede haber momentos en que te sientas desanimado, cuestiones tu dedicación, o te preguntes si algún día encontrarás el tiempo para seguir con tu programa. Estos son pensamientos comprensibles, pero completamente manejables. Tendrás días buenos y días malos. No te preocupes. Lo importante en la vida es seguir en curso: solo entonces obtendrás las recompensas de una vida autosanadora.

Día 6

Come para sanarte

Día	Desayuno	Almuerzo	Merienda	Cena
6	1 porción de cereal de salvado rico en fibra con 8 onzas de leche de almendras o leche descremada; 1 banano en rodajas	1 taza de sopa de frijol negro y 2 tazas de verduras al vapor	Palitos de apio con 1 cucharada de mantequilla de almendras	2 rebanadas de pizza de verduras con masa libre de gluten; ensalada de lechuga con 1 cucharada de vinagreta

Suplementos

Continúa tomando tus sanadores esenciales.

Muévete para restaurarte

Hoy haz treinta minutos de ejercicio cardiovascular. Intenta algo nuevo y diferente.

Pensamiento autosanador del día

Tus decisiones de hoy trasforman las enfermedades en salud, le proporcionan actividad sana a todas tus células, fortaleciendo y calmando tus nervios. Hacen que todo tu cuerpo sea poderoso y fuerte.

Día 7

Come para sanarte

¡Felicitaciones! Acabas de terminar una semana completa del plan de veintiún días. Espero que te sientas mejor al consumir alimentos más nutritivos.

Día	Desayuno	Almuerzo	Merienda	Cena
7	8 onzas de leche descremada o leche de soya orgánica; ½ taza de cereal integral, como avena orgánica, con 2 cucharadas de nueces o semillas de linaza; 1 naranja o ½ toronja	Sándwich de pavo: 3 onzas de pechuga de pavo, tomate y lechuga; 1 cucharada de mostaza de Dijon, 2 rebanadas de pan integral o de trigo germinado; 1 banano	1 manzana con 1 cucharadita de mantequilla de maní	4 onzas de pechuga de pollo al horno; 1 taza de verduras al vapor (brócoli o col de Bruselas; 1 batata (camote) mediana al horno

Suplementos

Continúa tomando tus sanadores esenciales.

Muévete para restaurarte

Hoy haz treinta minutos de ejercicio cardiovascular. Trata algo nuevo y diferente.

Pensamiento autosanador del día

Anímate con una actividad. Si te sientes de mal humor, triste o deprimido, puedes hacer algo al respecto. Puedes salir a caminar, limpiar tu armario, trabajar en un hobby, hacer un poco de jardinería o meditar. La actividad, ya sea mental, física o espiritual, eleva tu ánimo. Lo que importa no es lo que hagas, sino que comiences a hacerlo. Una vez que comienzas, adviertes cómo tu energía reemplaza la tristeza, y la sensación de haber logrado algo reemplaza el abatimiento. Vuelves a sentirte esa persona alegre, jovial y entusiasta que se supone que seas.

En el siguiente capítulo, cubriré lo que debes hacer del día 8 al 14, y te enseñaré a añadir un programa de autosanación emocional.

CAPÍTULO TRECE

SEGUNDA SEMANA: ESCUCHA A TU CUERPO

Felicitaciones: ¡Estás comenzando la segunda semana! ¿Cómo te sientes? ¿Tienes más energía? ¿Más optimismo? ¿Tienes mejor ánimo? Escribe tus respuestas en tu diario. La semana pasada te presentamos algunas herramientas básicas para llevar una vida más sana y de forma natural. Esta semana es un poco más de lo mismo. No te preocupes si no haces todo bien. Escucha a tu cuerpo y a tu intuición. Ambos te guiarán.

Día 8

Come para sanarte

Es tu segunda semana. Continúa tomando mejores decisiones en la selección de tus alimentos.

Día	Desayuno	Almuerzo	Merienda	Cena
8	½ taza de avena cocida con 8 onzas de leche descremada; 2 cucharadas de uvas pasas y 1 pizca de canela; ¼ de melón	Ensalada de espinacas: mezcla brotes de espinacas con 1 huevo duro rebanado; 2 tiras de tocino de pavo; champiñones crudos picados; 2 cucharadas de aderezo bajo en grasa (de 20 a 30 calorías por cucharada)	1 pera mediana o 1 manzana grande; 8 onzas de leche de almendras o de arroz, o 6 onzas de yogur bajo en grasa	4 onzas de salmón asado; 1 taza de coliflor o brócoli al vapor con 2 cucharaditas de queso parmesano

Suplementos

Dependiendo de tu género, edad, nivel de actividad y salud actual, tus suplementos pueden variar. Hoy en día, puedes considerar la idea de personalizar tu programa de suplementos. Si, por ejemplo, eres mujer, habla con tu médico sobre tomar calcio para evitar la osteoporosis. La recomendación usual es de 1200 mg al día. Si eres hombre, debes asegurarte de tomar una fórmula masculina de algún tipo. Esto te asegura que no tomes lo que no necesitas, por ejemplo, en el caso del hierro. Los hombres no necesitan un suplemento de hierro, ya que demasiado hierro puede ocasionar problemas cardiacos.

Al envejecer, nuestros requisitos nutricionales cambian. Por ejemplo, a las personas mayores de sesenta años les cuesta trabajo absorber el ácido fólico suficiente (un tipo de vitamina B), la vitamina B12 y el calcio. Habla con tu médico o terapeuta para saber si necesitas dosis adicionales de alguno de los nutrientes que se encuentran típicamente en las fórmulas de multivitamínicos con minerales.

Puede ser que no lo sepas, pero el ejercicio puede incrementar tu necesidad de ciertos nutrientes, como los antioxidantes. Por ejemplo, las personas que hacen ejercicio con regularidad requieren de dosis ligeramente mayores de vitamina C y E. Ambos nutrientes ayudan a los músculos a regenerarse con mayor efectividad después de una sesión de ejercicio. Los suplementos deportivos, incluyendo las bebidas deportivas y las proteínas en polvo, pueden ser de beneficio y pueden contener nutrientes adicionales que apoyen un estilo de vida activo.

Muévete para restaurarte

Haz hoy entrenamiento de resistencia. Incrementa tu nivel de esfuerzo. Haz de dos a tres series de ocho a doce repeticiones, trabajando todo tu cuerpo.

Haz treinta minutos de entrenamiento de resistencia.

Decide cuál de las artes sanadoras puede ser de beneficio para ti. Las artes sanadoras mencionadas en este libro están logrando cada día mayor aceptación entre los profesionales médicos. Mejoran la calidad de vida y, en muchos casos, la longevidad. Te enseñan a reducir el estrés y a lidiar con los problemas inevitables del vivir cotidiano. Además de proporcionarle a las personas una sensación de control que les es arrebatada por la enfermedad. Cada una de ellas tiene algo que ofrecer, según tus requerimientos. A continuación, te ofrezco algunas normas que te ayudarán a tomar una decisión.

Cuándo considerar atención quiropráctica:

Accidentes cerebrovasculares
Artritis
Asma
Bienestar y prevención
Bursitis
Ciática
Cólicos
Debilidad muscular
Desgarramientos o rigidez muscular
Disfunción sexual
Dolor de cabeza
Dolor de cadera
Dolor de cuello
Dolor de hombro
Dolor en las costillas
Dolor muscular
Formación de tejido cicatrizante
Hernia discal lumbar
Hiperextensión cervical
Infecciones crónicas del oído
Lesiones de los tobillos
Lesiones deportivas
Lesiones por esfuerzos repetidos
Lesiones y dolor de espalda; dolor de espalda baja pediátrico
Lesiones y dolor de pies
Lesiones y dolor en la rodilla
Mal funcionamiento de las articulaciones
Menstruaciones dolorosas
Presión arterial alta
Prevención de lesiones deportivas
Problemas al caminar y problemas de movilidad
Problemas estomacales
Rigidez en el hombro
Síndrome de cintilla iliotibial
Síndrome de entrampamiento nervioso
Síndrome de músculo rotatorio
Síndrome de túnel carpiano
Trastorno de la articulación temporomandibular
Vértigo

Cuándo considerar terapia de láser en frío:

Artritis
Ciática
Dolor de cuello
Dolor de espalda
Dolor de pies
Dolor en los tendones, incluyendo tendinitis y lesiones musculares
Esguinces y tensiones musculares
Neuropatía
Recuperación de cirugías
Sanación de heridas
Síndrome de túnel carpiano
Sinusitis
Tendinitis
Trastorno de la articulación temporomandibular

Cuándo considerar la medicina energética:

Adicciones
Alergias
Ataques de pánico y ansiedad
Desórdenes alimenticios
Dolor
Dolores de cabeza
Estrés
Fobias y miedos
Hipertensión
Neuropatía
Pérdida de peso
Problemas de la visión
Problemas emocionales
Trastorno de déficit de atención o trastorno de hiperactividad con déficit de atención

Cuándo considerar masajes:

Artritis
Depresión
Dolor de cabeza
Dolor de espalda baja
Estrés
Fibromialgia (rigidez e inflamación de los músculos)
Recuperación de una hospitalización
Rigidez crónica del cuello

Cómo conseguir el máximo beneficio
de las artes sanadoras

No importa cuál arte sanadora estés considerando, asegúrate de:

- *Obtener un diagnóstico.* Cualquier arte sanadora no debe usarse solo para tratar síntomas sin tener una idea clara de las causas. El diagnóstico apropiado sigue siendo el componente primordial en la planificación del cuidado de tu salud.

- *Conoce a fondo a tu terapeuta.* Pide información sobre certificados, licencias, entrenamiento y experiencia en el tratamiento de otras personas con tu afección. Aléjate de cualquier terapeuta que te pida que suspendas todo cuidado médico estándar o que no se comunique con tus otros médicos.

- *Averigua cuántos tratamientos vas a requerir.* Un terapeuta calificado podrá estimar cuántas sesiones harán falta para que te sientas mejor.

- *Sé consiente de tu individualidad en la autosanación.* No todo el mundo se beneficia de las mismas técnicas o protocolos. Una cosa no funciona para todos.

- *Cambia tu estilo de vida para realzar el efecto del arte sanadora.* La mayoría de los terapeutas de artes sanadoras no trabajan contigo solo en su consultorio; te recomiendan realizar cambios en tus hábitos de ejercicio y dieta, y encontrar formas de reducir tu estrés. Sigue su consejo.

Pensamiento autosanador del día

Comprende que estar sano es tu estado natural. Piensa en términos de salud. Las palabras tienen poder; expresa palabras positivas de salud y de sanación.

Día 9

Come para sanarte

Este es tu menú del día. ¡Siente la libertad de improvisar!

Día	Desayuno	Almuerzo	Merienda	Cena
9	Batido: mezcla 1 taza de frutos rojos (de cualquier tipo) con 6 onzas de yogur bajo en grasa y ½ taza de leche descremada; 1 rebanada de pan integral con 2 cucharaditas de mantequilla de maní	Ensalada de aguacate y pollo: mezcla hojas verdes (incluye achicoria y berros) con 3 onzas de pechuga de pollo o pavo sin piel en tiras; 1 naranja pelada y cortada, ¼ de aguacate maduro cortado en trozos; 1 cucharada de almendras tostadas y picadas; 2 ruedas de cebolla roja. Adereza la ensalada con vinagre con esencias.	1 manzana o 1 pera; 6 onzas de yogur griego	4 onzas de salmón a la parrilla, 8 espárragos al vapor, 1 batata (camote) pequeña al horno, 1 cucharadita de queso rallado

Suplementos

Continúa tomando tus sanadores esenciales, así como cualquier suplemento adicional que necesites.

Muévete para restaurarte

Trabaja hoy en tu flexibilidad. Incrementa tu tiempo a cuarenta y cinco minutos de ejercicio.

Reconoce los patrones de pensamientos antisanadores

Los pensamientos negativos pueden impedir la sanación. Una forma importante de prevenir esto es hacer una lista de los mensajes negativos típicos que resuenan en tu mente; escribe al lado el mensaje positivo opuesto. Practica repetir estos pensamientos en tu mente. A continuación encontramos algunos ejemplos:

- No puedo sentirme bien. / Soy una creación autosanadora. Me estoy sanando.

- No puedo cambiar. / Puedo cambiar. Mis decisiones para cambiar están bajo mi control.

- Soy adicto a la televisión. / Solía ser inactivo, pero ahora estoy haciendo ejercicio.

- He tratado, pero siempre fracaso. / No siempre fracaso. Cada decisión sana que tomo es un gran éxito.

- Soy demasiado gordo. / Cada vez que hago ejercicio y me alimento bien, mi cuerpo se sana y mejora su capacidad de quemar grasa y convertirla en combustible.

— *Replantea lo negativo en positivo.* Algunos ejemplos: ¿Estás desempleado? No, solo estás en un intermedio entre empleos. ¿Estás arruinado? No, solo estás camino a una recuperación económica muy grande. Conviértete en alguien que resuelve problemas. En vez de preguntarte: *¿Por qué mi vida no va por el camino que me gustaría?,* pregúntate: *¿Cómo puedo mejorarla? ¿Cómo puedo conseguir un mejor empleo? ¿Cómo puedo ponerme en forma?*

— *Practica el optimismo.* Alguien me preguntó una vez: "Fab, ¿cómo se supone que seamos optimistas si todos vamos a morir?".

Pues bien, la respuesta tiene que ver con la calidad de nuestras vidas. Ya sea que vivamos hasta los cuarenta, setenta o cien años, todos queremos vivir la vida a plenitud. Y la calidad de nuestra vida está directamente relacionada con nuestro estado mental, particularmente si sentimos esperanza y optimismo.

— *Obsérvate con bondad.* Haz una lista de tus fortalezas y talentos. Lee esta lista todos los días durante la próxima semana.

— *Elimina de tu vocabulario las palabras "problema de salud".* Reemplázalas por *un reto en mi salud.* Asimismo, trata de convencerte de que no eres víctima ni padeces una dolencia, tampoco te conviertas en paciente profesional. Usa un lenguaje que te ayude con el flujo de tu energía positiva sanadora. Por ejemplo, no digas: *Soy asmático, diabético o epiléptico.* Eres una persona con esa enfermedad. No eres esa enfermedad.

Te recomiendo que hagas esto: antes de acostarte en la noche, piensa en todos los cambios positivos que estás realizando en tu vida y cómo están revitalizando tu salud. Trata de meditar en un mantra que hasta ahora te haya fortalecido. Cuando haces esto, se fortalece día con día tu potencial sanador.

Pensamiento autosanador del día

¿Eres optimista? ¿Vives cada día lleno de alegría, positiva y racionalmente, anticipando solo cosas buenas? No permitas que nada destruya la confianza que tienes en tu habilidad autosanadora, a menos que tú lo permitas. Fortalece tu habilidad de encontrar algo bueno en toda situación.

Día 10

Come para sanarte

Disfruta del siguiente menú autosanador del día.

Día	Desayuno	Almuerzo	Merienda	Cena
10	¾ de taza de queso cottage bajo en grasa fortificado con calcio; 1 tostada de pan integral bajo en grasa con 1 cucharadita de mermelada de frutas; ½ melón	Ensalada mediterránea: mezcla 15 tomates uva cortados por la mitad; 8 trozos de ¾" de queso mozzarella parcialmente descremado; 3 hojas de albahaca fresca picada. Adereza con vinagre de esencia; 1 pera mediana	1 pimiento rojo cortado y 3 cucharadas de hummus	Adereza 6 onzas de chuleta de lomo de cerdo deshuesado o de falda de res con sazonador de fajitas. Asa a la parrilla la carne; añade ½ taza de maíz en lata colado al estilo mexicano, sazonado con ½ cucharadita de comino molido, un calabacín cortado a lo largo u 8 espárragos. Rocía con aceite y asa a la parrilla o al horno.

Suplementos

Tomar sanadores y nutrientes esenciales para tus necesidades especiales es una forma ideal de proteger tu salud. Pero profundizar el tema más allá de estos suplementos puede ser una excelente idea. Comencemos hoy este proceso.

Dependiendo de tu salud física, puede ser que desees averiguar más sobre suplementos "específicos para ciertas enfermedades", aquellos que se han comprobado en investigaciones científicas que previenen, tratan e incluso revierten ciertas enfermedades. A continuación, vemos un repaso de los temas de salud que pueden mejorarse tomando ciertos suplementos:

Para reforzar el sistema inmunológico

- *Ácidos grasos omega 3:* De 2 a 3 g diarios. Nota: si consumes una dieta rica en pescado silvestre (cuatro o más veces por semana), requerirás una dosis más pequeña.

- *GLA:* 500 mg al día.

- *Curcumina:* Cápsulas de 750 mg; tomar de dos a tres veces al día.

- *Extracto del hongo ganoderma lucidum:* Durante la temporada de gripa y resfriados; sigue las instrucciones del producto.

- *Proteína de suero:* Úsala a diario en tus batidos, o varias veces al día según las instrucciones.

- *Regaliz (Glycyrrhiza glabra):* Se estima que sea una dosis segura para la mayoría de los adultos sanos es de 1 a 10 mg de glycyrrhizina o de 1 a 5 g de regaliz.

Además, considera estas vitaminas y minerales fortalecedores del sistema inmunológico en cantidades adicionales:

- *Selenio:* 200 mcg diarios. Este mineral parece ser efectivo contra los virus: evita que se repliquen.

- *Vitamina C:* Hasta 1,000 mg diarios durante la temporada de resfriados o para evitar una gripa durante la temporada de gripa.

- *Zinc:* 50 mg diarios para fortalecer el sistema inmunológico; las tabletas de zinc parecen reducir la duración de la gripa.

Control de la glucosa

Cada vez más se usan suplementos en conjunto con una dieta para ayudar a controlar la glucosa. Existen dos suplementos en particular que son útiles:

- *Acido alfalipoico:* De 600 a 800 mg diarios. Este suplemento puede alterar los requerimientos de la posología para la insulina y las medicinas orales para la diabetes, así que consulta con tu médico.

- *L-glutamina:* 500 mg diarios.

Anti estrés

- *L teanina:* De 200 a 500 mg cuando estás bajo estrés.

- *Complejo B:* A diario. Cada píldora debe suplir 100 mg de vitamina B12 y biotina, 400 mg de ácido fólico y 100 mg de todas las demás vitaminas B. Tómalo con tus alimentos para mejorar la absorción.

- *Magnesio:* De 300 a 600 mg de magnesio diario para contrarrestar los efectos del estrés.

Reparación del tracto digestivo

- *Suplementos probióticos:* Sigue las direcciones del producto. Una porción debería suplir por lo menos mil millones de partículas formadoras de colonias (CFU, por sus siglas en inglés).

- *Enzimas digestivas:* Sigue las direcciones del producto.

Ayuda en las articulaciones

- *Ácido hialurónico (HA):* De 40 a 80 mg diarios para problemas de las articulaciones.

- *Condroitín glucosamina:* 1,500 mg diarios para problemas de las articulaciones.

- *MSM:* de 1,000 a 3,000 mg diarios con las comidas para la osteoartritis.

Prevención de las enfermedades del corazón

- *CoQ10:* De 50 a 200 mg diarios.

- *Extracto de levadura de arroz rojo:* 1,200 mg diarios con la comida.

Mantenimiento del cerebro

- *Colina:* 425 mg diarios para las mujeres y 550 mg diarios para los hombres.

- *GPC:* 1,200 mg diarios.

- *Vinpocetina:* Hasta 10 mg diarios en dos dosis con las comidas.

- *ALC:* De 500 a 1,500 mg dos o tres veces al día, preferiblemente con el estómago vacío.

- *Ginkgo biloba:* De 120 a 240 mg diarios.

Muévete para restaurarte

Hoy haz tus ejercicios cardiovasculares favoritos. Trata de hacer de cuarenta y cinco a sesenta minutos a un ritmo moderado.

Pensamiento autosanador del día

La perseverancia —llevar a cabo una labor hasta terminarla— es una cualidad muy valiosa. Con frecuencia sentimos que no tenemos tiempo para lograr las cosas que desearíamos lograr. Pero una vez que nos determinamos a cumplir con algo importante, y aprendemos a perseverar, vamos camino al éxito.

Día 11

Come para sanarte

Día	Desayuno	Almuerzo	Merienda	Cena
11	6 onzas de yogur griego con 1 taza de frutos rojos y 2 cucharadas de almendras o nueces picadas	Sándwich: dos rebanadas de pan integral bajo en grasa; ¼ de aguacate en puré; 1 onza de queso suizo o Jarlsberg; 2 tiras de tocino de pavo; rodajas de tomate; 1 taza de frutos rojos o 1 melocotón	1 manzana con 1 cucharada de mantequilla de maní	Pescado al horno: sazona 6 onzas de pescado blanco (rodaballo, lenguado o pargo) con 1 cucharada de queso parmesano y 1 cucharaditas de miga de pan sazonado con paprika, sal y aceite en spray. Hornea a 500° F después de precalentar el horno, hasta que el pescado esté totalmente opaco; 5 onzas de batata horneada; 1 o 2 tazas de repollo al vapor.

Suplementos

Toma todos los suplementos del programa que tú y tu terapeuta sientan que son necesarios para tu situación particular.

Muévete para restaurarte

Hoy, de nuevo, es hora de hacer ejercicios de flexibilidad, también es un buen momento para meditar. Considera yoga o taichí. Haz de cuarenta y cinco a sesenta minutos de ejercicio.

Controla tu estrés

Cada día el mundo nos bombardea con estrés. Hoy solo quiero que pienses en las áreas de tu vida en donde el estrés pueda estar perturbando tu salud y bienestar. Algunas cosas que debes considerar:

— *Controla tus asuntos financieros.* Implementa un plan para restringir los gastos excesivos y para reducir tus deudas. Busca ayuda de un consejero financiero si no puedes hacerlo por ti mismo.

— *Asume el control de tu tiempo.* Haz listas de cosas por hacer a diario. Clasifícalas por orden de importancia. Síguelas en ese orden pero no te estreses si no terminas todo.

— *Aléjate del estrés.* Un masaje o un baño caliente es una forma excelente de aliviar el estrés. Pero no menosprecies los beneficios de una caminata rápida o de algún otro tipo de actividad física que disfrutes. El ejercicio es un calmante natural que consume el exceso de adrenalina, una hormona del estrés derivada de la respuesta de tu cuerpo al estrés.

— *Ama a tus enemigos.* Con frecuencia, una de las fuentes más grandes de estrés en nuestras vidas proviene de las personas que nos frustran. Aprende a amar a esas personas. Si permites que la conducta de alguien altere tu humor, le estás entregando tu poder a esa persona. Le estás permitiendo que los latidos de tu corazón se incrementen y que se eleve tu presión arterial. ¿Por qué dejarías que alguien hiciera eso? Así es que ahora, si alguien se te atraviesa en medio del tráfico, si tu jefe te enloquece o si un amigo te ofende, envíale un beso.

— *Deja de hacer todo solo.* Comienza a delegar labores en el trabajo y en el hogar.

— *Establece prioridades y enfócate.* Decide lo que es en verdad importante para ti. Tómate el tiempo de decidir con claridad lo que deseas en tu vida. Asume un papel activo en la decisión de cómo vas a usar tu tiempo; no dejes que las cosas pasen así como así.

— *Di no algunas veces.* Cuando te pidan algo, tómate el tiempo de considerar la solicitud en vez de aceptar de inmediato. ¿Puedes lidiar con eso con relativa facilidad? ¿Qué debes poner a un lado con el fin de hacerlo? ¿Cuánto te va a costar en función de tu tiempo?

— *Crea una rutina.* Asegúrate de programar tu tiempo a diario para relajarte, cuidarte y pasar tiempo con tus seres queridos. La diversión y el esparcimiento son tan importantes como el trabajo arduo, la responsabilidad y el éxito. Crea un equilibrio apropiado y date permiso de hacerlo.

Quitarte un poco de la carga del estrés es un proceso sanador increíble. Una vez que lo haces, junto con todo lo demás, tu cuerpo seguirá su proceso de sanación.

Aprende a meditar

La meditación puede ayudarte a encontrar la paz interior. La mejor forma de comenzar es sentándote en un lugar cómodo, sobre un cojín o una alfombra, en un lugar tranquilo. Cierra tus ojos. Inhala profundamente y luego exhala. Continúa con este patrón de respiración durante unos cuantos minutos. Enfócate por completo en tu respiración. Si hay alguna distracción a tu alrededor —como ruidos o pensamientos— acéptalos y permite con gentileza que tu atención regrese a tu respiración. Esos pensamientos solo están en un segundo plano. Esta técnica te ayuda a aprender básicamente que puedes permitir que tus pensamientos ronden por tu mente sin que se apoderen de ti.

Enseguida, imagínate oleadas de bienestar y paz atravesando tu cuerpo. Deja que los músculos de tu rostro se suavicen, que tus hombros se relajen. Gira tu tensión hacia adentro y "observa" esas ondas fluyendo por tu cuerpo con cada inhalación y exhalación.

Visualiza escenas pacíficas: la luna llena en una noche estrellada, la brisa flotando en una pradera..., olas del mar estrellándose contra la arena. O viaja en tu mente a algún lugar agradable que aprecies mucho. Mantén estas imágenes en tu mente mientras meditas. Haz esto cada día durante veinte minutos.

Si la meditación formal no te atrae, trata de buscar momentos de meditación en tus actividades diarias. Por ejemplo, algunas personas descubren que hacer las tareas del hogar o trabajar en el jardín los ayuda a calmarse. O si tomas el tren o el bus para llegar a tu trabajo, usa esos momentos para reflexionar. O medita mientras haces ejercicio. Cualquier cosa que te calme, hazla a diario.

Pensamiento autosanador del día

La tensión en tu mente y en tu cuerpo se origina en pensamientos que te causan angustia mental y física. El negativismo hace que los nervios se tensen y los músculos se contraigan. El alivio proviene de dejar a un lado dichos pensamientos y relajarse pensando de forma más productiva. Ve a tu interior, respira profundo y aléjate del pensamiento que te está causando tensión.

Día 12

Come para sanarte

Estás en la mitad del programa. Espero que te estés sintiendo más sano, más lleno de energía y más calmado. Este es tu menú para el día de hoy.

Día	Desayuno	Almuerzo	Merienda	Cena
12	2 huevos cocinados en una sartén antiadherente; 2 tiras de tocino de pavo; 1 tostada de pan integral bajo en grasa; ½ toronja	Ensalada del chef: mezcla de lechugas con 2 onzas de jamón magro o de pechuga de pavo o de pollo en tiras; 1 onza de queso suizo o Jarlsberg en tiras; gajos de tomate; rodajas de pepino y cebolla y 2 cucharadas de aderezo bajo en grasa	6 onzas de yogur griego, ½ banano o 1 manzana grande	Pollo y cuscús: coloca 4 onzas de pechuga de pollo asado sin piel sobre media taza de cuscús cocinado. Añade 3 cucharadas de salsa. Ensalada de aguacate: sobre una cama de hojas de lechuga, coloca 1 naranja pequeña, pelada y cortada; ¼ de aguacate maduro cortado en rodajas delgadas; 1 rodaja de cebolla roja. Adereza con una mezcla de 2 cucharadas de vinagre balsámico, 1 cucharada de jugo de naranja y 1 cucharadita de aceite de oliva.

Suplementos

Continúa tomando todos tus suplementos.

Muévete para restaurarte

Hoy haz tu rutina de entrenamiento de resistencia. De dos a tres series de ocho a doce repeticiones, trabajando todo tu cuerpo. Haz esto de cuarenta y cinco a sesenta minutos.

Desarrolla tu factor confianza

Hoy analiza las relaciones con tus terapeutas. Conviértete en participante activo de tu cuidado mental, físico y emocional. Trabaja con tu médico de cabecera, pero también elige lo mejor de la medicina tradicional y alternativa. Cree que existen poderes sanadores en tu interior a los cuales puedes tener acceso. Reflexiona sobre esto.

Pensamiento autosanador del día

Confía en tu terapeuta, confía en tu tratamiento y confía en tu capacidad de autosanación. La confianza atrae la salud y la sanación.

Día 13

Come para sanarte

Día	Desayuno	Almuerzo	Merienda	Cena
13	Sándwich de jamón y queso: 2 rebanadas de pan integral bajo en grasa con ¼ de taza de queso suizo o Jarlsberg rallado (en cada pan) asado a la parrilla hasta que el queso se derrita. Coloca 1 onza de jamón extra magro en medio del pan; 1 naranja	Ensalada de frijoles negros: mezcla ½ taza de frijoles negros en lata, ½ mandarina en rodajas, pimiento morrón rojo picado, cebolla roja y cebolla larga con una cucharadita de vinagre. Sirve todo sobre la mezcla de lechugas. 1 pera	1 rebanada de pan integral con 2 cucharaditas de mantequilla de almendras; 1 manzana	4 onzas de filete de res asada; 6 espárragos al vapor mezclados con 1 cucharadita de aceite oliva; 1 taza de mezcla de lechugas; 2 cucharadas de aderezo bajo en calorías

Suplementos

No olvides tomar todos tus suplementos.

Muévete para restaurarte

Haz de cuarenta y cinco a sesenta minutos de ejercicio cardio-vascular a un ritmo moderado. Elige algo distinto a lo que has hecho hasta ahora.

Haz las paces con tu médico interior

En este momento, ya debes estar consciente de que eres una criatura autosanadora. No obstante, muchos de nosotros estamos en conflicto con "el médico interior", y estropeamos nuestro potencial sanador con hábitos perjudiciales. Esta semana, quiero que hagas las paces con tu médico interior y que comiences a pensar en cambiar los hábitos de tu estilo de vida que te están perjudicando y que están interfiriendo con tu potencial autosanador.

Los malos hábitos causan molestias emocionales y físicas que pueden bajar tu autoestima, perjudicar tu salud, tu productividad, tu empleo, tu familia y otras relaciones. Para superar un mal hábito, debes implementar formas más efectivas de lidiar con eso y desarro-llar hábitos sanos en su lugar.

Quiero que analices por qué te sientes atraído hacia ciertos há-bitos malos. Este es tu primer paso hacia el cambio y creo que eres lo bastante fuerte emocionalmente para lograrlo ahora. Con tu con-ducta negativa o tu mal hábito en mente, escribe las respuestas a las siguientes preguntas en tu diario. Tus respuestas pueden ser muy reveladoras.

- *¿Qué es lo que me gusta de mi hábito?*
- *¿Qué bien me hace?*
- *¿Qué temo que mi vida sería si no me condujera así?*
- *¿Con cuáles emociones negativas (ira, frustración, estrés, depresión) me ayuda a lidiar mi hábito?*

269

- *¿Qué tan doloroso sería si abandonara esta conducta?*

- *¿Cuánto me ayuda esta conducta en mis relaciones con los demás?*

- *¿Qué tanto necesito este hábito para sentirme bien?*

Plan de acción para romper un hábito

Primer paso. Revisa las respuestas a las preguntas previas. Identifica lo que detona tu hábito. Haz una lista de estos detonadores en tu diario.

Segundo paso. Con estos detonadores en mente, haz un plan. Idea algunas formas productivas y positivas para responder en los momentos en que ocurren esos momentos vulnerables. Considera cosas como hablar con un buen amigo, salir a caminar, pasar unos cuantos momentos en meditación o hacer algo que te aleje de tu mal hábito.

Tercer paso. Considera acciones que puedan ayudar a fortalecer tu poder autosanador, desarrolla un enfoque optimista y crea una visión más positiva de ti mismo. Esos cambios pueden abarcar cosas muy simples como levantarte más temprano a diario y reflexionar sobre tu día, llevar un diario de gratitud, o cosas más complejas como buscar los recursos necesarios para lograr una meta personal que hayas deseado lograr toda tu vida.

Pensamiento autosanador del día

A diario tomas decisiones que definen tu vida. Puedes sentirte atrapado en un empleo, una adicción, una mala relación o el camino de tu vida. Si sabes que estás estancado, entonces estás estancado. Si crees que puedes salir de ahí, puedes. Tienes el poder de liberarte.

Día 14

Come para sanarte

A continuación, encontrarás otro delicioso menú que hará maravillas por tu salud.

Día	Desayuno	Almuerzo	Merienda	Cena
14	Sándwich exprés: cocina 1 huevo y 1 tira de tocino de pavo en una sartén anti adherente. Coloca el huevo, el tocino y 1 rebanada de queso sin grasa, entre dos mitades de un muffin inglés multigrano, bajo en grasa. Calienta el sándwich en una tostadora hasta que el queso se derrita, aproximadamente un minuto; 1 naranja	Ensalada griega con pollo asado: asa a la parrilla y corta en trozos 3 onzas de pechuga de pollo; mezcla con 2 onzas de queso feta bajo en grasa, 2 tazas de lechuga romana y ½ taza de tomates, de pepino y de pimiento morrón asado. Adereza con 2 cucharadas de vinagreta baja en grasa; 2 galletas saladas de trigo integral	6 onzas de yogur griego; 1 taza de frutos rojos frescos	4 a 5 onzas de salmón asado cubierto con 2 cucharadas de salsa teriyaki; 1 taza de calabacín salteado en 1 cucharada de aceite oliva; ½ taza de arroz integral al vapor

Suplementos

Toma hoy de nuevo todos tus suplementos: sanadores esenciales y suplementos personalizados.

Muévete para restaurarte

Hoy tienes opciones: haz treinta a sesenta minutos de ejercicio cardiovascular, descansa o haz algo divertido y activo (caminata al aire libre, golf, tenis, caminata en la playa, montar en bicicleta por tu ciudad o cualquier cosa que se te ocurra).

Enciende tu llama creativa

La creatividad es sanadora. Piensa en las cosas que puedes hacer para ser más creativo, ¡y luego hazlas! Algunas ideas:

- Regístrate en clases de pintura o cerámica.

- Comienza un nuevo hobby o artesanía.

- Iníciate en la fotografía.

- Redecora una habitación de tu casa.

- Planta algunas flores vistosas.

Pensamiento autosanador del día

La creatividad emana cuando hacemos algo que amamos y le ponemos todo nuestro ahínco. La creatividad es cosa diaria, ¡nos demos cuenta o no! ¿Elegiste la ropa que te pusiste hoy? ¡Eso también conlleva creatividad! ¿Resolviste un problema en el trabajo? Eso conlleva creatividad. Así que hoy y cada día conéctate con tu creatividad. Eso le brinda alegría, felicidad y sanación a tu vida.

A continuación, encontrarás la última parte del paradigma de la autosanación: cómo nutrir tu espíritu.

CAPÍTULO CATORCE

TERCERA SEMANA: NUTRE TU ESPÍRITU

Espero que estas herramientas y estrategias se estén ahora convirtiendo en parte de tu vida diaria. Esta semana, te presentaré algunas otras formas de desacelerarte y descubrir lo que realmente es importante para ti. También ten en cuenta las metas que estableciste al comienzo de este programa. Al final de esta semana, repásalas y observa cuáles cumpliste.

Día 15

Come para sanarte

Disfruta de tu siguiente menú autosanador. Medita sobre todas las cosas maravillosas que la comida sana está haciendo para tu cuerpo.

Día	Desayuno	Almuerzo	Merienda	Cena
15	6 onzas de yogur griego mezclado con ¾ de taza de cereal Kashi Go Lean Crunch; 1 taza de grosellas	Hamburguesa de pavo: cocina 4 onzas de hamburguesa de carne magra de pavo. Añade 1 rebanada de queso sin grasa y calienta hasta que se derrita el queso. Sirve la hamburguesa en pan integral tostado con lechuga, tomate, y mostaza o salsa de tomate; 1 taza de ensalada de frutas	2 galletas saladas integrales con 2 triangulitos de queso bajo en grasa de La vaca que ríe; 1 taza de uvas	1 taza de pasta integral con ½ taza de salsa para pasta y 3 albóndigas de pavo; ensalada tricolor (1 taza de mezcla de lechugas con 3 corazones de alcachofa en lata, 2 cucharadas de queso parmesano, 2 cucharadas de vinagre balsámico y 1 cucharadita de aceite oliva); fresas frescas con 1 cucharada de crema batida sin grasa

Suplementos

Toma tus suplementos, y al igual que con los alimentos, medita sobre cómo estos suplementos están mejorando tu salud.

Muévete para restaurarte

Haz hoy tu rutina de entrenamiento de resistencia. De dos a tres series de ocho a doce repeticiones trabajando tu cuerpo entero. Asómbrate ante el incremento de tu fortaleza. Haz esto de cuarenta y cinco a sesenta minutos.

Desarrolla un espíritu de perdón

Libérate de un resentimiento. Escribe un evento en que te hayas sentido ofendido. Luego haz un fajo con la hoja y deséchala.

Recuerda un momento de tu vida en que hayas ofendido a alguien y luego hayas pedido perdón ¿cómo te sentiste al ser perdonado?

Piensa en algo o en alguien, pasado, presente, que debas perdonar. Luego escribe por lo menos tres razones por las cuales desearías perdonar a esta persona. Entonces, perdónala.

Pensamiento autosanador del día

El perdón es liberación, es dejar a un lado el orgullo personal y renunciar a los recuerdos desagradables. Este proceso es puramente personal y mental. Hasta que no liberas algo en tu mente, siempre tendrá poder sobre ti. No obstante, cuando perdonas, recibes más beneficios y bendiciones que la persona a la que perdonas.

Día 16

Come para sanarte

Este es tu menú autosanador del día. A estas alturas, esta forma de sanación ¡ya debe ser casi como una costumbre para ti!

Día	Desayuno	Almuerzo	Merienda	Cena
16	Huevos revueltos "sin grasa" (en un recipiente pequeño, bate 1 huevo entero y 2 claras. Añade ¼ de taza de champiñones picados y la misma cantidad de espinaca y cebolla. Cocina todo en una sartén a fuego mediano hasta que los huevos estén esponjosos); 1 taza de melón picado	Sándwich de jamón y queso (coloca 3 onzas de jamón rebanado, 2 rebanadas de queso sin grasa, 1 cucharada de mostaza, 2 hojas de lechuga y 2 rodajas de tomate entre dos rebanadas de pan integral bajo en calorías); 1 taza de sopa minestrone baja en grasa; 1 manzana	6 onzas de yogur griego y 1 taza de frutos rojos frescos	Pollo a la parmesana (adereza 4 onzas de pechuga de pollo cocida con ½ taza de salsa de tomate y 3 cucharadas de queso mozzarella rayado bajo en grasa. Hornea a 400°F hasta que el queso se derrita, aproximadamente cuatro minutos); 1 panecillo integral pequeño; 1 taza de brócoli al vapor

Suplementos

Asegúrate de incluir todos tus suplementos hoy.

Muévete para restaurarte

Hoy haz una hora de ejercicios de flexibilidad. Incorpora la meditación en tus movimientos.

Busca las bendiciones

Encontrar significado en mis tragedias personales me ayuda a liberarme del dolor y la amargura. Ya no considero las tragedias de mi vida como negativas, aunque fueron muy dolorosas. Pasar por lo que tuve que pasar con mi padre me hizo más fuerte y compasivo. Ahora puedo conectarme mejor con los demás. Si no hubiera perdido a mi padre, ¿cómo podría conectarme con alguien que me dice: "Acabo de perder a mi hermano, mi hermana, mi ser querido?". La tragedia cambió mi perspectiva de la vida para bien.

Para encontrar la bendición en una situación difícil, formúlate unas cuantas preguntas: ¿Qué aprendiste de tu experiencia? ¿Cómo te afectó? ¿Te sientes más resistente, más compasivo o más valiente como resultado? Escribe en tu diario las respuestas.

Al final de cada día, toma unos cuantos minutos para escribir en tu diario al menos tres cosas de tu vida por las cuales te sientes agradecido. Continúa con este ejercicio cada noche. Al cabo de la semana, notarás que tienes un enfoque muy diferente hacia la vida: te sentirás más positivo y lleno de esperanza, actitudes que contribuyen a la autosanación.

Pensamiento autosanador del día

Cuando agradeces tus bendiciones, tu gratitud atrae más cosas buenas hacia ti. La gratitud es un imán poderoso que atrae amigos, amor, paz y salud en tu vida.

Día 17

Come para sanarte

Día	Desayuno	Almuerzo	Merienda	Cena
17	1 taza de avena con 8 onzas de leche de almendras o leche descremada; 2 cucharadas de almendras picadas; 1 pizca de canela; ½ toronja	3 onzas de atún servido sobre mezcla de lechugas con 2 cucharadas de aderezo bajo en calorías; 1 pera	2 tazas de palomitas de maíz bajas en grasa, con 2 cucharadas de queso parmesano	Tacos de pavo (en una sartén mediana, dora 4 onzas de carne de pavo. Añade 1 cucharada de sazón para tacos y 4 onzas de tomates en lata, en trozos. Cocina a fuego alto hasta que se absorba todo el líquido. Sirve sobre una tortilla de harina integral con ½ taza de queso rallado sin grasa, 2 cucharadas de salsa y 1 cucharada de crema agria descremada.)

Suplementos

Advierte que te sientes mucho mejor debido a que le estás pro-porcionando a tu cuerpo lo que necesita, y los suplementos son parte clave de esto.

Muévete para restaurarte

Pon tu corazón a bombear y tu sangre a fluir con cuarenta o sesenta minutos de tu actividad cardiovascular favorita. Conviértela en una meditación en movimiento.

Sintonízate con relaciones solidarias y amorosas

Necesitamos relaciones que enriquezcan nuestras vidas, siempre y cuando se trate de relaciones *sanas*. Una relación sana, ya sea familiar, de amistad o romance, te ayuda a convertirte en la mejor versión de ti mismo. Eso también es recíproco. Estás ayudando a alguien a convertirse en la mejor versión de sí mismo. Y cuando digo "la mejor versión" me refiero a que sabes que la persona te ayuda a sentirte seguro, cómodo, valioso, respetado y protegido en la relación.

Hoy me gustaría que analizaras brevemente las relaciones claves de tu vida e intentaras responder las siguientes preguntas en tu diario: ¿Quiénes son las personas más importantes de tu vida? Haz una lista. ¿Qué significan para ti estas personas y por qué?

En una semana ordinaria, ¿cuánto tiempo pasas con estas personas? ¿Es suficiente? ¿O no? Si no lo es, descubre por qué y escribe nuevas formas de pasar más tiempo con ellos.

Haz el propósito de ponerte en contacto cada día con alguien especial en tu vida: una llamada telefónica, un mensaje de texto, un mensaje electrónico o alguna otra forma de comunicación. Planifica tiempo para estar juntos. No dejes que las responsabilidades te obliguen a cancelar. Necesitas relaciones amorosas y solidarias en tu vida; son parte de un estilo de vida autosanador.

Pensamiento autosanador del día

Las relaciones son una parte innegable de la vida. Ábrete a todo lo bueno que los demás están dispuestos a compartir contigo. Regresa de la misma manera esa bondad. Las relaciones que aprecias pueden ser una inversión invaluable en tu salud y en tu felicidad.

Día 18

Come para sanarte

No te preocupes por hacerlo todo bien. Solamente sigue tu plan lo mejor que puedas y felicítate por tus esfuerzos.

Día	Desayuno	Almuerzo	Merienda	Cena
18	1 tostada de pan de uvas pasas con 1 cucharada de mermelada baja en azúcar; 6 onzas de yogur griego; ½ melocotón o 1 kiwi, o 1 taza de fresas; dieta de 1500 calorías: añade 1 tostada adicional con 1 cucharada de mermelada baja en azúcar	Ensalada de leguminosas y remolacha: mezcla dos tazas de lechugas en bolsa con 12 rodajas de remolacha en lata, colada y 1 taza de ensalada de tres granos en lata con su líquido (no más de 70 calorías por ½ taza); dos palitos de ajonjolí; 1 taza de fresas frescas	Manzana al horno: pela ½ manzana, quítale el corazón; coloca 1 cucharadita de uvas pasas y 2 cucharaditas de azúcar morena en el centro de la manzana, sazona con canela. Cocina en el horno microondas en un recipiente pequeño, cubierto, de 2 a 3 minutos en alto.	4 a 5 onzas de pechuga de pavo cocida; ½ batata horneada; 1 taza de judías verdes al vapor; 1 panecillo integral pequeño

Suplementos

Los suplementos son una forma sencilla de realizar grandes mejoras en tu salud. Agradece haber elegido los suplementos como parte de tu plan autosanador.

Muévete para restaurarte

Haz hoy una hora de ejercicios de flexibilidad. Es una gran oportunidad para meditar, así que trata de incorporar la meditación en tus ejercicios. Eso te ayuda a reducir el estrés y a fortalecer tu sistema inmunológico.

Nutre tu espíritu

Seas o no devoto, nutre tu espíritu. Encuentra algo que te proporcione paz interior. Puede ser la meditación o la oración, leer libros espirituales, practicar yoga, montar en bicicleta, escalar montañas, sentarse en silencio a la orilla de un río, o involucrarte con alguna religión o templo. Recuerda, las personas que pertenecen a un grupo religioso o espiritual, por lo general están más conectadas con la tríada de la sanación: perdón, gratitud y amor. Sigue tu definición personal de espiritualidad y practícala.

Pensamiento autosanador del día

Ora y anticipa todo lo bueno. Cuando pidas que algo bueno llegue a tu vida, ábrete a recibirlo. La mejor forma de hacer esto es hacer a un lado algo indeseado de tu vida y abrir espacio para algo bueno. Busca lo bueno y se consciente de que se manifestará. Luego agradece lo que recibes.

Día 19

Come para sanarte

Ten en cuenta las metas que has establecido para comer sano. Permite que hoy te acerques un poco más a esas metas.

Día	Desayuno	Almuerzo	Merienda	Cena
19	1 muffin inglés multigrano tostado con 1 cucharada de mermelada baja en azúcar, ½ taza de queso cottage de 1% de grasa; 1 taza de bolas de melón (fresco o descongelado)	Papa rellena: 1 papa mediana al horno (5½ oz.) y sobre ella ⅓ taza de frijoles rojos en lata, brócoli cocido, tomate crudo en trozos, 2 cucharadas de salsa; 1 taza de piña fresca o ½ taza de piña en su jugo, en lata	Batido de frutas: mezcla en la licuadora 4 onzas de leche baja en grasa, ¼ de taza de fresas picadas; ½ banano muy maduro; 1 cucharadita de azúcar o miel; 3 cubos de hielo	4 a 5 onzas de falda de res a la parrilla; 1 taza de judías verdes o 1 taza de espárragos al vapor; 2 mazorcas de maíz al vapor (de 3½ pulgadas cada una)

Suplementos

Los suplementos te ayudan a transformar tus hábitos nutricionales. Esto a la vez te ayuda a sentirte mejor mental y emocionalmente.

Muévete para restaurarte

Hoy haz dos o tres series de ocho a doce repeticiones de entrenamiento de resistencia, trabajando todo tu cuerpo. El entrenamiento de resistencia te brinda otra oportunidad maravillosa para la meditación. Mientras hagas cada ejercicio, enfócate en la parte del cuerpo que estás trabajando. Visualiza cómo este movimiento hace que tu cuerpo se sienta más sano y en mejor forma. Haz esto de cuarenta y cinco a sesenta minutos.

Enfócate en tu propósito

Las personas espirituales desean hacer del mundo un mejor lugar, no solamente a través de la oración, la meditación y otras actividades, sino también a través de sus acciones. Tienen un sentido de propósito que puede sentirse como un "llamado" o "misión" que deben cumplir. Insisto en que te formules preguntas como: *¿Cuál es mi propósito en este mundo? ¿Cuál es la razón de mi existir? ¿Estoy aquí para recibir todo lo que pueda de la sociedad o para contribuir?* Responde a estas preguntas en tu diario.

Pensamiento autosanador del día

¡Necesitas un sentido de propósito! Si hay algo que anhelas hacer, ve a tu interior y ora. Emprende una acción relacionada con tu deseo. Comprende desde tu corazón que algo mejor está en camino. Prepárate y alístate para cumplir con tu propósito. Eventualmente, tu vida será tan plena que te preguntarás cómo alguien puede pensar que la vida no tiene significado.

Día 20

Come para sanarte

Estoy seguro de que a estas alturas ya has realizado la transición de una dieta poco sana a una dieta sana y naturalmente deliciosa. Con tus mejores decisiones en cuanto a tus alimentos y a un estilo de vida más activo estás sentando ejemplo para los demás.

Día	Desayuno	Almuerzo	Merienda	Cena
20	Batido de banano (en la licuadora): ¾ de taza de leche descremada o de 1%, ½ banano, ½ cucharadita de extracto de vainilla, 3 o 4 cubos de hielo	En dos rebanadas de pan integral bajo en grasa, esparce 2 cucharadas de hummus, coloca 2 onzas de pechuga de pavo en tiras y rodajas de tomate; 1 taza de uvas	6 onzas de yogur griego, sazonado con hierbas y especias; variedad de vegetales frescos cortados para sumergir en el yogur	4 a 5 onzas de pechuga de pollo al horno con 1 cucharadita de aceite de oliva, ½ taza de arroz cocido; 1 taza de brócoli al vapor con jugo de limón; 1 taza de bolitas de melón (fresco o congelado)

Suplementos

Algunas personas creen que los suplementos son muy costosos. A la larga, son menos costosos que el dinero que gastarías en el tratamiento de una enfermedad crónica con fármacos y otros métodos. Considera los suplementos como una necesidad de valor agregado para tu vida. Si te ocasiona un gasto adicional, ¡sé consciente de que lo vales!

Muévete para restaurarte

Haz de cuarenta y cinco a sesenta minutos de una actividad cardiovascular que encuentres divertida. Si se presenta la oportunidad, trata algo distinto. O busca algún tipo de tecnología divertida para llevar un gráfico de tu progreso, como un monitor de ritmo cardiaco o un podómetro para contar tus pasos.

Vive tu espiritualidad

Una forma de ayudarte a vivir tu espiritualidad es ayudar a los demás. Una persona verdaderamente espiritual prospera al convertir en acción palabras y sentimientos considerados. Leer en voz alta pasajes de la Biblia es una cosa, pero ayudar a los demás a alcanzar su verdadera espiritualidad es algo muy distinto. Como dice el viejo refrán: "Del dicho al hecho hay mucho trecho".

Cuando estaba en el primer año de secundaria, me pidieron que fuera voluntario en las Olimpiadas Especiales. Tenía mucho miedo de hacerlo; no creía que yo fuera adecuado para eso. Pero con el estímulo de otros voluntarios, me registré. Me asignaron a un niño. Apoyé a ese niño y pasamos por cada uno de los eventos juntos. La sonrisa en el rostro de ese niño será un recuerdo que siempre guardaré como un tesoro. Esa experiencia creó un vínculo entre los dos, fue muy conmovedor, y cambió mi vida de una forma inconmensurable.

Una vez que te involucras en algo como las Olimpiadas Especiales, quedas atrapado. Esta experiencia me cambió tanto que, al año siguiente, pedí que me nombraran líder para reclutar otros estudiantes. Lo único que hice fue ir de clase en clase y compartir mi propia experiencia. Fui honesto al hablar sobre mis inhibiciones, miedos, preocupaciones y ansiedades. Les dije que puesto que yo había logrado trascenderlos, ellos también podían. Reclutamos doscientos cincuenta voluntarios; al año siguiente, cuatrocientos; al año siguiente, mil. Varios años después, coordiné las Olimpiadas Especiales en Miami, Florida. Ser voluntario me recordó que siempre que tengo algo que dar, tengo algo que agradecer.

Pensamiento autosanador del día

Comparte tus talentos con los demás: tu familia, amigos y colegas. Toda tu vida se enriquecerá a través de los dones que compartes. Cuando los entregas desde el amor, se te devuelven multiplicados.

Día 21

Come para sanarte

Es el último día del plan. Pero no es el final. Es el comienzo de un nuevo estilo de vida sanador para ti ¡un estilo que te inspirará a seguir adelante!

Día	Desayuno	Almuerzo	Merienda	Cena
21	Batido: en la licuadora, combina 1 taza de leche descremada, ½ taza de cereal de hojuelas de salvado, 1 banano, 8 fresas, 1 pizca de extracto de vainilla y 4 cubos de hielo	Derretido de tortilla: (en microondas) 1 pequeña tortilla de maíz cubierta con ½ taza de frijoles rojos en lata, tomates en trozos y pimiento morrón verde, 1 cucharada de queso cheddar rallado	6 onzas de yogur griego; 1 taza de fresas frescas	4 a 5 onzas de lenguado o rodaballo (un filete delgado de unas 5" de largo), cocido con 1 cucharadita de aceite oliva; 1 taza de espinacas al vapor con limón; 3 papas pequeñas (cada una de 1¼" de diámetro) hervidas, al vapor o al horno; 1 taza de cerezas o uvas

Suplementos

Espero que puedas ver y sentir cómo los suplementos han mejorado tu vida. Medita sobre esto y siéntete agradecido de que has comenzado este nuevo hábito tan positivo.

Muévete para restaurarte

Haz hoy algo divertido: ejercicios cardiovasculares o algo activo (caminar al aire libre, golf, tenis, caminar en la playa, montar en bicicleta por la ciudad o algo similar). ¡O solo descansa!

Establece contacto con los demás

Comenzando hoy, y a partir de ahora, abraza a alguien. La necesidad de contacto es esencial para tu salud y bienestar.

Ríete con alguien. Hacerlo crea un vínculo. La risa y el humor te ofrecen una mejor perspectiva de las situaciones y las hacen más tolerables. ¿Qué te hace reír? Escribe hoy en tu diario sobre un tema que te haga reír.

¿Qué tanto conoces a tus vecinos? Si no los conoces muy bien, es hora de hacer un esfuerzo. Piensa en cómo te gustaría pasar tiempo con tus vecinos. Invita a alguien a tomar café..., organiza un grupo para dar paseos o caminatas o un club de lectura..., programa un día de juegos, si tienes niños..., organiza una fiesta en tu cuadra..., conéctate con las personas de tu misma calle.

Pensamiento autosanador del día

Piensa en cada nuevo día como una página en blanco. No tiene que estar rayada con los errores de ayer. Escribe en esta hoja solo las ideas y las acciones que pueden elevar al máximo tu potencial autosanador.

EPÍLOGO

Cuando tenía quince años, mis padres nos regalaron a mi hermano y a mí dos pasajes de avión para ir a pasar la Navidad y el Año Nuevo a Colombia. Estábamos muy emocionados; iríamos a ver a nuestros amigos y familiares. Allí nos quedamos con mis tíos y mis primos.

Una noche en particular, mi tío tuvo que hacer un viaje de negocios, dejándonos solos en la casa a mi tía, mis dos primos, mi hermano y yo. Mi hermano y yo dormíamos en dos habitaciones diferentes. A eso de la una de la mañana me despertó un arma golpeando mi cabeza repetidamente. La habitación estaba oscura, pero pude ver las sombras de tres hombres. El hombre que me golpeaba en la cabeza repetía: "¿Dónde está la caja fuerte? ¿Dónde está la caja fuerte?".

"No sé dónde está la caja fuerte. Ni siquiera vivo aquí. Esta es la casa de mi tío", imploré.

"¿Dónde está la caja fuerte? Sé qué sabes dónde está la caja fuerte". Luego ataron mis manos y mis piernas juntas.

"Si no nos dices, vamos a matar a tu hermano".

Grité: "¡No sé dónde está la caja fuerte!".

Lo que vivimos podría ser la pesadilla de cualquier persona: que tres intrusos te despierten, que te ataquen con un arma y amenacen tu vida, que te digan que van a asesinar a un ser querido. Fue algo realmente horrible.

De repente, escuché un ruido en la habitación de mi hermano. Los hombres regresaron a mi habitación con las manos ensangrentadas.

"¡Acabamos de matar a tu hermano!", gritaron.

Quedé destrozado; fue una verdadera pesadilla. En mi mente, esos hombres no tenían corazón. No tenían conciencia.

Entonces los ladrones comenzaron a gritarse mutuamente. En la confusión, escuché un mensaje apenas creíble: "Es la policía". Los hombres se dispersaron y escaparon.

Un guardia de seguridad de la casa vecina había visto un automóvil que no reconocía al frente de la casa y había llamado a la policía. La policía me desató y yo lo único que pensaba era que mi hermano estaba muerto.

Pero gracias a Dios, estaba vivo. Había sido herido de gravedad en la cabeza y tuvieron que darle más de veinte puntos. Fue un milagro que hubiera sobrevivido un ataque tan terrible. Mi alivio fue inmenso. Pero me gustaría decirte lo que me enseñó esa lección: a sentir gratitud por todo, por la vida, y a nunca dar nada por sentado. Y así he vivido desde entonces.

No miro las tragedias de mi vida como "negativas", por más dolorosas que hayan sido. Siempre termino siendo una mejor persona, pues he madurado a raíz de todo eso. Son oportunidades para aprender sobre mí y sobre los demás; oportunidades de experimentar el nivel de dolor, que tantas personas han experimentado, para poder conectarme mejor con los demás. Si no hubiera sido porque estuve a punto de morir en ese atraco en Colombia, cómo podría entender cuando alguien me dice: "Hoy me robaron; fui víctima de una violación; fui...". Esas experiencias me han permitido comprender y relacionarme mejor con los demás.

Lo que me mantiene tan inspirado es que cada día de mi vida es para servir a los demás. Si no estoy sirviendo a los demás, no podría sentirme tan emocionado y motivado, porque ese es el destino de mi vida. Yo creo que el destino de cada uno es utilizar los dones que han recibido, las experiencias y las riquezas..., para que puedan compartir lo aprendido. Esa es mi vida. Cada día me despierto con una pregunta: *¿Cómo puedo llevar esto a cabo?*

Como un pensamiento de despedida, me gustaría incitarte a que te tomes tiempo para evaluar tu vida. Por ejemplo:

- ¿Qué estás haciendo por tu salud física?
- ¿Cómo estás cambiando tus pensamientos y expresando tus emociones?
- ¿Cómo calmas tu mente y encuentras paz?
- ¿Tienes fe en tu propio poder de autosanación?
- ¿A quién has perdonado?
- ¿De qué te sientes agradecido?
- ¿Cuál es tu práctica espiritual?
- ¿Cómo enriquecerás tu vida?

Quizá debas renunciar a las malas influencias. Por "malas influencias", me refiero a las personas y conductas que te impiden llevar un estilo de vida autosanador. ¿Hay personas en tu vida que te menosprecian en vez de estimularte, apoyarte y nutrirte? Si así es, debes dejarlas ir.

¿Hay hábitos negativos, como adicción al tabaco, alcohol o drogas, que se hayan enraizado en tu vida? No permitas que esto continúe; vales mucho más que eso. Sé consciente de las malas influencias en tu vida; son fuerzas destructoras que son anacrónicas u obsoletas a lo que eres y a lo que estás tratando de lograr.

Más bien mantén tus metas en la mira. Es fácil perder la visión de tus metas, y se van desvaneciendo. Pregúntate: *¿Qué es lo que deseo lograr? ¿Qué tan dispuesto estoy a seguir tratando, no importa qué tanta desilusión encuentre en mi camino? ¿Cuáles son mis mayores sueños? ¿Qué estoy dispuesto a hacer para que se conviertan en realidad?* Piensa detenidamente en tus respuestas y escríbelas en tu diario.

Deja atrás viejas actitudes. Muchos de nosotros cargamos con actitudes obsoletas y en gran parte inconscientes respecto a la salud, la sanación y la vida en general. Tus actitudes influencian de gran manera tu habilidad de permanecer bien y establecer límites en tu potencial autosanador. Por ejemplo, si siempre has puesto tu destino por completo en manos de un terapeuta, puede ser que te cueste trabajo tomar decisiones de salud empoderadoras. Observa cómo están afectando tu salud y tu bienestar tus nociones antiguas. Reconoce que algunas de ellas pueden no serte muy útiles hoy en día.

Libera rencores ocultos. Albergar resentimientos siempre restringe la sanación. Una buena norma general es perdonarte y perdonar a los demás. Las ofensas del pasado y el presente por lo general no son tan importantes como para seguir con tu enojo, así que déjalas ir. El perdón no es una salida de cobardes, es el camino de los valientes. En cualquier relación, existen innumerables conflictos y ofensas que sencillamente debemos perdonar, pues no hay nada que podamos hacer al respecto. Albergar resentimiento es destructivo e invalida la autosanación. Solo hace que nos sintamos menos vitales y menos amorosos hacia los demás.

Intenta alcanzar tu máximo potencial. El mundo está lleno de personas que van por ahí, sin distinguirse y permitiendo siempre que los obstáculos se interpongan en su camino. Si sientes inhibición o vergüenza, puede ser que no te creas suficiente. Suficientemente atractivo, suficientemente inteligente, suficientemente saludable o suficientemente digno de amor. No permitas que las dudas negativas se conviertan en hechos. Si no permites que la falta de confianza te domine, podrás sentirte más empoderado y más vivo. Si emprendes acción siguiendo tu deseo de ser atractivo, inteligente, sano y digno de amor, llegarás a sentirte así y a serlo. Haz lo que tengas que hacer, y atraerás los mejores resultados.

Hoy es un momento muy especial en tu vida. La mayoría de tus opciones están disponibles. Existen muy pocas cosas en la vida que no puedes comenzar hoy, incluyendo un nuevo y dinámico régimen de salud; una vida amorosa más satisfactoria; pensamientos más positivos y estimulantes; o todo lo anterior. Ahora mismo, el presente, es el único momento de tu vida en donde verdaderamente tienes control. Puedes hacer algo respecto a tu salud y tu vida ahora mismo: cambiar la dirección, llenarlas de energía y reformarlas. No es el momento de dar todo por sentado. ¡Es el momento de actuar!

Te dejo con una idea final: *Si la autosanación es posible, depende de mí.* Reconoce que ahora mismo, sin importar los asuntos que estés enfrentando, no estás solo. Todos estamos, de alguna manera u otra, pasando por circunstancias y experiencias similares. Por favor, acércate a los seres amados a tu alrededor. No sientas que estás solo en esto, porque no lo estás. Las personas que te aman desean apoyarte. Pero, a fin de cuentas, debes comprender que tú eres la única persona que puede decidir si debes o no realizar un cambio, si tu vida se convierte exactamente en lo que has soñado, o si se queda tal cual, o si decides hacer cosas diferentes para obtener resultados diferentes.

Una vez que realices estos cambios, descubrirás que son parte de tu vida diaria, y será para ti totalmente natural continuar con ellos. Has recibido de regalo a tu cuerpo; un cuerpo con el poder de la autosanación. Cuídalo y te cuidará.

REFERENCIAS DE
AUTOSANACIÓN

El cuerpo se cura a sí mismo

Gold, M. 2006. Seguro médico comercial: ¿inteligente o sencillamente afortunado? *Health Affairs* 25: 61490–61493.

Sanación vs. curación

Arnaert, A., et al. 2005. Pacientes de infartos en la fase de cuidados intensivos: el papel de la esperanza en la autosanación. *Holistic Nursing Practice* 20:137–146.

Capítulo 1: Alimentos autosanadores

Edwards, R.L., et al 2007. El cuarcetín reduce la presión arterial en sujetos hipertensos. *The Journal of Nutrition* 137:2405–2411.

Gerhauser, C. 2008. Potencial quimio preventivo de cáncer en manzanas, jugo de manzana y componentes de las manzanas. *Planta Medica* 74:1608–1624.

Kanner, J., et al. 2001. Betalaínas: una nueva clase de antioxidante dietético catonizado. *Journal of Agricultural Food Chemistry* 49:5178–5185.

Adams, L.S., et al. 2010. Los fitoquímicos de las grosellas inhiben el crecimiento y el potencial de metástasis de las células MDA-MB-231 en el cáncer de mama a través de la modulación de la ruta phosphatidilinositol 3-quinasa. *Cancer Research* 70:3594–3605.

Kahkonen, M.P., et al. 2001. Los fenólicos de las grosellas y su actividad antioxidante. *Journal of Agriculture and Food Chemistry* 49:4076–4082.

Howell, A.B., et al. 2002. El jugo de arándano y la adhesión de uropatógenos resistentes a los antibióticos. *Journal of the American Medical Association* 287:3082–3083.

Jenkins, D. J., et al. 2002. Respuesta de dosis de almendras al riesgo de enfermedades coronarias: lípidos en la sangre, lipoproteínas oxidadas de baja densidad, lipoproteína(a), homocisteína y óxido nítrico pulmonar: prueba cruzada controlada aleatoria. *Circulation* 106:1327–1332.

Wiberg, B., et al. 2006. Factores de riesgo metabólicos de infartos y ataques isquémicos transitorios en hombres de mediana edad: un estudio comunitario con seguimiento a largo plazo. *Stroke* 37:2898–2903.

Dojousse, L., et al. 2001. Relación entre el ácido linolenico en la dieta y las enfermedades de la arteria coronaria en el National Heart, Lung, and Blood Institute Family Heart Study. *American Journal of Clinical Nutrition* 74:612–619.

Torabian, S., et al. 2010. El suplemento de nueces a largo plazo sin recomendación dietética induce cambios favorables en los lípidos del suero en personas independientes. *European Journal of Clinical Nutrition* 64:274–279.

Bosetti, C., et al. 2002. El aceite de oliva, los aceites de semillas y otras grasas añadidas en relación con el cáncer de ovario (Italia). *Cancer Causes and Control* 13(5):465–470.

Knekt, P., et al. 2002. El consumo de flavonoides y el riesgo de enfermedades crónicas. *American Journal of Clinical Nutrition* 76:560–568.

Voutilainen, S., et al. 2006. Carotinoides y la salud cardiovascular. *American Journal of Clinical Nutrition* 83:1265–1271.

Chu, Y.F., et al. 2002. Antioxidantes y actividades quimio terapeutas de los vegetales comunes. *Journal of Agriculture and Food Chemistry* 50:6910–6916.

Geleijnse, J.M., et al. 2002. Asociación inversa del consumo de té y flavonoides con los casos de infarto del miocardio: the Rotterdam Study. *American Journal of Clinical Nutrition* 75:880–886.

Wu, C.H., et al. 2002. Evidencia epidemiológica del incremento de densidad mineral en los huesos en consumidores habituales de té. *Archives of Internal Medicine* 162:1001–1006.

Kucuk, O. 2002. Quimio prevención del cáncer de próstata. *Cancer Metastasis Review* 21(2):111–24.

Riccioni, G., et al. 2008. Efecto protector del licopeno en las enfermedades cardiovasculares. *European Review for Medical and Pharmacological Sciences* 12:183–190.

Hecht, S.S., et al. 1999. Efectos del consumo de berros en los metabolitos urinarios de la nicotina en fumadores. *Cancer Epidemiology, Biomarkers & Prevention* 8:907–913.

Worthington, V. 2001. Calidad nutricional de frutas, vegetales y granos orgánicos vs. versión convencional. *The Journal of Alternative and Complementary Medicine* 7:161–173.

Capítulo 3: Suplementos autosanadores

Holmquist, C. 2003. Los suplementos multivitamínicos están inversamente asociados con el riesgo de infarto del miocardio en hombres y mujeres - Stockholm Heart Epidemiology Program (SHEEP). *Journal of Nutrition* 133:2650–2654.

Mohr, S.B., et al. 2008. Relación entre la baja radiación ultravioleta B y la incidencia de cáncer de mama en 107 países. *Breast Journal* 14:255–260.

Roll, S., et al. 2011. Reducción de los síntomas comunes de la gripa a través del concentrado en polvo de jugo encapsulado de frutas y vegetales: prueba aleatoria, doble ciega de placebo controlado. *British Journal of Nutrition* 105:118–122.

Zhang J., y Oxino, G. Efecto de la mezcla en polvo de frutas y vegetales sobre la variabilidad en la presión arterial y el ritmo cardiaco. Presentación en cartel y en resumen. Association of Chiropractic Colleges Convention, Marzo 2007, St. Louis, Mo.

Jiang J., et al. 2004. El hongo ganoderma lucidum inhibe la proliferación e induce la muerte programada de las células de cáncer en la próstata en los humanos. PC-3. *International Journal of Oncology* 24:1093–1099.

Cao, Q.Z., y Lin, Z.B. 2004. Actividad anti-tumores y anti-angiogénica de péptidos polisacáridos del ganoderma lucidum. *Acta Pharmacologica Sinica* 25:833–838.

Wachtel-Galor, S., et al. 2004. Ganoderma lucidum ("Lingzhi"); respuesta del marcador biológico sensible y a corto plazo ante este suplemento. *International Journal of Food Sciences and Nutrition* 55:75–83.

Kim, L.S., et al. 2006. Eficacia del metilsulfonilmetano (MSM) en el dolor de la rodilla debido a osteoartritis: prueba clínica piloto. *Osteoarthritis and Cartilage* 14:286–294.

Heber, D., et al. 1999. Efectos reductores del colesterol en el suplemento dietético de la levadura china patentada de arroz rojo. *American Journal of Clinical Nutrition* 69:231–236.

Barbagallo Sangiorgi G., et al. 1994. La alfa-Glicerofosfocolina en la recuperación mental de los ataques cerebrales isquémicos. Prueba clínica en centros múltiples en Italia. *Annals of the New York Academy of Sciences* 717:253–69.

Le Bars, P.L., et al. 1997. Prueba aleatoria, doble ciega controlada de placebo del extracto de Ginkgo biloba en casos de demencia. North American EGb Study Group. *Journal of the American Medical Association* 278:1327–1332.

Capítulo 4: Sanación activa

Lees, B.J., y Booth, L.W. 2004. Síndrome de muerte por sedentarismo. *Canadian Journal of Applied Physiology* 29:447–460.

Li, J.X., et al. 2001. Taichí: características fisiológicas y efectos beneficiosos sobre la salud. *British Journal of Sports Medicine* 35:148–56.

Neiman, D.C., et al. 1993. Actividad física y función inmunológica en mujeres ancianas. *Medicine and Science in Sports and Exercise* 25:823–831.

Irwin, M.L., et al. 2008. Influencia de la actividad física antes y después del diagnóstico en sobrevivientes de cáncer de mama: estudios sobre la salud, la alimentación, la actividad y el estilo de vida. *Journal of Clinical Oncology* 26:3958–3964.

Chen, K., y Yeung, R. 2002. Estudios exploratorios de la terapia Chi Kung en casos de cáncer en China. *Integrative Cancer Therapies* 1:345–370.

Lee, M.S., et al. 2007. Taichí como tratamiento para enfermedades cardiovasculares y sus factores de riesgo: revisión sistemática. *Journal of Hypertension* 25:1974–5.

Capítulo 5: Las nuevas artes sanadoras

Shekelle, P.G., Adams, A.H., et al. Relevancia de la manipulación espinal en el dolor de espalda baja: resumen del proyecto y revisión bibliográfica. R-4025/1-CCR/FCER. Santa Monica: RAND; 1991.

Fanuele, J.C., Birkmeyer, N.J., Abdu, W.A., Tosteson, T.D., Weinstein, J.N. Impacto de los problemas de la columna vertebral en el estado de salud de pacientes: ¿hemos menospreciado el efecto? *Spine*. Junio 15 2000;25(12):1509–1514.

Bigos, S., Bowyer, O., Braen, G. Dolor de espalda baja agudo en adultos. Normas de prácticas clínicas, guía de referencia rápida número 14. AHCPR Pub. No, 95–0643. Rockville: U.S.

Department of Health and Human Services, Public Health Service, Agency for Healthcare Policy and Research; 1994.

Manga, P. Mejor cobertura quiropráctica bajo OHIP como medio para reducir los costos de salud, obtener mejores resultados en la salud y lograr un acceso equitativo a los servicios médicos. Informe entregado al Ministerio de Salud de Ontario. Ottawa: Ministerio de salud, Gobierno de Ontario; 1998.

Choudhry, N., Milstein, A. ¿Mejoran el valor de los planes de beneficio de salud los servicios quiroprácticos para el tratamiento del dolor de espalda baja y cuello? Evaluación basada en la evidencia del impacto incremental de la salud en la población y de los costos totales del cuidado médico. San Francisco: Mercer Health and Benefits; 2009.

Bakris, G., Dickholtz, M., Sr., Meyer, P.M., et al. Realineación de la vértebra atlas y consecución de la meta de la presión arterial en pacientes hipertensos: estudio piloto. *J Hum Hypertension*. Mayo 2007;21(5):347–352.

Hawk, C., Khorsan, R., Lisi, A.J., Ferrance, R.J., Evans, M.W. Cuidado quiropráctico en caso de condiciones no musculoesqueléticas: revisión sistemática con implicaciones en las investigaciones de sistemas integrales. *Journal of Alternative and Complementary Medicine*. Junio 2007;13(5):491–512

Hernandez-Reif, M., et al. 2001. El dolor de espalda baja se reduce y se incrementa el rango de movimiento después de una terapia de masaje. *The International Journal of Neuroscience* 106:131–145.

Bauer, B.A., et al. 2010. Efecto de la terapia del masaje sobre el dolor, la ansiedad y la tensión después de una cirugía de corazón: estudio aleatorio. *Complementary Therapies in Clinical Practice* 16:70–75.

Field, T., et al. 2009. El masaje en mujeres embarazadas reduce el parto prematuro, bajo peso al nacer y depresión posparto. *Infant Behavior & Development* 32:454–460.

Capítulo 6: Piensas, luego te sanas (o no)

Helgeson, V.S., et al. 1999. Aplicación de la teoría de adaptación cognitiva para predecir ajustes en la teoría de enfermedades coronarias después de una angioplastia coronaria. *Health Psychology* 18:561–569.

Riley, K.P., et al. 2005. Habilidad lingüística temprana en la vida, función cognitiva tardía en la vida y neuropatologías: descubrimientos del Estudio de las Monjas. *Neurobiology of Aging* 26:341–347.

Giltay, E.J., 2004. Predisposición al optimismo y todas las causas de mortandad cardiovascular en un grupo prospectivo de cohortes en ancianos holandeses de ambos sexos. *Archives of General Psychiatry* 61:1126–1135.

Maruta, T., et al. 2000. Optimistas vs. pesimistas: tasa de supervivencia entre pacientes médicos a lo largo de un periodo de treinta años. *Mayo Clinic Proceedings* 75:140–143.

Brummett, B.H., et al. 2006. Predicción de la mortandad cubriendo todas las causas según el método de evaluación de la escala del optimismo, según el Inventario de Personalidad Multifásica de Minnesota: estudio de una muestra universitaria durante un periodo de seguimiento de cuarenta años. *Mayo Clinic Proceedings* 81:1541–1544.

Capítulo 7: Emociones que sanan, emociones que perjudican

McClelland, A.B., et al. 2009. Efectos psicológicos y acumulativos en el sistema cardio-vascular debido a la cavilación repetida de la ira y la supresión visuoespacial. *International Journal of Psychophysiology* 74:166–173.

Kiecolt-Glaser, J.K., et al. 2005. Interacciones maritales hostiles, producción de cito-quinas proinflamatorias y sanación de heridas. *Archives of General Psychiatry* 62:1377–1384.

Harburg, E., et al. 2003. Género y tipo de mortandad de las respuestas expresivas-supresoras del manejo de la ira: diecisiete años de seguimiento (Tecumseh, Michigan, 1971–1988). *Psychosomatic Medicine* 65:588–597.

Matthews, K.A., et al. 1998. ¿Están la hostilidad y la ansiedad asociadas con la ateros-clerosis de la carótida en mujeres sanas postmenopáusicas? *Psychosomatic Medicine* 60:633–638.

Katon, W.J., et al. 2005. Asociación de la depresión comórbida con la mortandad en pacientes con diabetes tipo II. *Diabetes Care* 28:2668–2672.

Cohen, S., et al. 1998. Tipo de agentes estresantes que incrementan la susceptibilidad a la gripa común en adultos sanos. *Health Psychology* 17:214–223.

Tan, M.A., et al. 2007. El humor, como terapia adjunta en la rehabilitación cardiaca, atenúa las catecolaminas y la recurrencia de infarto del miocardio. *Advances in Mind-Body Medicine 22:8–12.*

Miller, M., y Fry, W.F. 2009. Efecto de la risa alegre en el sistema cardiovascular huma-no. *Medical Hypotheses* 73:636–9.

Frey, W., et al. 1981. Efecto del estímulo de la composición química de las lágrimas humanas. *American Journal of Ophthalmology* 92:559–567.

Kabat-Zinn, J., et al. 1998. Influencia de la intervención de reducción del estrés basada en la meditación consciente en las tasas de aclaración de la piel bajo fototerapia (UVB) y fotoquimioterapia (PUVA) en pacientes con psoriasis moderada a severa. *Psychoso-matic Medicine* 60:625–632.

Capítulo 9: Fuerzas creativas

Cohen, G., et al. 2006. Impacto de los programas culturales conducidos profesional-mente en la salud física, la salud mental y el funcionamiento social de adultos mayo-res. *The Gerontologist* 46:726–34.

Keith, D.R., et al. 2009. Efectos de la música sobre el llanto inconsolable de bebés pre-maturos. *Journal of Music Therapy* 46:191–203.

Janata, P., et al. 2002. Topografía cortical de estructuras tonales en la música occidental. *Science* 298:2167–2170.

McGuire, K.M., et al. 2005. Efectos autonómicos de escritura expresiva en individuos con presión arterial elevada. *Journal of Health Psychology* 10:197–209.

Capítulo 10: La tríada de la sanación

Waltman, M.A., et al. 2009. Efectos de la intervención del perdón en pacientes con enfermedades de arterias coronarias. *Psychology & Health* 24:11–27.

Van Oyen Witvliet, C., et al. 2001. Otorgar el perdón o albergar resentimientos: implicaciones en las emociones, la fisiología y la salud. *Psychological Science* 12:117–123.

Rein, G., et al. 1995. Efectos fisiológicos y psicológicos de la compasión y la ira. *Journal of Advancement in Medicine* 8: 87–105.

Emmons, R.A., y McCullough, M.E. 2003. Contar bendiciones vs contar cargas emocionales: investigación experimental de la gratitud y del bienestar subjetivo en la vida diaria. *Journal of Personality and Social Psychology* 84:377–389.

Kashdan, T.B., et al. 2006. La gratitud y el bienestar hedonista y eudemónico en los veteranos de la guerra de Vietnam. *Behaviour Research and Therapy* 44(2):177–199.

Capítulo 11: El espíritu sanador

Byrd, R.C. 1988. Efectos terapéuticos positivos de la oración intercesora en pacientes de una unidad de cuidados coronarios. *Southern Medical Journal* 81:826–829.

Koenig, H.G., et al. 1998. Relación entre las actividades religiosas y la presión arterial en adultos mayores. *International Journal of Psychiatry in Medicine* 28:189–213.

Bernardi, L., et al. 2005. Interacciones cardiorespiratorias al estímulo externo. *Archives Italienne de Biologie* 143:215–221.

Koenig, H.G., et al. 1997. Manejo religioso en el ancianato: un modelo biopsicosocial. *International Journal of Psychiatry in Medicine* 27:365–376.

Kudel I,, et al. 2011. Espiritualidad y religiosidad en pacientes con virus VIH: prueba y expansión de un modelo. *Annals of Behavioral Medicine* 41:92–103.

AGRADECIMIENTOS

Escribir este libro ha sido posible debido al amor, la paciencia y el apoyo de mi esposa, Alicia, y mis hijos, Gianni y Luciano.

También me gustaría agradecer a las siguientes personas:

A mi editora, Maggie Greenwood-Robinson, por tu pasión, sabiduría y guía. Eres la mejor editora de la industria.

Al fabuloso equipo de Hay House: Reid Tracy, Louise Hay, Jill Kramer, Lisa Mitchell, Patrick Gabrysiak, Gail Gonzales y Christy Salinas. Todos ustedes son talentosos y brillantes.

Al equipo literario más fabuloso del mundo: Jan Miller, Shannon Marven, Nena Madonia, Ivonne Ortega, Nicki Miser y Lacy Lynch.

A mi abogado Eric Rayman del bufete Miller Korzenik Sommers. Eres muy talentoso.

A la junta directiva, la facultad y los alumnos, el personal y los egresados de la Universidad Parker. Ustedes me inspiran a diario.

A mi mentor y amigo, el doctor James W. Parker, ya fallecido, por presentarme la quiropráctica y los conceptos de sanación natural que me abrieron un nuevo mundo.

A mis hermanos y cuñadas, Pier, Robin, Aldo, Erin y Paolo Mancini.

A mi amada madre, Gladys Mancini, por tus consejos y tu amor.

A todos mis amigos y líderes de la transformación humana por motivarme a contribuir a un nivel más elevado.

A todos los colaboradores de las conmovedoras historias en este libro. Gracias a todos por compartir conmigo sus experiencias sanadoras.

Y a ti, lector, por adoptar el paradigma de la autosanación.

ACERCA DEL AUTOR

El doctor Fabrizio Mancini es orador, escritor, educador y filántropo bilingüe aclamado internacionalmente. Es el Presidente de la Universidad Parker en Dallas, Texas.

Sus sueños infantiles de servir a la humanidad surgieron en Texas, mientras estudiaba medicina en la Universidad de Dallas. Poco después se matriculó como alumno en Parker College of Chiropractic cuando su pasión por la vida se definió en la forma de empoderar a las personas para que asuman la responsabilidad de su salud y bienestar. En 1999, el doctor Mancini se convirtió en uno de los presidentes más jóvenes de una universidad al ser elegido para liderar dicha institución.

Desde esa época, y alcanzando al mismo tiempo grandes logros educativos y profesionales a lo largo de la historia de la Universidad Parker, el doctor Mancini ha desarrollado la pasión de su vida a través de varios escenarios. Su entusiasmo por la vida es contagioso y se ha hecho acreedor de varios reconocimientos que incluyen Héroes para la Humanidad, Humanitario del Año, Director Ejecutivo del Año y muchos otros.

Altamente solicitado para presentaciones de programas en radio y televisión, inspira a miles de individuos cada año con sus mensajes innovadores sobre el éxito, el servicio, la salud y el bienestar. Es coautor de *Chicken Soup for the Chiropractic Soul* y *The Well-Adjusted Soul* y autor de *Feeling Fab: Four Steps to Living a Fabulous Life*.

El doctor Mancini ha dado testimonio ante la White House Commission for Complementary and Alternative Medicine y ha tenido el honor de prestar servicios ante el Concejo Asesor de la Gobernación de Texas sobre Aptitud Física.

El doctor Mancini cumple con el compromiso de mantener informada a la comunidad hispana sobre los beneficios de hábitos saludables desempeñándose como invitado frecuente en CNN en español y Univision; y hace poco recibió en México, de parte de la nueva y destacada Universidad UNEVE, el honor de designar la biblioteca bajo su nombre.

Además, debido a sus contribuciones en el campo de la quiropráctica y a su dedicación a la tarea de enviar un mensaje proactivo sobre la salud y el bienestar, se ha incluido el nombre del doctor Mancini en el Wellness Revolutionaries Hall of Fame y es miembro activo aclamado de la National Speaker's Association.

Página de Internet: **www.drfab.net**

NOTAS

NOTAS

NOTAS

NOTAS

NOTAS

NOTAS

Esperamos que haya disfrutado este libro de Hay House.
Si desea recibir nuestro catálogo en línea, donde ofrecemos información adicional sobre los libros y productos de Hay House, o si desea obtener mayor información sobre Hay Foundation, por favor, contacte:

Hay House, Inc.
P.O. Box 5100
Carlsbad, CA 92018-5100

(760) 431-7695 o (800) 654-5126
(760) 431-6948 (fax) o (800) 650-5115 (fax)
www.hayhouse.com®

Dele unas vacaciones a su alma

Visite **www.HealYourLife.com**® para centrarse, recargarse y reconectarse con su propia magnificencia. En esta página se destacan boletines electrónicos, noticias sobre la conexión entre la mente, el cuerpo y el espíritu, y la sabiduría transformadora de Louise Hay y sus amigos. ¡Visite **www.HealYourLife.com** hoy mismo!